Archetype Publications

中国文化遗产研究院
CHINESE ACADEMY OF CULTURAL HERITAGE

考古发掘舟船的保护
——躬行实践

〔德〕佩尔·霍夫曼 著
中国文化遗产研究院沈大娲 译

科学出版社
北京

图字：01-2020-4233 号

内 容 简 介

本书是考古发掘饱水木船保护方面的专著。作者佩尔·霍夫曼是德国国家海事博物馆饱水考古木材保护部及研究实验室的创立者及负责人，曾完成十几条舟船的保护，本书即为其经验总结。全书 11 章分别介绍了考古发掘过程中大型木船保护的原则、方法及工程技术。通过多个北欧国家特别是德国考古发掘木船保护的实例，详细介绍了聚乙二醇法、蔗糖法、乳糖醇法、密胺树脂法、冷冻干燥法等加固、脱水干燥方法的科学研究、应用技术、优缺点、应用范围、选择依据等；并对木船的修复、展示及保存给出了可以参照的具体依据。

本书适合博物馆、历史、文物保护、航海、造船等方面的专业人员及对此感兴趣的普通读者参考、阅读。

图书在版编目（CIP）数据

考古发掘舟船的保护：躬行实践 /（德）佩尔·霍夫曼（Per Hoffmann）著；沈大娲译.
—北京：科学出版社，2020.7

书名原文：Conservation of Archaeological Ships and Boats – personal experiences

ISBN 978-7-03-065738-1

Ⅰ. ①考…　Ⅱ. ①佩…　②沈…　Ⅲ. ①木船-考古发掘-文物保护-研究　Ⅳ. ① K865.3

中国版本图书馆 CIP 数据核字（2020）第132592号

责任编辑：雷　英 / 责任校对：邹慧卿
责任印制：肖　兴 / 封面设计：金舵手世纪

科 学 出 版 社 出版
北京东黄城根北街16号
邮政编码：100717
http://www.sciencep.com

北京九天鸿程印刷有限责任公司 印刷

科学出版社发行　各地新华书店经销

*

2020 年 7 月第　一　版　开本：720×1000　1/16
2020 年 7 月第一次印刷　印张：13 3/4
字数：277 000

定价：118.00 元

（如有印装质量问题，我社负责调换）

考古发掘舟船的保护
——躬行实践

佩尔·霍夫曼（Per Hoffmann）

合作者
波尔·延森（Poul Jensen）
戴维·格雷戈里（David Gregory）
克里斯缇娜·斯特拉克玟（Kristiane Strætkvern）
马库斯·维特科珀（Markus Wittköpper）
英厄·博伊森-考夫德（Inger Bojesen-Koefoed）
詹姆斯·A. 斯普里格斯（James A. Spriggs）

合作单位
Archetype Publications

译　　序

在我国，考古发掘木船的科学保护要晚于其他文物。1976年泉州湾宋代古船及随后相继发现的山东蓬莱古船、菏泽元代沉船以及浙江杭州跨湖桥独木舟等古代木船的发掘出土及保护修复，为我国考古发掘木质沉船的保护积累了经验。近年来，随着国力增强和科技进步，水下考古技术水平得到整体提升，相继在我国沿海地区发掘了西沙华光礁Ⅰ号、宁波小白礁Ⅰ号等重要古代木质沉船。而南海Ⅰ号的打捞、发掘和保护更是代表了我国水下考古及文物保护发展的新高度。华光礁Ⅰ号、宁波小白礁Ⅰ号、南海Ⅰ号等都是古代远洋贸易货船，从中提取了大量重要文物。这些文物以及沉船本身，都是古代海上丝绸之路的重要见证，见证了古代中国与海上丝绸之路沿线国家的贸易往来和文化交流，是研究古代文化交流传播、贸易沟通等问题的重要实物佐证。而考古发掘出土出水的木质沉船本身，更是代表中国古代造船技术、航海技术发展水平的标志物，对于古代社会的组织形式、技术发展等的研究有着重要意义。

木材易受微生物侵蚀，经长时间地下或水下埋藏后更为脆弱，而木船本身往往体量巨大，结构复杂，更不易原状保存下来。考古发掘的木质沉船天然具有保存状况差、保护难度大的特点，无论在国内还是国外都是文物保护领域极具挑战性的工作。实践经验表明，考古发掘木船保护修复所耗费的时间、人力、物力和财力非一般馆藏文物所能比拟，保护修复所涉及的不单单是科学问题，同时也需要解决相应的工程技术问题。如何做好南海Ⅰ号等考古发掘沉船的保护工作，让这些文物在考古和历史研究中发挥重要作用，利用这些文物讲好中国故事，让这些文物重现海丝历史的辉煌等，都是我们目前面临的迫切任务。其中关键之一，是做好考古发掘沉船的保护修复工作。保护修复问题不解决，其他无从谈起。

德国国家海事博物馆的佩尔·霍夫曼教授是国际知名的文物保护专家，曾长期担任国际博物馆协会藏品保护委员会咨询委员会委员。作为项目负责人，他完成了十几条舟船的保护修复，具有丰富的理论和实践经验，也发表了大量学术论文和著作。《考古发掘舟船的保护——躬行实践》一书是霍夫曼教授退休后，对他四十多年工作期间经验和教训的总结，介绍了大量考古发掘木船的保护案例，以及他曾经深入研究并实际应用过的多种方法和技术。应该说，该书所涉及的内容对于饱水木质文物保护、特别是考古发掘木船的保护修复具有重要的借鉴、参考意义。我也希望通过这本书的译介，能够促进国内饱水木质文物保护领域同仁与国外同行的交流，能够促进国内饱水木质文物保护、特别是古代木质沉船保护技术水平的提升。

中国文化遗产研究院出水文物保护团队从2009年开始组建，目前已经初具规模。自2009年以来，文研院支持了十余项海洋出水文物保护课题，其中一半以上涉及海洋出水木船的保护。在此基础上，建立了出水文物保护实验室，相关同志主持、参与了西沙华光礁Ⅰ号、宁波小白礁Ⅰ号、南海Ⅰ号等国内重要海洋考古木船的保护方案设计和保护实施工作。同法国、意大利、韩国等国家的出水文物保护机构建立了稳定的合作交流关系。希望中国文化遗产研究院从事出水文物保护的各位同仁在不断学习和实践的过程中，迅速成长为能与佩尔·霍夫曼教授比肩的专业人员，保护好我们国家和民族珍贵的历史文化遗产，为“海上丝绸之路”的研究提供更多史料，为展示中国文化软实力，传播中国价值，推进“一带一路”文化领域建设作出自己应有的贡献。

二〇二〇年七月二十一日

中 文 版 序

非常高兴看到我撰写的这本《考古发掘舟船的保护——躬行实践》以中文形式出版，最终能够呈献给中国的同行。多年以来，在国际博物馆协会藏品保护委员会饱水考古有机材料工作组（ICOM-CC-WOAM）的会议上，我遇到一些来自中国的文物保护工作者。我知道他们承担着艰巨的任务，需要处理很多大型甚至巨型的饱水木质文物。在过去三十年时间里，在我们国家规划和实施保护项目的过程中，我有机会对饱水木材这种奇怪的材料进行研究。我真诚地希望，其间所积累的经验，可以对那些同样面临如此独特文物的中国同行有所帮助。我也希望通过不断的努力，他们的工作最终能够取得成功。

我非常高兴沈大娲女士能够承担本书的翻译编辑工作，她本身也是一位称职的文物保护工作者。她不但翻译了本书的文本，还以坚韧不拔的精神和极大的耐心编辑了本书的所有图片。我为她能够圆满完成本书中文版的出版工作而表示衷心的祝贺和感谢！

佩尔·霍夫曼

二〇一九年一月五日于不来梅

英 文 版 序

当听闻一艘古代沉船被发现的消息，几乎没有人能够抵制住诱惑，不去浮想联翩：脑海中闪现雅克·库斯托（Jacques Cousteau）[1]那样的深海探险；想象船只沉没的惊恐时刻：船体开裂，船货倾泻而出！绝大多数沉船都必须保留在海底，那里是保存沉船最安全的地方，通常情况下受到法律保护，但同时也令公众无法分享。然而有少数打捞上来的古代船舶，可以让人登船参观，亲身体验异域远航的感觉，想象水手们的艰辛，唤醒战争的气息。如果能够继发现沉船遗址的兴奋之后，敢于迎接复原和保护的挑战，最终在陆地上设计一个完美的博物馆，呈现蔚为壮观和激动人心的展览，那将会实现更佳的效果。对于海洋历史的迷恋不是一件新生事物。1982 年，大约有 6000 万人通过电视转播目睹了著名的战船玛丽·罗斯号（*Mary Rose*）的残骸被打捞出水。这一事件创造了电视直播的历史，自此之后，由这个项目所派生的船体和船上遗物的保护、研究和展示都成了不可或缺的电视节目。

玛丽·罗斯号（*Mary Rose*）仅仅是 20 世纪后半叶发现的一些重要舟船类文物之一，这些考古发现最后都转变成了重要的保护项目。当时几个北欧国家想要保存他们航海时代的一些遗存，为公众提供教育和娱乐资源。1961 年，瑞典皇家战舰瓦萨号（*Vasa*）从斯德哥尔摩港口水底的淤泥中被打捞出来，这艘船几乎是完整的。经过多年艰辛的保护工作，瓦萨号最终坐落在一个专门建造的建筑物中，绽放了她全部的荣光。仅仅一年以后，在丹麦罗斯基勒峡湾斯库勒莱乌（Skuldelev in Roskilde Fjord）发现了五艘维京船。最终也为

① 雅克·库斯托（Jacques Cousteau，1910～1997），法国海军军官、探险家、生态学家、电影制片人、摄影家、作家、海洋及海洋生物研究者，法兰西学院院士（译注）。

这些船建造了一座专题博物馆，从这座美丽的建筑中可以俯瞰罗斯基勒峡湾的水面。德国也处于这项工作的最前沿，于1962年复原了几乎完整的不来梅柯克船（*Bremen Cog*②）。之后佩尔·霍夫曼（Per Hoffmann）主持了这艘货船的保护，经过多年艰苦的工作，最终在位于不来梅港的德国国家海事博物馆（DSM）公开展示。本书中也会提及1982年发现的几艘罗马时代的古船，这几艘船在美因茨完成了保护和展示，变成了精彩绝伦的藏品。最近在意大利比萨和土耳其伊斯坦布尔，都发掘出了他们各自国家令世人瞩目的古代船只，这在世界范围内具有重要意义。几乎每一个欧洲国家，都通过勇敢面对目前海洋考古和保护展示的挑战，纪念了他们各自的那段航海历史。

在每一个船骸发现的背后，通常都有训练有素的专业团队，既有职业人员也有业余人员。团队中的每一个成员，包括潜水员、考古学家、工程技术人员、科学家、保护人员、博物馆管理人员、历史学家、设计师和翻译人员，带着创造性和决心直面每一个新的挑战，都对项目最终的完成做出了自己的贡献。每一艘考古发现的船只都会带来一堆新问题：后勤方面的、技术上的、经济上的、法律上的、政治上的，需要努力去克服和挑战。从历史的角度来看，所有这些项目最大的挑战在于保护：如何保护降解的木材、铁器以及构成船体和各个组件的所有其他材料。目前在这个保护领域所应用的材料和技术，与20世纪60年代早期使用的已经大不相同，公平地讲，真正科学的保护程序已经初具雏形。而且，与此同步，国际合作的理念也在兴起，全世界的保护中心和实验室能够公布他们的研究成果，共享他们的经验。很多这样的合作都是在国际博物馆协会藏品保护委员会（ICOM-CC）湿有机考古材料专业工作组（WOAM）的旗帜下完成的。多年以来，WOAM由资深的从业人员领导，以加拿大、美国、澳大利亚、英国、法国、德国、瑞典和丹麦的保护研究中心为依托，很多其他国家的专业人员也做出了贡献。合作催生了源源不断的新思路，饱水木材保护技术的水平在过去50年中得到了极大提高。出现了新型高分子材料，而且开发了将其有效应用的技术手段，例如在大腔体中进行冷冻

② Cog，德语作die Kogge或der Koggen。船型特点为单桨，龙骨平直，船艏和艉柱都是直线，船舷高。公元13～15世纪在波罗的海、北海沿岸国家使用，主要用作汉萨同盟的商船、战船。参考《中外船史图说》（辛元欧，上海书店出版社，2009）译作柯克船（译注）。

干燥目前已经成为优选的安全快速脱水方法；对于木材在海底的降解过程，以及如何阻止展示中的木材进一步劣化等问题，目前也有更深入的了解。虽然考古船只的保护现在还称不上是一门精确的科学，但是我们正朝着这个目标努力。

工作期间，佩尔·霍夫曼亲历了多个考古舟船的保护项目，同时也是很多保护项目的咨询专家，可以说他是撰写本书的不二人选。佩尔·霍夫曼还邀请了一些杰出的同行撰写了其中几个相关专门领域的章节，他自认为（谦逊的品格）他们更适于撰写。我以为，他们的工作成就了本书。对于任何一个考古学家、保护人员或博物馆管理人员来说，如果想要承担海洋考古材料的保护工作，本书都可以称得上是技术水准的卓越阐述和必不可少的优秀读物。不要说是保护一整条舟船，仅仅饱水木材的保护，都不是一个胆小怯懦的人所能胜任的工作。但是这项工作的结果都是意义非凡、引人瞩目的。那么下面，就让佩尔·霍夫曼通过本书的篇章，引领你进入错综复杂的考古发掘舟船保护领域吧！

詹姆斯·A. 斯普里格斯

致　谢

本书记述了我绝大部分关于饱水木材、舟船保护的工作。如果没有同事的倾力帮助，这些工作是无法完成的，其中包括在实验室工作的西尔维娅·魏德纳（Silvia Weidner）及多才多艺的技术兼保护人员乌尔里希·芬克（Ulrich Finke）。约尔格·盖尔（Jörg Geier）和他在德国国家海事博物馆（DSM）的技术团队提供了各种技术支持，承担了移动船体、建造浸泡槽、搭建脚手架和展示装置的任务。

特别感谢埃格伯特·拉斯卡（Egbert Laska）为本书制作了图片，赖因霍尔德·布雷登（Reinhold Breden）耐心地绘制了线图。

记者、作家和编辑加布里埃莱·霍夫曼（Gabriele Hoffmann）建议我将考古舟船保护方面的工作经验编辑成书。一直以来，她带着极大的兴趣关注着我的工作，感谢她提供了很好的建议。同时还要感谢我的合著者们，也是我多年以来的同事和朋友们，他们都乐于将专业知识贡献给本书。波尔·延森（Poul Jensen），克里斯缇娜·斯特拉克玟（Kristiane Strætkvern），英厄·博伊森-考夫德（Inger Bojesen-Koefoed）和戴维·格雷戈里（David Gregory）撰写了冷冻干燥部分，马库斯·维特科珀（Markus Wittköpper）撰写了 Kauramin 树脂的应用部分。很多同事和机构都慷慨地允许我复制图表、照片和电子显微图像。通常来说，这些都是联合研究项目的成果。这里我还要感谢博物馆以外的同事能够与我一起分享他们在饱水木材各个方面的关注点，可以在相应的图片中找到他们的名字。

我的老朋友奥斯卡·费克斯（Oskar Faix）是木材化学领域的荣休教授，他订正了书稿中木材部分的错误；我的朋友詹姆斯·A. 斯普里格斯（James A. Spriggs），也是资深的饱水木材保护人员，除了为我撰写充满善意的前言部分和颇受欢迎的关于长期维护方案的一个章节外，还对保护部分进行了修订，同时攘除了碍眼的文字错误。此外，他们都给予我很重要的建议，对提高本书文字的准确性做出了贡献。在此我对他们二人致以最诚挚的谢意。

佩尔·霍夫曼

二〇一三年二月

目　　录

作 者 列 表

英厄·博伊森-考夫德（Inger Bojesen-Koefoed），保护专业学士，从事过一些非常复杂、脆弱的考古饱水降解构件的保护，如鱼栅、绳索和柳条编织物等。在丹麦国家博物馆保护部工作超过25年的她，在纺织品以及考古饱水有机材料的保护方面有着丰富的经验。在保护史、现场保护以及保护案例研究等领域发表了个人专著和合著。

电子邮件地址：

inger.bojesen-koefoed@natmus.dk

戴维·格雷戈里（David Gregory），理学学士（荣誉学位）、哲学硕士、哲学博士，作为兼具考古和保护能力的潜水员曾参与过多个水下考古项目。目前是丹麦国家博物馆保护部的资深科学家，正在开展饱水考古木材的降解研究和考古材料水下原址保护研究。在该领域发表及合作发表科研论文和著作章节50余篇。

电子邮件地址：

david.john.gregory@natmus.dk

佩尔·霍夫曼（Per Hoffmann），木材学学士、自然科学博士，不来梅港德国国家海事博物馆（DSM）考古木材保护部及保护研究实验室的创始人。负责多个船只保护项目，开发了多艘考古发掘船只的处理方案。退休前，他一直是德国以及国外湿木质文物保护项目的顾问，并担任不同国家、多所大学木材性质及饱水木质文物分析与保护专题的讲座教授。在木材分析、考古、保护方面发表科研论文和著作章节120余篇。他还担任国际博物馆协会（ICOM）饱水有机考古材料工作组（WOAM）的协调人17年，担任国际博物馆协会藏品保护委员会（ICOM-CC）理事会成员12年。目前他还是瓦萨号（*Vasa*），玛丽·罗斯基金会（Mary Rose Trust）和纽波特中世纪沉船（*Newport Medieval ship*）等项目咨询委员会成员。

电子邮件地址：

per.hoffmann.bremen@gmx.de

波尔·延森（Poul Jensen），农学硕士，哲学博士，高级研究员。曾是丹麦国家博物馆出水材料保护部的负责人，目前是丹麦国家博物馆的高级研究员。对于出水有机文物保护（特别是木材的填充、冷冻干燥和长期稳定性方面）和评估具有丰富的经验。在出水木质文物的保护和评估领域发表多篇学术论文和专著。
电子邮件地址：
poul.jensen@natmus.dk

詹姆斯·A. 斯普里格斯（James A. Spriggs），文物保护学士，执业保护修复人员，国际文物保护修护学会（IIC）会士，英国田野考古学会（IFA）会员，伦敦文物学会（SAL）会士。考古饱水有机材料保护咨询专家。多年以来担任英国约克考古基金会保护部门负责人，并建立了“约克考古木材中心”，该中心一直以来都是英国一流的陆上和海洋饱水木材保护机构之一。他参与了多项英国及其他国家的舟船保护项目，负责约克约维克（Jorvik）维京中心展示的维京时期房屋和作坊木材的保护。在文物保护的众多领域都发表了大量文章并撰写图书章节。
电子邮件地址：
spriggs.conserve@hotmail.co.uk

克里斯缇娜·斯特拉克玟（Kristiane Strætkvern），保护学硕士。丹麦国家博物馆保水材料保护部门的负责人。曾经参加过多艘船只的保护，专长于大型器物的冷冻干燥。2004～2011 年，担任国际博物馆协会藏品保护委员会（ICOM-CC）饱水有机考古文物材料工作组（WOAM）的协调人。在木质文物保护以及饱水木材保护领域发表多篇学术论文和合著。
电子邮件地址：
kristiane.straetkvern@natmus.dk

马库斯·维特科珀（Markus Wittköpper），自 1991 年以来一直是美因茨罗马 - 日耳曼中央博物馆（RGZM）饱水木材保护的负责人。最初是石匠和雕刻师，后来成为 RGZM 的文物保护和修复人员。一直负责多艘罗马时期考古船只的保护项目，专长于使用 Kauramin 方法（他将该方法发展到目前的水平）。
电子邮件地址：
wittkopper@rgzm.de

框图列表

缩略词列表

ATR-FTIR	半衰减全反射傅里叶变换红外光谱
DSM	德国国家海事博物馆（Deutsches Schiffahrtsmuseum）
DTPA	二乙基三胺五乙酸
EDDHMA	乙二胺二（2- 羟基 -4- 甲基苯乙酸）
FSP	纤维饱和点
HPLC	高效液相色谱
ICOM	国际博物馆协会
ICOM-CC	国际博物馆协会藏品保护委员会
LM	光学显微镜
MALDI-TOF	基质辅助激光解吸离子飞行时间质谱
NMR	核磁共振
PEG	聚乙二醇
RGZM	罗马 - 日耳曼中央博物馆（Römisch-Germanisches Zentralmuseum）
RH	相对湿度
SEM	扫描电子显微镜
TEM	透射电子显微镜
TLC	薄层色谱
WOAM	湿有机考古材料 / 饱水有机考古材料

考古发掘舟船展示地点分布图

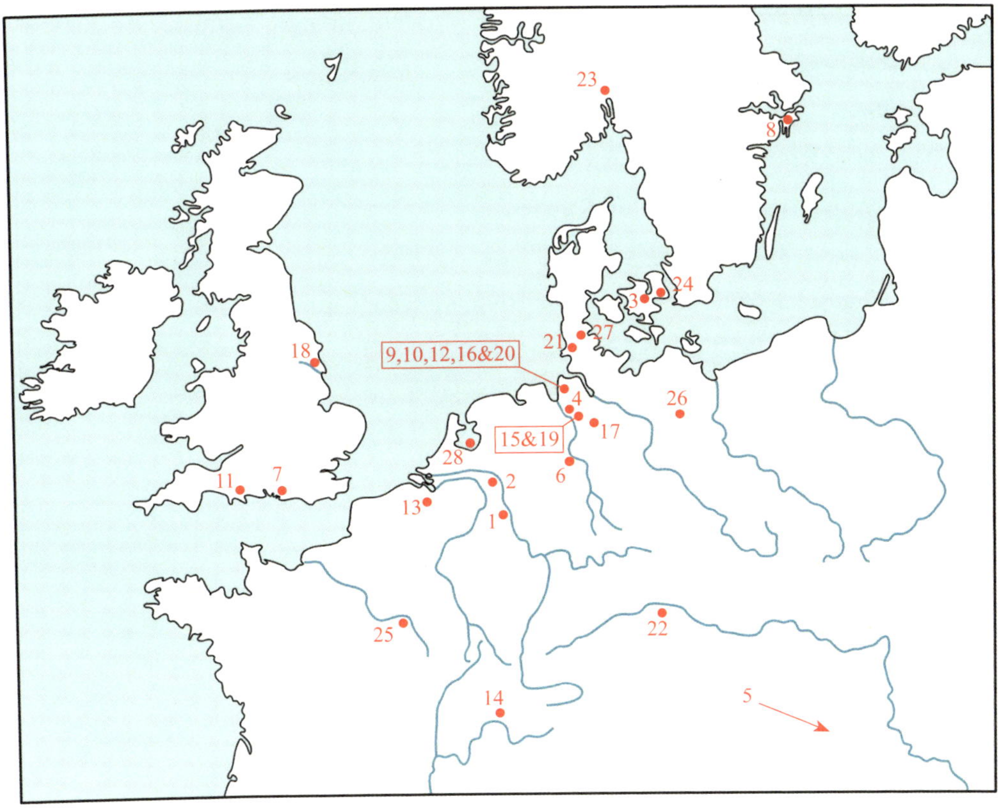

版权　D.Saunders

1　*Barge from Niedermörmter*—Rheinisches Landesmuseum, Bonn, Germany
尼德默米特平底船：莱茵州立博物馆，德国玻恩

2 *Roman barge from Xanten Wardt*—Römer Museum, Xanten, Germany
克桑腾 - 瓦特罗马时期平底船：罗马人博物馆，德国克桑腾

3 *Skuldelev Viking Ships*—Vikingeskibshallen, Roskilde, Denmark
斯库勒莱乌维京船：维京船博物馆，丹麦罗斯基勒

4 *Ship from the Teufelsmoor*—Kreismuseum, Osterholz—Scharmbeck, Germany
托伊弗尔斯沼泽船：奥斯特霍尔茨 - 沙姆贝克地区博物馆，德国

5 *Kinneret boat*—Yigal Allon Museum on Lake Kinneret（the Sea of Galilee）, Israel
加里利海小船：加里利海伊加尔·阿隆博物馆，以色列

6 *Barges from Rohrsen*—Weser Renaissance Museum, Lemgo, Germany
罗尔森平底船：威悉文艺复兴博物馆，德国莱姆戈

7 *Mary Rose*—Naval Docks, Portsmouth, UK
玛丽·罗斯号：海军码头，英国朴茨茅斯

8 *Vasa*—Vasamuseet, Stockholm, Sweden
瓦萨号：瓦萨博物馆，瑞典斯德哥尔摩

9 *Karl*—Deutsches Schiffahrtsmuseum, Bremerhaven, Germany
卡尔号：德国国家海事博物馆，德国不来梅港

10 *Bremen Cog*—Deutsches Schiffahrtsmuseum, Bremerhaven, Germany
不来梅柯克船：德国国家海事博物馆，德国不来梅港

11 *Poole logboat*—Poole Museum, Poole, UK
普尔独木舟：普尔博物馆，英国普尔

12 *Logboat from the Leine*—Deutsches Schiffahrtsmuseum, Bremerhaven, Germany
莱纳河独木舟：德国国家海事博物馆，德国不来梅港

13 *Boats from Pommeroeul*—Gallo-Roman Museum, Ath, Belgium
波默勒尔船：高卢人 - 罗马人博物馆，比利时阿特

14 *Barge II from Yverdon-les-Bains*—Museé Cantonal d'Archaeologie et d'Histoire, Lausanne, Switzerland
伊韦尔东Ⅱ号平底船：沃州州立考古历史博物馆，瑞士洛桑

15 *A partial hull-from the Teerhof*—'Beluga' Office Building on the Teerhof, Bremen, Germany
来自蒂尔霍夫的部分船体：建于蒂尔霍夫遗址上的“白鲸”公司写字楼，德

国不来梅

16 *Oberländer*—Deutsches Schiffahrtsmuseum, Bremerhaven, Germany
奥伯兰德船：德国国家海事博物馆，德国不来梅港

17 *Helstorf logboat*—Heimatmuseum, Helstorf, Germany
黑尔斯托夫独木舟：黑尔斯托夫历史博物馆，德国黑尔斯托夫

18 *Hasholme logboat*—Hull Museum, Hull, UK
哈斯霍姆独木舟：赫尔博物馆，英国赫尔

19 *Beck's ship*—Bremer Landesmuseum, Bremen, Germany
贝克船：不来梅州立博物馆，德国不来梅

20 *Schlachte ship*—Deutsches Schiffahrtsmuseum, Bremerhaven, Germany
施莱凯特船：德国国家海事博物馆，德国不来梅港

21 *Ship from Friesland*—Schifffahrtsmuseum, Husum, Germany
弗里斯兰船：海事博物馆，德国胡苏姆

22 *Roman ships from Oberstimm*—Kelten Römer Museum, Manching, Germany
奥伯斯蒂姆罗马船：凯尔特人 - 罗马人博物馆，德国曼兴

23 *Bingen logboat*—Norsk Sjøfartsmuseum, Oslo, Norway
宾根独木舟：挪威海事博物馆，挪威奥斯陆

24 *Ejsbøl logboat*—Nationalmuseet, Copenhagen, Denmark
埃斯比约独木舟：丹麦国家博物馆，丹麦哥本哈根

25 *Barge from Noyen—sur-Seine*-Museé de Préhistoire de l'Ile de France, Nemours, France
塞纳河畔努瓦扬平底船：法国史前博物馆，法国讷穆尔

26 *Kaffenkahn*③—Deutsches Technikmuseum, Berlin, Germany
Kaffekahn：德国技术博物馆，德国柏林

27 *Nydam boat*—Archäologisches Landesmuseum Schloss Gottorf, Schleswig, Germany
尼达姆船：戈托尔夫城堡 - 荷尔施泰因州立考古博物馆，德国石勒苏益格

28 *Boat from Meinerswijk*—Bataviawerf, Lelystad, Netherlands（still in conservation）
迈纳斯韦克船：巴塔维亚码头，荷兰莱利斯塔德（保护处理中）

---

③ Kaffenkahn 是一种特殊设计的平底船，17 至 19 世纪在普鲁士用于内河货运航行。与船头和船尾连接的底板翘起至吃水线以上，这一特殊设计被称为 coffee 或 Kaffe，故而得名（译注）。

保护完成后的不来梅柯克船（*Bremen Cog*）伫立在不来梅港的德国国家海事博物馆。拍摄：佩尔·霍夫曼（Per Hoffmann）

引言：一项特殊任务

在保护考古发掘的饱水舟船时，保护人员所面临的任务，是将含水的、脆弱的、不稳定的器物转变为干燥的、坚实的、稳定的器物，而在处理的过程中要避免发生改变或破坏。这不是一项简单的任务。是什么让舟船保护如此特殊？一方面是因为我们常说的饱水木材是一种奇特的材料，另一方面是由于舟船的体积庞大。通常舟船的保护过程规模相当大，需要大力的技术支持和大量的经费支出，远远超出常规的考古预算。正因如此，主持项目的考古学家需要对整个过程拥有全局视角，既要了解保护项目的需求和复杂性，又要有必需的科学背景和工作基础。在多数情况下，考古学家即代表考古发现的所有者，要对所有重要的决策负责，包括考古遗存的提取，寻找方法、甚至是寻求保护人员来开展保护项目。

希望通过本书的撰写，能够给予那些通常要针对各种不同材料开展工作的保护人员提供便利，使他们了解木材和饱水木材的信息，而不必去查阅卷轶浩繁的文献和教科书。

饱水木材是一种复杂的材料，其性质与健康材有着巨大的差异。依据降解程度的不同，饱水木材有可能比健康材具有更大的柔性，也有可能更脆、更易折断。饱水木材的表面通常是软的、脆弱的，重量最大可能达到气干材的两倍。然而，最为危险的差异，是对干燥过程的响应：饱水木材会发生剧烈的收缩、翘曲、劈裂，还会沿着纹理发生裂纹、裂隙，这些破坏无法恢复。干燥过程威胁着饱水木质文物的完整性，因此，在发掘、运输和保护过程中，需要对饱水木材投入更多的关注并预先做出更多的筹划。

在一艘舟船打捞和保护的过程中，可能会遇到极大的困难。一艘船，哪怕仅仅是一艘小船或独木舟，体量都很大，比绝大多数考古发掘中提取到的器物都要大很多。舟船比较难于操控，要费很大力气才能移动。含水的木材很重，一些大型的木料或独木舟甚至都无法用手托举，必须在考古发掘现场配备起重设备和载重传动设备。同时饱水木材表面是软的，对压力非常敏感，绳索和捆扎带会勒进木材表面，边角也很容易折断。木材质量很大，在操作的时候脆性和低抗弯强度就成了问题。而船体木料的长径比则放大了这个问题：木材都是细长的，易于折断。

造船的理念是采用尽量少的材料承载尽量多的体量，这导致相对于船体的体积来说，船体本身更加脆弱。在考古发现的船只被提取之前，通常需要做好支撑，以抵抗提取和运输过程中产生的机械应力：包括压力、弯曲和拉力，震动和冲击，所有这些作用力都会拉扯木料及其连接处。造船的初始目的是抵挡四周水波所产生的压力，承载货物的重量。而当船置于陆地上时，机械应力就完全反转了，如果船体不完整，这种作用力则会更加明显，需要采取额外的预防措施去稳定和保护船体的剩余结构。

当需要运输船体的时候，尺寸就成为凸显的问题。很快你就会意识到，常规运输卡车的装载平台显得又短又窄，当这样大的载重穿过小城市或村庄的时候，往往需要大规模的后勤保障。

在项目组织和经费需求方面，考古发掘舟船的保护过程也有其自身的特殊性。保护场所需要一个巨大的空间，甚至是一个仓库去承载船体和保护装置，且可以连续多年使用。通常来说，找到并租用空置的仓库不那么容易。所有针对船的保护方法都需要用溶于水的填充试剂填充木材，以防止木材在随后的干燥过程中收缩。在大多数情况下，填充在浸泡槽中进行。然而，在某些情况下，根据木材状况的不同，需要采用喷淋的方法处理。用于保护船体的浸泡槽的尺寸，依据船体尺寸的不同会发生较大的变化。木材会吸收大量用于稳定的化学试剂，这些化学试剂很昂贵。弗里斯兰船（*Friesland Ship*）是一艘用于货物运输的小型船，仅有 12m 长，就需要一个体积为 $100m^3$ 的浸泡槽，大约 10 万升的填充溶液。而浸泡槽本身也是非常昂贵的设备。

目前已经开发了一些用于饱水木质文物保护的方法。这些方法对于技术水平和经费的要求不同，对于实施人员能力的要求不同，最后可能实现的稳定效果不同，以及稳定效果实现的可能性也不同。要想得到好的结果，就需要花费更多的经费。然而，是不是在所有的情况下都要追求最佳效果？次优的结果是不是可以接受呢？在工作室规模的保护中，你永远会追求最好的结果，但是对于一艘船的保护而言，考虑到付出的努力、投入的资金和耗费的时间，我们有必要就这一问题展开讨论，并且在设计保护方案之前就做出决定。如何找到对一艘船来说足够适合的方法？这一方法必须是可操控的，在大规模实施的时候是安全的，既不危险又不引入有毒物质，实施过程能够在较长时段内保持稳定，且产生的结果能够落在可预见的范围内。

保护舟船是一项涉及多个方面的工作。始于考古发掘现场，止于博物馆，要延续很多年，花费很多钱。因此有必要设计一个具有连贯性的方案，对每一步进行详细的规划：提取和运输、保护、修复与展示。这些步骤在项目开展的初期就要协调一致，这样才可以预见并考虑后续工作的需求和程序，才有足够的时间去安排顺畅而有效的工序。保护一艘船要求与来自各个领域的、具有恒久耐力、不屈不挠的专业人员合作，这将会是一段弥足珍贵和受益良多的冒险经历。

三十年前，德国国家海事博物馆（DSM）要求我承担不来梅柯克船（*Bremen Cog*）的保护工作时，我参阅了B. 布罗尔松·克里斯滕森（B. Brorson Christensen）的著作——《丹麦国家博物馆饱水木材保护》。布罗尔松·克里斯滕森是一位生物学家，当时他需要开发一种方法，以保护在罗斯基勒峡湾发现的斯库勒莱乌维京船（*Skuldelev Viking Ships*），那是最早的几个重要舟船保护项目之一。这部著作记录了他大量的实验室实验，是他在实际工作中经验的总结，特别是报告了最终采用的处理儿艘维京船的方法。我那时是汉堡大学的木材学家，对木材的各个方面都做过研究，但是对于饱水考古木材是什么、应该对其做什么、能够对其做什么却一无所知，是布罗尔松·克里斯滕森告诉我这一切。在德国国家海事博物馆（DSM），以及与其他同行、考古学家、工程师和非专业人员共同开展的一些联合保护项目中，我处理了将近二十艘舟船，与其他同行关于他们的舟船保护项目也开展过无数的讨论。希望通过本书，能将我从中获得的宝贵经验传递下去。

对于舟船的保护来说，不存在一个通用的解决方案。但是，在对很多项目做过评估之后，我认为，针对如何着手开展这样一项非常特殊的任务，我至少可以给出一些建议。

考古船只的发现往往出其不意，考古学家和保护人员必须迅速采取行动。在北弗里斯兰（North Friesland），必须在冬季来临、水渠封闭前完成发掘。拍摄：琳达·赫尔曼森（Linda Hermannsen），石勒苏益格-荷尔施泰因州考古办公室（Archäologisches Landesamt Schleswig-Holstein）

1　从发掘到保护

1.1　船归何处?

当打捞一艘古船并启动保护项目的时候，首先要考虑的问题是项目最终的结果：船将被放置在哪里？如果这一问题不能得到令人满意的、肯定的答复，那么这样的项目也许根本就不应该启动。否则，诸多努力和大量资金、时间的投入，以及各方的良好愿景都将被置于风险之中，整个项目可能遭受挫败。曾经有太多这样的事例发生，足以令我们从中吸取教训。

确定古船将放在哪里，是放在已有的博物馆，还是为此项目专门建造的新博物馆，还是仅仅在库房中存放，将会影响项目的整体规划以及各个实施步骤的决策。例如，船只是从发掘现场整体打捞？还是分成多个部分打捞？或者是完全拆解后再一块块打捞？表面完整性的重要程度如何？是否足以打捞起船体结构？如果最终的决策已经成型，就可以据此选择合理的保护处理场所，使运输和破坏的风险减至最小。也许保护可以在最终展示的场所进行，那么保护方法则可根据将来展示所需的温湿度条件、紫外线强度以及预期的环境波动等情况选择。船将放在哪里，怎样与公众接触，关于船的未来需要达成共识，这将激发项目组成员的想象力，增强他们的主动性。由于这类项目的投入通常远远超出考古学家和博物馆的经济承受能力，因此有必要寻求各方的帮助，包括资金上的和实物上的。只有制定了现实可行的方案，具有明晰的前景，才能吸引投资人加入这个项目。

然而，发掘古船最重要的，是从项目一开始，就要明确谁是真正的利益攸关方，并形成记录。谁希望打捞这一考古发现并作永久展示，谁对项目负有责任，谁对资金的来源及持续性负有责任，谁应该对最为关键的问题作出抉择等，都要明确地记录下来。即便这看起来极具诱惑，但很明显，这个人不应该是保护人员。保护人员不是船的所有权人，他们仅仅提供服务，没有权力随意处置船只，或者单独采取行动。考古发现应有合法的归属，只有合法拥有考古发现的个人或组织或他们的代表——可能是考古学家——才能够作为责任人，对任何与考古发现的文物相关事项作出

一具奇怪的船骸从威悉河中浮现。伴随着涨潮，船骸又消失了。拍摄：德国国家海事博物馆（DSM）

低潮期，可以看到笔直的艏柱和宽阔的搭接船板，说明这是一艘中世纪的柯克船。考古领队决定打捞这艘船，但还不知道将这艘船安置在哪里。拍摄：德国国家海事博物馆（DSM）

决策。如果这一关键问题没有澄清，那么项目参与者开始的热情和高昂的斗志很快就会消退，将会出现越来越多的障碍，项目将逐渐走向死胡同。如果没有动力，工作团队将难以为继。谁希望项目完成？谁对项目负有责任？项目有哪些明确的目标？绝对有必要对这些问题正式达成一致意见，否则保护人员不应介入。

曾经有一次，有人劝我接手一个饱水森林保护的项目，保护的内容包括树桩、树根、圆木和带有树叶的树枝。大约 1 万年以前，整个森林被 10m 厚的火山灰覆盖了。以前火山灰形成的浮岩已经作为有价值的矿石被开采殆尽，使得森林重新暴露出来。负责这个项目的历史学家无意对这些遗迹采取任何行动，只是觉得将如此大量的冰河时代森林遗存完全抛弃很可惜。“也许你可以？……”不，我不能。找到一个最终存放这些遗存的地方，并找到实现的方法和资助将这些遗存转移到存放地点，这应当是考古学家的责任，当然前提是他真正想要去做。

即使一个项目被正式确立下来，我仍然强烈建议，保护人员要对负责项目的考古学家口头表达的同意或反对意见以及作出的决定加以记录。几年过去，口头的意见将会被抛之脑后，人员可能退休，工作可能发生变动，当工作进展不顺利的时候，相互指责非常容易破坏工作气氛。

为保护后的船寻找最终放置的合适房间或建筑的时候，人们倾向于使建筑物空间刚好与船体大小相当，也许刚好与其原始尺寸一致。这是一种错误的观念。的确，船体体积也许会很大，也许你会说只需要一个保证能放得下船体，且观众能围着船转圈的空间就足够了。然而其实这远远不够。在一个展览中，一艘船往往有巨大的潜质成为核心展品，展览可以涉及船及其用途的各个方面：由谁建造，由谁使用，用途是什么，船上装载了什么货物，处于什么时间，位于什么地点等。有无限的可能性使得船能够自我阐释，富有趣味，与人产生关联，而人正是博物馆观众想要了解的内容。但这样就需要一个巨大的空间，能够围绕核心展品布置一个综合性的展览。巨大的空间将产生高昂的费用，必将就船的保护是否值得引发争

公元 800 年加洛林王朝时代的河船卡尔号（*Karl*），必须在 3 天内将其移走，50 辆货车将要运来水泥灌注，为正在建造的酒店打下地基。拍摄：佩尔·霍夫曼（Per Hoffmann）

2000年，在安特卫普挖掘一个新船坞时发现了多尔斯柯克船（*Doelse Cog*）。考古学家拆解了这艘船，将船板储存在注满水的浸泡槽中。直到现在，这艘船最后的放置地点也没有确定。拍摄：佩尔·霍夫曼（Per Hoffmann）

议，进而不再将船的潜质作为文化的、社会的、技术的、经济背景的焦点。如果真正想吸引观众，那么必须为他们提供足够的空间，使他们有足够的距离拍摄船只的整体照片。

在现实状况中，从考古发现开始到完全解读，需要花费一些时间，才能为所有问题找到答案。在此期间，发掘必须进行，很可能船要被提取出水，并从遗址移走。为保证将来能够进行保护，必须立即采取预防措施，防止由于操作、暴露在空气、风、阳光中造成不可逆的破坏。

古船会引起公众广泛的关注，项目与公众的关系对于船只保护政治性的决策非常重要。政治性决策可以保证工作完成所需要的各种资源。然而，政治意

如果一艘船是在建筑工地被发现则具有一定的优势：工人、工具和设备以及起重机都是现成的。拍摄：埃格伯特·拉斯卡（Egbert Laska），德国国家海事博物馆（DSM）

愿是多变的，决策最多只能保证一个政治周期，也就是3～4年的时间。任何一个项目都要对这一点有所考虑。

1.2 如何减少打捞和运输过程中的破坏

饱水木材一旦暴露在大气环境中，失水干燥就开始了，即使天气潮湿也无法避免。木材与空气中的水分压总是有差别的，除非下雨的时候，木材表面才会形成一层水膜。但木材一旦开始干燥，就会收缩，产生纵向开裂和横裂纹。而且伴随干燥的继续，这种破坏会越来越严重。最终，木料将产生不可逆转的外观变化、变形甚至是自我损毁。从木材开始暴露在大气中的那一刻起，就必须保湿，而且是要呈滴水的状态。如何保湿取决于现场的状况。排布成扇形的花园喷水管是不错的选择，喷水的距离可以调节，可以在某些区域喷水保湿，而在另一些区域开展工作。也可以使用手持喷水泵，但是喷水频率必须很高。吸水布或者婴儿尿不湿可以覆盖或者紧紧地绑在船板、肋骨末端的突出部位。浸满水后，这类材料能比泡沫板更有效地保持水分。此外，建议在船上面覆盖一层防水布或者聚乙烯薄膜。

船从发掘地点转移的方式取决于几方面因素的综合考量。木材在发现后，需要由有经验的保护人员或者木材科学家对其状况迅速作出评估，以选择提取和储存的条件。如果期望船最终能够被展示，首选将船体整体提取，保持原始的连接状况，原有的木栓、销钉、铁的螺栓和铁钉、铆钉等都不要触动。反之，如果在遗址将船拆解则会造成严重后果：铁的连接物很容易锈蚀，氧化产物将会渗透到钉子、螺栓、铆钉周围的木材中，使木材变得脆弱。如果将连接件去除，那么将会在破坏的木材上留下大洞，用空心钻钻头将连接件钻出也会留下大洞。针对不同的状况要采取相应的措施。由于考古木材非常脆弱，操作过程中可能会使得木料尖锐的边缘和端头折断或者磨损。船板可能会断裂，很多工具痕将消失。拆解和重新组装一艘船需要技术娴熟的工匠，同时付出大量的时间。即使成功实现木材的保护，并重新组装，船也不可能同制造的时候一样，将会丧失部分完整性和流畅性。

然而也有特例。在克桑滕-瓦特（Xanten-Wardt）附近，在对莱茵河老河床清淤的过程中，发现了一艘

当这艘船还位于埋藏地点的沙地里时，保护人员和木匠建造了一个木质的支撑体。因为查理曼大帝是在这艘船建造的时期加冕的，我们把这艘船命名为查理曼大帝的卡尔号（*Karl for Charlemagne*）。拍摄：佩尔·霍夫曼（Per Hoffmann）

坚固的罗马平底船的一部分，尺寸为7.0m×2.6m×0.6m，发现的时候船底向上。考古学家觉得没有办法将船体翻转过来，她害怕在翻转过程中船体通过垂直线的刹那会发生解体。于是她决定小心地将船体拆解、打捞并保护船板，再重新组装这艘平底船。结果非常令人满意，现在可以在克桑滕的博物馆中见到这艘船。在拆解过程中，她了解到建造这艘船的一些细节，如果不将两层船板移除，这些细节是无法看到的。

在现场对船和拆解后的每一个构件进行详细记录是非常重要的。这些记录可以帮助我们理解船是如何建造的，当船复原重建进行展示的时候，这些信息至关重要。丹麦罗斯基勒维京船（*Viking ships from Roskilde*）由于原来装载的船货是石头，因此船被压碎了。发掘时，在船周围建造了一个围堰，将海水抽出去，用传统的考古发掘方法一段一段地记录和提取木构件。采用先进的FaroArm④系统对船上的木料进行精确记录：灵活的机械“手臂”顶端扫过船的边缘以及木材的其他特征部位，扫描的轨迹直接输入计算机。可以按照需求绘制图样和三维图像，数据输入计算机辅助设计的铣床，就可以制造相应木料的模型。

有时候，会将一艘船切割成几段易于操作的部分，然后满怀信心地期待保护完成后这些部分可以精确地拼凑在一起。至少对于我本人来说，这种方式往往更容易出现问题。即使达到最好的稳定状态，木料总会有一些残余收缩，切割的部分永远不可能精确地吻合。很可能切割的痕迹一直处于可见的状态，非常明显，令人烦恼。对我来说，一艘船的特征是船体外表面要流畅，船板与船身的长度一致，对一艘独木舟来说则是表面没有断点。垂直的切割将会破坏船身的这些特征，应当尽量避免。如果无法完全避免，则尽量采用倾斜切割，这样缝隙看起来不是那么明显，或者沿着船板的缝隙和重叠搭接的部位切割。

另一种方式，将一艘船整体打捞，是一项非常艰巨的工程。打捞一艘5m长的独木舟是一回事，打捞一艘30m长、6m宽的平底船又完全是另外一回事。只有在打捞过程中，你才会发觉一艘船竟然是那么的庞大。如果不能将重型吊车和轻型装载机运到发掘现场，就需要采取其他办法。

曾经在不来梅附近的一处湿草甸上发现了一艘19世纪的平底船，为此，从发现船的地方开始挖了一条沟渠，直通到附近的河中。封住船上漏水的部分，用焦油封闭船艏断裂所形成的洞，我们又将啤酒、音乐带到船上。伴随着欢乐的聚会，这艘来自托伊弗尔斯沼泽（Teufelsmoor）的船浮了起来。用拖船将其拖到最近的港口，那里有足够结实的码头，移动的吊车可以开上去。一段时间以后，这艘20m长的船被吊到一辆很长的车上，运到了12km外位

④ 法如公司三维扫描系统（译注）。

即使船体狭长，三点接触的支撑结构也不会发生弯曲。拍摄：加布里埃莱·霍夫曼（Gabriele Hoffmann）

于奥斯特霍尔茨-沙姆贝克（Osterholz-Scharmbeck）的地方博物馆。在那里，船体将进行保护（见安娜·苏霍多尔斯基（Ann Suchodolski）拍摄的照片）。在以色列打捞加利利海小船（*Kinneret boat*）的时候，也发生了类似的情况。这艘船发现于加利利海，大约与耶稣同时代，非常脆弱。我们在船上装载了聚氨酯泡沫，使之漂浮起来，穿过湖面到达保护的场所。非常遗憾的是，热切的保护人员忘记在泡沫中间穿上绳子，因此随后着实费了一番力气，才在不破坏很软的木板表面的情况下将泡沫取出来。对于在运河里或是河流附近发现的船，用浮船上的吊车把船放置在驳船或是平底拖船上，然后拖到一个方便的地方，是最节约经费的方式。曾经在罗尔森的威悉河里发现了两艘18世纪的平底船，船上的货物是粗削的砂岩石块，仍然保留在船舱中。这艘船被放置在一个平底拖船上逆流而上80km，再转移到一个轻型装载机上，运至莱姆戈的威悉文艺复兴博物馆（Weser Renaissance Museum）。船上的船货是单独运输的。在陆上运输两艘20m×5m的船是一项浩大的工程。警察护送卡车，临时管制了所有其他车辆，全程检查通行路段，包括狭窄路段、桥、涵洞、急弯等，移除了低矮的交通灯。最终在夜间完成了运输。

在将托伊弗尔斯沼泽船（*ship from the Teufelsmoor*）从发掘地点航行到保护地点的过程中，当地的热心人士在船上举办了一个派对。拍摄：埃尔温·迪夫（Erwin Duve）

在陆地上完成托伊弗尔斯沼泽船（*ship from the Teufelsmoor*）最后几英里的运送时，进行了非常小心谨慎的部署。拍摄：安娜·苏霍多尔斯基（Anna Suchodolski）

在英国朴次茅斯附近的索伦特（Solent）海域，从17m深的水下打捞亨利八世的战舰玛丽·罗斯号（*Mary Rose*）时，起吊过程中使用了世界上最大的浮吊。

或许最著名的沉船打捞要属斯德哥尔摩港口瓦萨号（*Vasa*）的打捞，那是瑞典国王古斯塔夫二世阿道弗斯（King Gustavus Ⅱ Adolphus）的巨大战舰。在35m深的水下，一群海军潜水员戴着潜水器具，用喷水枪和吸管在船下挖了6条通道，然后穿入钢筋。打捞队随后用6英寸的吊索替换了钢筋，然后用吊索在瓦萨号（*Vasa*）的两边各系了一条平底拖船。吊索穿过瓦萨号（*Vasa*）的底部，绕在平底拖船上。这种打捞技术非常古老，乌普萨拉的大主教奥劳斯·马格纳斯（Olaus Magnus）在1555年就曾经这样描述过：

> 水逐渐淹没平底拖船，直到甲板与水面平齐。人们拉紧绳索。然后抽出船内的水，平底船上浮，将沉没的船带起。水手将船逐渐行驶到较浅的水域，直到沉船接触地面，再使平底船淹没，重复这个过程。

经过18个抬升步骤，瓦萨号（*Vasa*）被运至16m深的水域。之后的18个月中，船体被密封，准备下一步的打捞工作。然后，在喜庆的节日气氛里，平底船上的巨型绞车将瓦萨号（*Vasa*）逐渐抬升，直至浮出水面，大功率抽水泵排干了船里的水，船身浮了起来。瓦萨号（*Vasa*）依靠自身的龙骨直立起来，驶入一个旧的干船坞。考古学家们清理了大量填充在船里的泥浆和沉积物，然后将瓦萨号（*Vasa*）放置在一个平底拖船上，后期以这个拖船作为基础，在船体周围建造了保护工作场所。

无论何时打捞或者是挖掘一艘船，都必须时刻将变软的木材表面、大幅降低的断裂强度，以及饱水木材的脆性铭记在心。宽带比绳索更安全。有一个古老的传言，是说一艘船被起吊的绳索切割成碎片。船体外部的保护衬板或减震措施必不可少。为了避免起吊过程中可能出现的侧向压力，可以在船体上穿上横梁以稳定船体结构。船体起吊的方式应当由考古领队决定，但是如果想要保护好这艘船，咨询保护人员的意见和建议则是明智的选择。最终必须与船体一起工作的人是保护人员，因此，提出保护建议和需求的人应当是保护人员而不是考古学家。

在发掘现场，经常需要在船体四周建造支撑体或者托架，然后整体起吊运输。一旦支撑体就位，就必须保证整个保护过程中船体都固定在支撑体上，因此必须要有足够的预防措施。木材是一种令人满意且价格低廉的材料，而且容易加工。然而，用风干木材建造的支架不仅会漂浮，而且当浸入到装满水或是保护溶液的浸泡槽中，它会展现出很强的浮力。一根截面10cm×10cm、1m长的杉木的浮力大约是5kp；换句话说，将一定尺寸的木质支撑体放置在水底是几乎不可能完成的任务。如果船将在浸泡槽中保护，那么从一开始支架就应该用钢材制造。当然，钢质支架必须涂上防腐涂层，浸泡的溶液中也必须加入缓蚀剂。

有时候船体的木材可能非常软，已经发生降解，破碎成小块，因此船体可能无法整体打捞，也无法拆解之后再打捞单独的木料。这种情况下，可以把沉船的残骸与周围的沉积物整体打捞，然后把他们作为一个整体保护。高分子量聚乙二醇（PEG）可以用于加固降解的木材以及很多类型的沉积物。而水和PEG无法渗透到黏土中，当黏土干燥后，会碎成小块，而木材得到加固，这时可以采用其他支撑体取代黏土。如果保护处理是在沉积层上进行，那么沉积块的边缘必须用木板或木块固定，以防止保护过程中沉积层移动或者漂走。木材也必须固定，防止从沉积层上移位。即使木材发生非常严重的降解，也具有一定浮力。用于保护的浸泡槽中即使发生最小的扰动，也会使小木块移动。如果连带着沉积层一起打捞的时候，在沉积层下插入了钢板，那么钢板可以作为建造浸泡槽的基础。

在准备打捞以及运输的过程中，木船必须保持饱水状态，防止暴露在风和阳光下造成加速干燥。每个小时应当喷几次水，并重新包裹起来。

对于一艘考古发掘的木船来说，运输过程中最大的危险是碰撞和震动。严重降解的木材非常脆弱。健康材的断裂伴随着纤维的断裂，因此比较缓慢。与健康材不同，降解的木材会在毫无预警的情况下突然断裂，所以具有良好冲击吸收能力的减震材料必不可少。一个成功应用的案例是将几层结实柔软的矿物纤维片材铺在轻型装载机设备上，均匀地布置在船体或支架底下。旧轮胎也是一种有效的减震材料。保护人员应当与司机坐在一起，在必要的时候说服并提醒他，要行驶得非常缓慢，尽量不产生震动。

在理想的情况下，船可以从考古发掘现场直接运输到保护地点。但有时候，船必须被放置在临时的储藏地，直到保护所涉及的一些问题，如资金、最终目的地等得以解决。可以选择把船放置在一个能够建造喷淋系统，并且喷淋系统可以连续工作的地方。喷淋系统必须能够喷到木材的底部，并在木材表面覆盖一层水膜。喷头可能会堵塞，水管会断掉，泵会停止工作，因此喷淋系统需要一定的维护。如果从公共供水系统取水，费用会随着时间的延长变得很高，因此尽量选择在河边、湖边或是池塘取水。将船长期停放在喷淋系统下，也不是绝对安全。当在不来梅的一个建筑工地内，发掘我们称之为卡尔号（*Karl*）的加洛林王朝（Carolingian）时期的河运平底船时，不得不在有霜冻的四月初，在三天的时间内完成发掘，然后将其放置在一个考古发掘用的帐篷中。起初采用花园喷水系统进行喷水保湿，之后开始计划保护。考古学家把船运到德国国家海事博物馆，送到我的手里。不来梅政府的代表保证提供后续资金，情绪激昂，言辞高调，但是后来什么也没有兑现。我们不得已开始寻找资金以及可以放置保护装置的场所。那年的夏天来得很早，而且很热，卡尔号（*Karl*）在帐篷中备受折磨。大约过了一年，它才被放置在专门定做的水泥浸泡槽中。在这段时间里，肋骨和又宽又厚的船艏外板发生了收缩，开裂很深，一些构件断裂了。这一切都发生在喷淋期间，我们亲眼目睹这种情况发生，但是束手无策。多年来的经验告诉我，一个临时方案也可能会持续非常长的时间才能结束。

在对比萨一个罗马时期港口的持续发掘中，发掘出一系列古船。格勒诺布尔的保护人员开发了一项技术，作为临时的解决方案。方法是在每一艘暴露出来的船的四周浇铸玻璃纤维防护罩，然后在木材和保护罩之间用花园软管系统制造顶部水压，在船体等待从发掘现场提取期间用于保湿。

更为简便的方法是将船再次浸没到水中，池塘、湖泊都可以，或者在地面挖坑，衬上塑料布，灌满水，最好的选择是有坚实码头的港池。即使饱水木材中也会有一些空气，因此考古发掘的船通常都会有不可低估的浮力，在重新浸没之前还有一些注意事项。松脱的部分必须固定，以防止漂走；对于船板搭接的船体，原来的连接不会像看起来那么结实，所有的构件必须固定，防止上浮，也可以用沙袋压沉，或是用网罩住，或是采取其他方法；如果船放置在支撑体或是托架上，则需要系紧，以防止在支架上移动甚至是与支架分离；此外，必须考虑船体固定材料的浮力。

一旦船再次浸没，考古学家和保护人员就可以稍微松口气了——目前就没有迫在眉睫的危机了，可以开始考虑和讨论项目下一步的方案，也可以开始为保护做准备了。

经过几个月的等待，在帐篷中临时喷淋保湿的卡尔号（*Karl*）终于可以放置在水泥建造的浸泡槽中。浸泡槽内衬耐热的重防腐底衬，采用聚乙二醇进行保护。拍摄：佩尔·霍夫曼（Per Hoffmann）

1.3　船体保护前的准备工作

保护前的仔细清理是船体成功保护的先决条件。所有的木材表面都必须暴露出来，这样无论是采用浸泡还是喷淋的方式，用于填充的保护材料才能顺畅地渗透进木材中。必须清洗去除连接处、缝隙、孔洞、死角、凹陷处的淤泥和沉积物。内层船板和外层船板之间，沿着船肋骨和复肋材之间的空间，船底外板下面通常都容易积存沉积物，如果没有事先彻底冲洗干净，那么保护过程中沉积物会不断渗出。

黏土是一种非常黏的沉积物，很难去除，很多船在发现时都是掩埋在黏土中，需要用铲子和不同硬度的刷子以及大量水，耐心地清理木材并冲洗木料的裂缝和孔洞。蒸汽喷枪也是很有用的工具，但使用的时候需要很小心，以免在去除沉积物的同时破坏木材表面。

残余的沉积物除了会增加填充的难度以外，还会影响美观。完成保护以后沉积物会呈现灰白的颜色，到那一阶段，沉积物已经固结在木材上，非常难以去除。看起来就像是污垢，当然也的确是污垢。

对于整体保护，也就是说在船体与沉积物没有分离的状况下，可见的木材表面必须冲洗，并尽可能地清理干净。

冲洗会洗掉大量沉积物，可以使用湿式吸尘器，直接从木板上吸走用于清洗的水和大量的泥沙。

沉积物有可能与木板之间结合得非常牢固，形成包裹泥沙和铁锈的凝结物。这类凝结物可能包含铁、钉头、铁栓、泉华包裹的填缝材料、各种小零件、铁链、舵轴以及其他与船有关的部件。在这种情况下，需要听取金属保护专业人员的建议，了解如何去除凝结物，露出中间的金属。如果包裹物中间没有金属，则所有的凝结物都必须采用机械方法去除。在保护之前，所有金属部件以及金属器物都必须从船上移除，以避免在保护过程中形成新的凝结物。腐蚀产物可能固着在木材上或者是渗到木材中，铁会催化或是引发各种化学反应，导致木材以及用于稳定木材的各种材料发生降解。

如果木材表面的铁锈不属于船在服役期间形成的历史遗迹的话，那么应当尽可能去除。可以用棉签或纱布蘸上高效的络合剂溶液，如二乙三胺五乙酸（DTPA）和乙二胺 - 二（2- 羟基 -4- 甲

在几年的重建过程中，采用花园喷水装置和喷雾装置令不来梅柯克船（*Bremen Cog*）保湿，以防止木料发生干缩。拍摄：迈耶迪克斯（Meyerdierks），德国国家海事博物馆（DSM）

在采用聚乙二醇进行保护之前，需要从木材上移除金属附件，例如柯克船（*Cog*）艉柱的舵枢。拍摄：佩尔·霍夫曼（Per Hoffmann）

在保护之前，必须记录精细的表面细节，例如这些用大锯锯木板形成的痕迹。这些细节可能在稳定处理过程中无法保留，即使木材发生轻微的收缩都会导致其消失。拍摄：埃格伯特·拉斯卡（Egbert Laska），德国国家海事博物馆（DSM）

基苯乙酸）（EDDHMA）都是非常有效的试剂，可以将铁锈从木材表面去除。EDDHMA是一种商业化产品，在农业上用于溶解碱性土壤中的铁，使之能够被植物吸收。DTPA是一种注册商品，在造纸和纸浆生产行业用于吸附有害的金属离子。但目前仍无法做到吸附木材深层的铁。

无论用什么方法清理船体，都必须牢记，柔软脆弱的表面包含大量有价值的信息：造船工人留下的工具痕，表面处理和装饰使用的焦油和涂层，磨损的痕迹，当时的技术和船上作业程序所产生的痕迹，例如划桨、帆索升降、拖拽、撒网或是用鱼线打鱼、生火等等。这些有价值的表面痕迹非常容易被清洗掉。

清理过程中，保护人员需要全面了解整艘船的状况：木料的尺寸、树种，结构的强弱部位。还需要评估船上严重降解的木材和轻度降解木材的比例，以及单根木料的降解程度。对于设计合理的保护处理方案来说，降解程度是非常重要的信息。考古木材的结构和性质等基本信息也是必要的。

§1.2 附注

克桑腾-瓦特罗马时期平底船（*Roman barge from Xanten-Wardt*）的打捞和保护见J Obladen-Kauder，2008.

罗斯基勒维京船（*Viking ships from Roskilde*）的故事见O. Crumlin-Pedersen，2002.

加利利海小船（*Kinneret boat*，也称为Jesus boat）的发现/运输和保护方案见O. Cohen，1990.

托伊弗尔斯沼泽船（*Teufelsmoor ship*）的保护部分见本书4.4.

罗尔森平底船（*Barges from Rohrsen*）的打捞引自Lüpkes，2001，关于它们保护的讨论见本书4.4.

关于玛丽·罗斯号（*Mary Rose*）打捞的壮观场面以及瓦萨号（*Vasa*）发现的开创性过程，详细描述见G. Hoffmann，2001.

采用PEG稳定沉积物的实验见P. Hoffmann and J. Pätzold，2002.

加洛林王朝时期的平底船卡尔号（*Karl*）的打捞和保护见P. Hoffmann，2005.

奥劳斯·马格纳斯（Olaus Magnus）在他的著作《北地民族史》（*Historia de gentibus septentrionalibus*，Romae 1555）中讲述了打捞一艘平底船的过程。本书的文字引自Hoffmann G.，2001.

§1.3 附注

在“保存瓦萨号”（Preserve the *Vasa*）研究项目（2003～2006）中，进一步开展了铁对于考古木材影响的研究：G. Almkvist and I. Persson，2009，T. Iversen *et al.*，2009.

采用新型络合剂去除木材中的铁见G. Almkvist and I. Persson，2006.

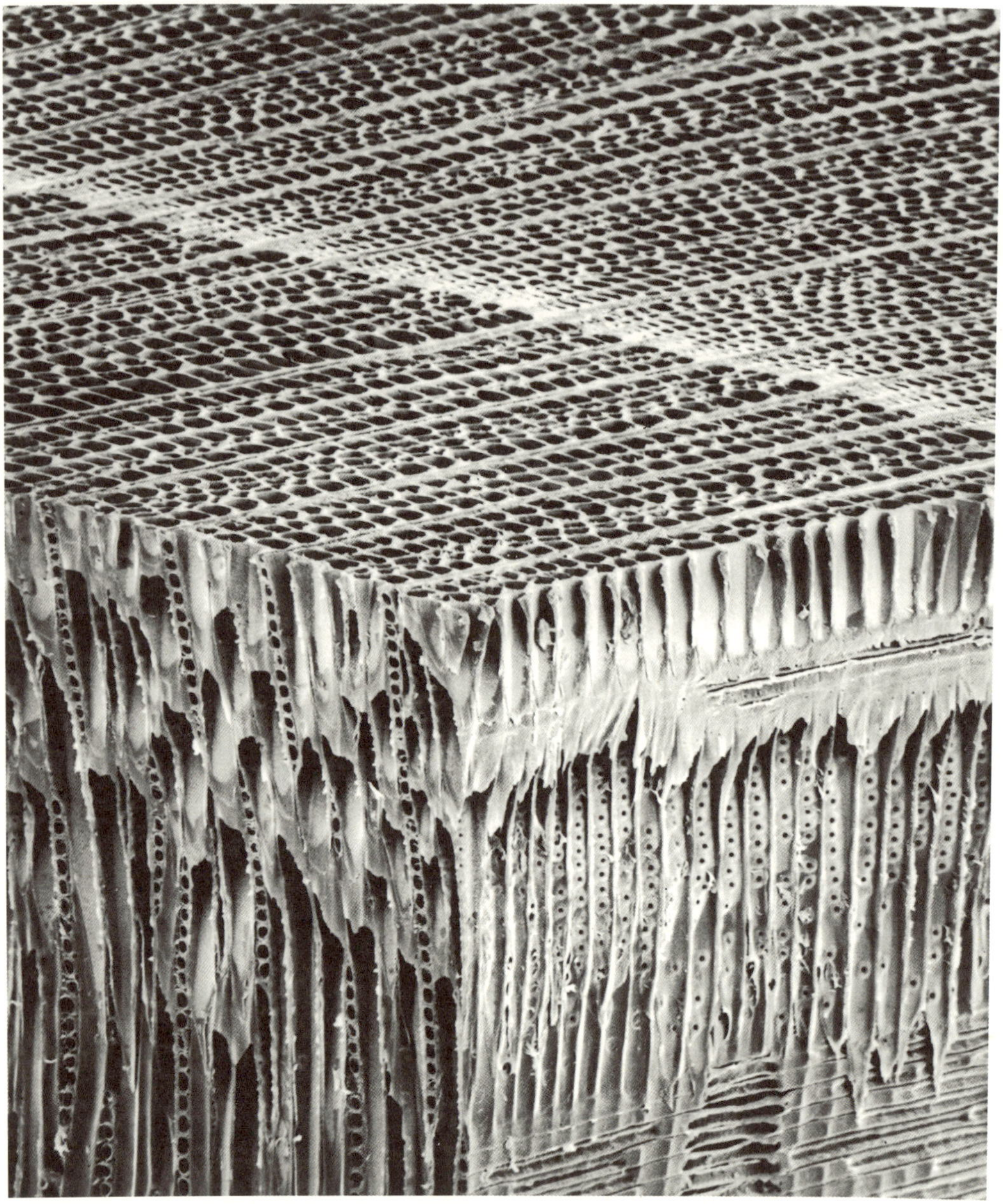

用扫描电子显微镜（SEM）观察方木块的一角，可以看到木材的精细结构，包括细胞壁和空的细胞腔。显微照片：塔尼亚·波奇（Tanja Pötsch），汉堡联邦林业和林产品研究中心（Federal Research Center for Forest and Forest Products，Hamburg）

2 考古学范畴的木材

2.1 健康材

对于需要稳定处理的木材，保护人员只有在头脑中形成了清晰的木材内部图像以及真实的精细的超微结构后，才能选择有效的稳定试剂并设计合适的处理方案。只有拥有健康材结构的基本知识，才能够正确认识饱水木材的降解以及各种可能的保护途径所产生的影响。本章将从宏观到微观，包括光学显微、电子显微及分子水平，介绍健康材的结构。

活立木

活立木中木材的生长过程如下：在树皮以下，无论是树干、树枝、枝杈和根部，都包裹着非常薄的一层具有活性的、可以扩增的细胞，能够进行细胞分裂，叫做形成层。形成层细胞的细胞壁内部包裹着由细胞核和细胞器组成的细胞质。形成层细胞分裂为子细胞，再分化为树干和树皮。子细胞的细胞质将纤维素纤丝挤出到细胞壁上，直到新的层达到一定的厚度。细胞质分泌各种酚类物质，渗透到细胞壁中，聚合成为木质素，也就是细胞壁的木质化。细胞壁木质化后，细胞就凋亡了，细胞质和细胞核也消失了。死的细胞壁结构以及它所包围的中空细胞腔就是我们所说的木材，向外生长的形成层则形成树皮。

叶是同化作用的器官，水从根部向叶进行运输的过程，发生在紧靠形成层的、死的木质细胞部位。同化产物——糖——从叶运输到活动的、正在生长的形成层，然后运至分化的木材中的储藏细胞，这一过程发生在树皮的内层。对于活立木来说，树干和树枝支撑着树冠以及伸展的树叶，这样才能尽量吸收更多的阳光。树根向上支撑着树木，木材必须承受压缩、弯曲以及拉伸的力量。与具有相同质量的其他材料相比，木材具有优良的力学性能。木材的强度与其精妙的结构有关。木材是细胞壁物质、水与空气的复合材料，还含有少量的可抽提物质，例如树脂、脂肪和蜡、糖与淀粉、显色物质、矿物，以及使树木能够抵抗真菌、微生物、虫害的化合物。木材的结构很复杂，从宏观结构到超微结构再到分子水平，各个层次上的结构

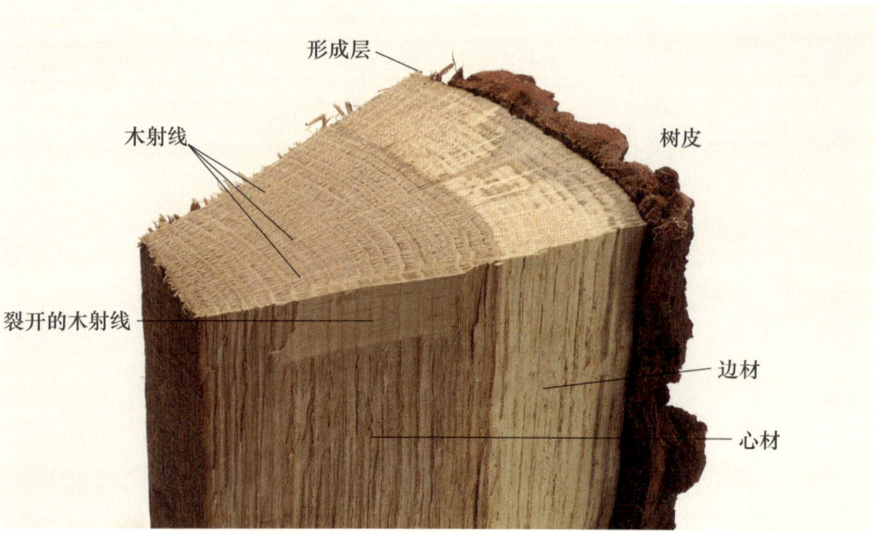

一块气干的橡木，可以看到其中的结构特征。拍摄：埃格伯特·拉斯卡（Egbert Laska），德国国家海事博物馆（DSM）

都具有多孔性，孔和毛细结构穿过这些物质形成连贯的空腔系统。对大多数温带树种来说，空腔大约占据木材体积的三分之二。对于极轻树种的木材，例如轻木（*Ochroma lagopus*）、木棉（*Ceiba pentandra*），空腔可以占据90%；对于极重的木材，例如黑檀（*Diospyros crassiflora*）或是愈疮木（*Guaiacum officinale*），空腔百分比降至40%。

近距离检视木材结构

裸眼或是用放大镜观察木材，可以看见众所周知的木材结构。木材纤维是连续的，呈轴向也就是纵向取向。在温带，生长和休眠的季节交替非常明显，因此对于温带木材，在轮廓清晰的横切面，同心的生长区域，也就是年轮或是生长轮非常明显。热带的树木由于生长条件基本恒定，可能有，也有可能没有生长区。一些硬木，即落叶材或是阔叶材，沿着年轮的边缘有可见的孔，例如橡树、白蜡树、枫树、栗树。树干的内部，即心材，通常与周围的边材有明显的区别，心材颜色较深，外观看起来更干燥。

木射线由中心向外径向生长，对大多数树种来说，用放大镜观察都可以辨认出来。在精确切开或者劈开的径向表面，也就是沿着径向切开的平面，可以看见有轻微光泽的木射线条带。对于软木和部分硬木来说，木射线都非常精细，很难看见。在弦切面，即沿着平行于年轮切线的方向切开的纵向平面，可以看见木射线，像是径向的由细到粗的线，长度从不到一毫米到几厘米不等。

显微特征

在透射光学显微镜下，如果条件允许，用扫描电子显微镜（SEM）观察，木材的孔结构清晰可见（见显微图片：橡木块的一角）。断面可以揭示很多信息。有细胞腔很大的薄壁细胞（管胞），也有细胞腔很小的厚壁纤维细胞。有大尺寸甚至非常大的薄壁细胞，称为导管。沿着活的产生树脂的薄壁细胞有树脂道。在横切面上，木射线呈现为单行或几行沿着径向方向排列的椭圆形细胞。从径向或切向的切面上，可以窥见木材坚韧特性的原因：木材细胞是大量端部闭合的长管，沿树干、树枝或树根的轴向排列。大部分管胞和纤维细胞的长度是宽度的30～150倍。短的、圆柱形的导管细胞，沿着长轴的方向一个挨一个地堆叠排列起来。每个细胞端部的细胞壁有很大的开口，也可能完全消失，因此形成长度可观的管。导管是水的有效通道，但是只能工作几年。在一些树种中，导管会被甲基纤维素填充并阻塞，膜泡从邻近的、仍然活着的薄壁细胞生长到导管中。甲基纤维素在欧洲橡木中很典型，使得树木具有防水性，这也是橡木能够成为一种理想的造船树种的原因。而美洲红橡木则没有甲基纤维素，木材不具防水性，因此不能用于造船。

在高倍光学显微镜或是扫描电镜下，可以看见邻近细胞壁之间的微小通道，特别是树木中一个接一个排列的细胞中两个细胞交叠的尖端。这些通道称作纹孔，是一个细胞的细胞腔与邻近细胞腔之间的通道。在细胞的边界，有一层膜穿过纹孔，成为将邻近细胞结合起来的胞间层的一部分。然而，纹孔膜上有非常小的孔，因此通道只是受限而不是闭合的。木材中的每一个细胞腔通过大量的纹孔与其他细胞腔相通。在弦向切片中，可以观察到一排排木射线细胞之间长的、空的通道，这是在木射线中间、沿着木射线方向形成的细胞之间的毛细结构。在射线细胞的细胞腔，轴向管胞的细胞腔和导管细胞腔之间，纹孔通道形成了联通这些细胞的毛细结构。三维连续的细胞腔、毛细结构和孔从各

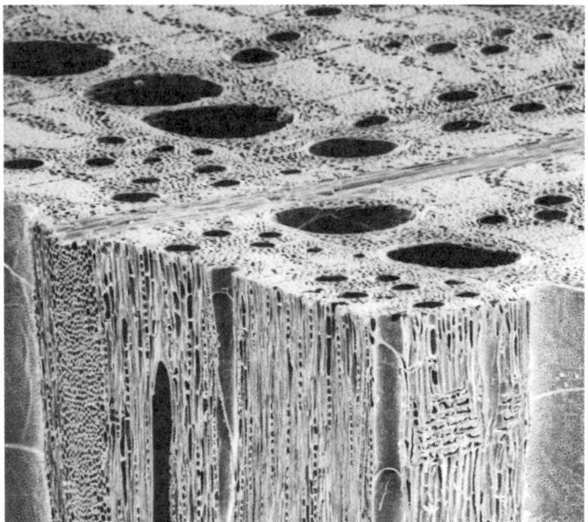

采用扫描电子显微镜（SEM）观察一块立方橡木样块的一角，可以看到其中包括不同种类的细胞：直径很大的导管；直径和细胞壁较小的管胞；细胞壁较厚的纤维细胞。显微照片：塔尼亚·波奇（Tanja Pötsch），汉堡联邦林业和林产品研究中心（Federal Research Center for Forest and Forest Products, Hamburg）。标尺 =1mm

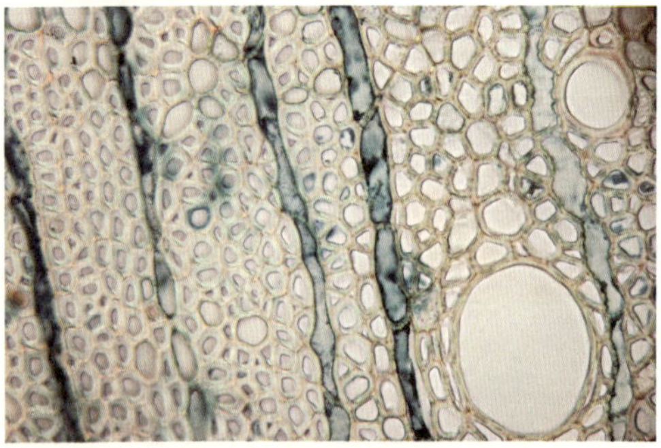

橡木横切面在光学显微镜下的图像：染成蓝色的几排细胞是木射线。显微照片：佩尔·霍夫曼（Per Hoffmann）

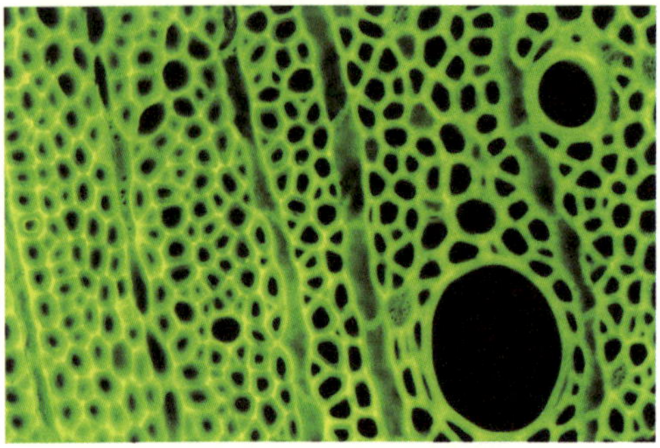

上图的横切面在紫外线下的图像：木材细胞壁物质呈现黄色到浅绿色的荧光。显微照片：佩尔·霍夫曼（Per Hoffmann）

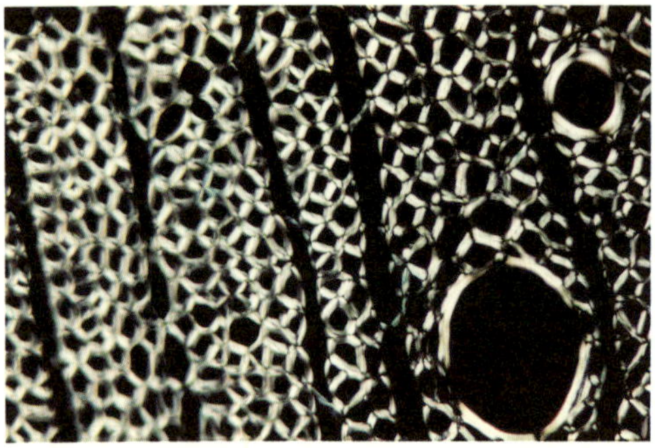

上图的横切面在偏光下的显微照片：细胞壁中结晶的纤维素呈现白色，具有双折射。显微照片：佩尔·霍夫曼（Per Hoffmann）

个方向穿过木材。

透射电子显微镜（TEM）可以观察到细胞壁的精细结构即超微结构。当细胞具有活性的时候，细胞壁由构建在胞间层上的、非常精细的线条，即微纤构成。微纤累积成为纤丝，纤丝呈层状排列，在细胞腔周围有序地排列成螺旋结构。通常细胞壁分为 4 层：非常薄的初生壁与胞间层紧紧相连；次生壁分为 3 层，外层（S_1）很薄，中间一层（S_2）较厚，厚度不均匀，紧邻细胞腔的最内层（S_3）很薄。

微纤由三种生物高分子构成：纤维素、半纤维素和木质素。纤维素和半纤维素是具有碳氢键的线性长链分子，聚集形成很长的微纤条带。木质素是无定型的三维芳香型高分子化合物，在纤维素和半纤维素形成的条带周围和条带之间聚合。半纤维素将木质素黏结在结晶的纤维素链上。碳氢化合物长链具有良好的柔性和拉伸强度，三维网状的木质素具有良好的刚性和压缩强度，微纤的结构将二者完美地结合起来。

在纤丝之间和纤丝内部，也存在空洞和毛细结构，即纤丝内毛细结构和纤丝间毛细结构。木材的多孔系统从细胞腔延伸到细胞壁，甚至穿过细胞壁，从一个细胞腔到另一个细胞腔。这一多孔系统的孔径分布范围很宽，从 2nm 到 300～500μm。木材的多孔性使得木材内部相比表面积而言非常大，达到 $100m^2/g$，细胞壁内部的表面是木材细胞壁物质与水和其他化合物发生物理化学作用的场所。

框图 1

纤丝、间隙和水——木材细胞壁的复杂结构

本图由右至左：

纤维素分子是由葡萄糖单元构成的长链，最长的纤维素链包含约 15000 个葡萄糖单元。这些纤维素链组合在一起，形成具有较大结晶结构的条带。纤维素条带被半纤维素（短的碳链）和木质素（无定形的高分子量芳香型聚合物）包裹，形成纤丝，半纤维素将木质素黏附在纤维素条带上。在活细胞中，纤丝沉积在胞间层上形成新的细胞壁，细胞壁分为可见的几层（分别是初生壁 P；次生壁外层 S_1、次生壁中间层 S_2、次生壁内层 S_3）。对于所有的细胞来说，这一原则都适用，但是对于不同的树种，每一层的厚度可能不一致。在纤丝内部和纤丝之间，细胞壁中的间隙和毛细结构充满水分和空气。在心材形成的过程中，这些结构可能部分被抽提物，例如丹宁、色素和有毒物质等填充，使得木材能够抵抗真菌和害虫。示意图：佩尔·霍夫曼（Per Hoffmann）

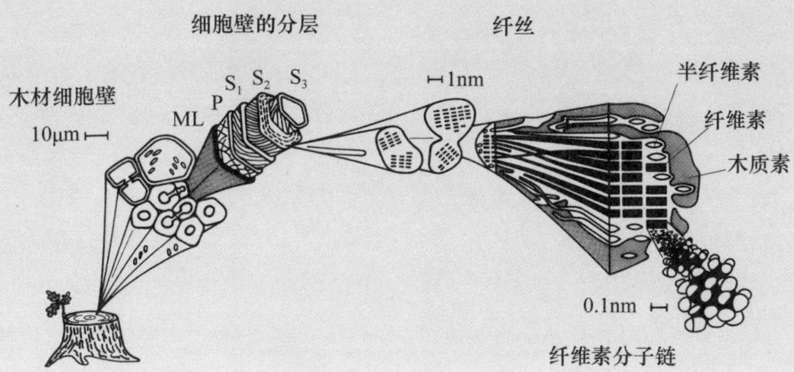

框图 2

木材中毛细结构和纤丝的尺寸

硬木导管的管腔：30～500μm；

软木和硬木管胞的管腔：10～20μm；

硬木纤维细胞腔：2～5μm；

纹孔沟：～1μm

续框图 2

软木纹孔膜的孔径：0.1～1μm；
硬木纹孔膜的孔径：0.05～0.15μm=50～150nm；
纤丝间毛细结构：10～80nm；
纤丝内毛细结构：～2nm
纤丝：4×4nm
木材中毛细结构的体积：木材体积的 40～90%，平均 65%
湿木材中由毛细结构形成的内表面：20～100m^2/g

木材中的水分

除非在极端的实验条件下，木材中永远都存在水。木材中的水以四种形式存在：化学键合水，吸附在木材细胞壁物质上的单分子层水，自由的毛细水以及水汽。水几乎对木材的绝大多数物理性质都有影响，例如强度和刚性，膨胀与收缩，热学、声学性质和电导率等。对于饱水木材，要想获得木材状态以及降解程度等信息，最简单的方法就是测定含水率。木材含水率（符号是 u）表达为木材中的水占绝干材质量的百分比。含水率与周围环境空气中水蒸气的分压，即空气的相对湿度（%RH）相平衡。降低环境空气的相对湿度，水会从木材中蒸发，因此含水率降低，反之亦然。没有被雨淋湿的风干材的含水率（或湿含量）大约是 12% 到 17%（wt%）。

当细胞腔和细胞壁的毛细系统完全充满水，则达到木材的最大含水率 u_{max}。最大含水率取决于木材中空腔的体积，与单位体积的木材细胞壁物质——这里称为常规密度（conventional density）的 R（g/cm^3）成反比，他们之间的关系可以表述为：

u_{max}（%）=（1.5－R）×100/1.5×R（%）

1.5 是木材的细胞壁物质密度。

这个关系式可以转变为

R（g/cm^3）=100/（66.7＋u_{max}）（g/cm^3）

由于木材细胞壁物质密度大约是 1.5g/cm^3，当其中所含空气的量降低到一定数值时，饱水木材就不会浮在水面上，这在考古木材中很普遍。饱水木材的实际密度通常大约是 1.0g/cm^3，因此他们在水下几乎没有重量，很容易打捞。但是一旦露出水面，其重量几乎是干木材的两倍。

木材与水或者水汽相互作用导致木材膨胀和收缩。细胞壁中纤维素和半纤维素具有亲水特性，分子尺寸很小的水非常容易进入纤维间和纤维内的毛细结构，这些特性使得周围的水分被压入细胞壁超微结构中，使得纤丝膨胀，进而使细胞壁膨胀，最终导致木材膨胀。当周围环境的相对湿度降低，则发生逆向过程，水从超微结构中蒸发，微纤和纤丝变细并聚集在一起，细胞壁收缩，整个木材的结构会收缩。

框图 3
木材保护中涉及化学物质的分子直径和分子量

		直径	分子量
水		0.3nm	18
蔗糖		0.4nm	342
乳糖醇		0.4nm	344
海藻糖		0.4nm	342
Kauramin 预聚物	～	0.5nm	400～700
PEG 200，水合短链分子	～	0.5nm	200
PEG 400，水合短链分子	～	0.5nm	400
PEG 3000，水合无规线团分子	～	90nm	3000
PEG 4000，水合无规线团分子	～	100nm	4000

用于区分细胞壁中木质化部分与非木质化部分的组织学染色剂

阿斯特拉蓝（星蓝）（Astra blue）——健康材中的非木质化的细胞壁，以及考古木材中膨胀的木质化的细胞壁	～	1000
橘红（Chrysoidine）——健康材木质化的细胞壁		249
吖啶红（Acridine red）——健康材木质化的细胞壁		465

由于细胞整体呈轴向取向，而细胞壁具有螺旋结构，木射线则是径向取向的，加上环状生长的年轮，导致木材解剖结构不是各向同性的而呈现各向异性。由于膨胀和收缩是木材结构变化的结果，因此这些现象也表现为各向异性。木材弦向的膨胀和收缩最为明显，纵向最小。有一个粗略的经验公式：

$\alpha,\beta(\text{tan}):\alpha,\beta(\text{rad}):\alpha,\beta(\text{long})=1.7:1:0.1$

其中 α= 膨胀，β= 收缩。

木材由湿变干收缩的程度随树种的不同而不同，粗略地讲，是与木材的细胞壁物质密度，或所受重力有关。单位体积木材细胞壁物质的含量越高，收缩越严重。对大多数树种来说，由湿变干，弦向收缩约为 5%～12%，径向收缩为 3%～7%，纵向收缩为约 0.3%～0.7%。

含水率变化时，木材的反应是各向异性的，因此会导致使用中的木材发生变形。截面不仅会发生收缩或膨胀，还会发生形变，平面会变成碟状或发生翘曲。木材变形的特点与其从树干的哪个位置切下来有关。这方面的知识在复原饱水器物的原始形状和尺寸时将有所帮助。

新材或含水的木材干燥后的横截面，可以看到干燥过程中形成的扭曲（突出显示部分）。插图：莱因霍尔德·布雷登（Reinhold Breden），德国国家海事博物馆（DSM）

木材的解剖特征随树种的不同而不同。不同类型细胞的组成比例，细胞的排列方式，导水细胞的直径，以及其中有无阻塞物质，这些情况都会随树种的不同而发生变化。木材的解剖特征影响水溶液的渗透性，进而也影响保护溶液的渗透。即使经过很长时间，考古发现的木材已经发生变化，木材固有的特性仍会在某种程度上存在。因此在选择保护处理方法的过程中，了解树种信息非常重要。非常幸运的是，通过放大镜或显微镜观察木材的显微结构就可以确定树种。

2.2 饱水木材

考古发现的木材通常都是湿的，木材中或多或少都填充了水，因此称为“饱水的”（waterlogged）。与健康材相比，饱水木材干燥过程中的收缩率大大增加，收缩的各向异性极其严重，这是饱水木材最为重要也是最为危险的特征。细胞壁在超微结构的水平上发生了变化。为了更好地理解饱水木材与健康材的不同，同时能够采取正确的方法以抵消饱水木材有害的特性和反应，你必须知道在长期的饱水过程中木材发生了什么，木材结构和超微结构是怎样被影响的。木材降解的类型决定了要采取什么样的稳定方法和手段。

饱水木材的降解

作为有机质生物循环的一部分，木材会被各种有机体所攻击、降解和消耗。有时这种情况在树木生长过程中就发生了，但是一旦树木死亡，昆虫、昆虫的幼虫以及软体动物就会钻到木材中，开始消化木材。白蚁和船蛆（*Teredo* 种）消化木材的效率很高；然而各种真菌分解木材的效率最高；细菌对木材的降解最慢，但是只要时间足够长——几世纪或上千年——它们也可以使木材完全消化和降解。

根据微生物使木材结构发生变化的差异，破坏木材的真菌通常分为白腐菌、褐腐菌和软腐菌，分别属于担子菌、子囊菌和不完全真菌。白腐菌和褐腐菌是担子菌，新陈代谢需要消耗氧，只能存活于含有充分氧的木材中。细胞壁可以是含水的，但细胞腔一定存在空腔，能保证足够的空气流通。在地下水

用饱水考古木材制作的船模：左边的干燥之前没有经过保护处理，另外一个干燥之前采用聚乙二醇填充。拍摄：埃格伯特·拉斯卡（Egbert Laska），德国国家海事博物馆（DSM）

饱水的云杉木块干燥前后照片。拍摄：佩尔·霍夫曼（Per Hoffmann）

一艘船板搭接的考古发掘船只上的一块船板，自然干燥后的照片，说明这类文物在干燥之前有必要填充。拍摄：佩尔·霍夫曼（Per Hoffmann）

位以上的位置，担子菌都能够攻击木材。在这种环境下，它们是木材降解的主要竞争菌群。软腐菌属于子囊菌和不完全真菌，可以在含氧量较低的条件下存活。它们可以在大部分饱水木材中存活，即使在水下或者没有完全脱氧的沉积物中也可以，一些菌种甚至适应了含盐的海水环境。软腐菌可以在担子菌无法生存的条件下生存。

与真菌相比，细菌有一个不同点。在软腐菌也不能存活的无氧或接近无氧的条件下，例如在湖底或是缓慢流动的河水中，或是在饱水的沉积物中，细菌还可以利用木材进行新陈代谢。在这些环境中，其他微生物引起的有机质降解已经将氧消耗殆尽。考古学家发现的绝大多数木质文物都是位于地下水位线或水位线以下。在几近无氧的沉积物中，由软腐菌和细菌导致的降解比较慢，木船可以保存很长时间。

无论是有机物攻击还是木材降解，木材的孔隙度和渗透性都是我们在保护中需要考虑的。

降解形式

软腐菌菌落生存在细胞壁上。通常先攻击细胞壁 S_2 层真菌菌丝生长的部位，紧接着攻击螺旋状排列的纤丝。在酶的作用下，微生物将其周围的细胞壁溶解一部分，形成管状的空腔，或在细胞壁内产生一串较短的空腔。观察横切面的显微结构，这些空腔呈现为直径不等的空洞。随着真菌进一步攻击，越来越多的菌丝在细胞壁中生长，在降解的最后阶段，只有胞间层，间或有 S_1 层可能存留下来。当降解发生在水下的时候，水会替代被去除的细胞壁物质，使得脆弱易碎的木材细胞壁物质残留物得以稳定，部分木材可以保持原始形状和尺寸。然而，通过触摸，会感觉这些外观发黑的木材很软，表层很容易被压碎和擦除，因此称其为软腐。软腐从木材表面发生，然后一个细胞一个细胞地深入到木材内部。最后，一块木材会形成两层，内部是没有降解的木材芯部，外面包围一层降解的组织。由于软腐菌降解后的组织几乎都会变成棕黑色或黑色，因此这两部分的界线十分分明。用刀尖或针探刺，会发现降解部分的硬度明显降低。

水下，或是在潮湿环境下的软木，例如暴风雨后大量被吹倒的树木，通常会聚集一些细菌，这些细菌攻击和降解管胞和木射线中的纹孔膜，也会降解木射线薄壁组织细胞很薄的细胞壁。木材的孔隙率增加，液体及可溶物的通道变宽。然而这类细菌并不会降解实质的细胞壁。

两千万年前的一块化石化的柏木，外层严重降解，清晰可见，目前呈现较浅的颜色。拍摄：佩尔·霍夫曼（Per Hoffmann）

根据优势菌群的不同，细菌所导致的饱水木材的降解包括三种类型：（i）侵蚀菌（erosion bacteria）由细胞腔开始攻击细胞壁，使之完全降解—腐蚀细胞壁—向胞间层发展。细胞壁变得越来越薄，最后，只有胞间层的三维结构得以保留。有时，细胞腔可能会包含残余的细胞壁，大部分是木质素，演替的其他微生物会生活在这些残余物上。（ii）钻管菌（tunnelling bacteria）倾向于占据细胞壁的 S_2 层。每一个细菌在细胞壁内前进的过程中都会产生隧道，溶解和消化接触面前的木材细胞壁物质。由少量的细菌和细胞壁上的隧道开始，细菌不断繁殖，隧道不断增多，直到仅剩胞间层和 S_3 层。最后，胞间层和 S_3 层也受到侵蚀，发生穿孔直至最终完全破坏。（iii）孔洞菌（cavitation bacteria）会穿过细胞壁，并在 S_2 层形成孔洞。孔洞逐渐变大，直至最后整个 S_2 层被消耗殆尽。细菌对木材的降解是由外到内的，沿着木射线从一个细胞进入另一个细胞。它们可能会攻击一串细胞，留下周围没有被攻击的细胞。但是总体而言，对于被感染的木材来说，在降解和没降解的木材组织之间，会有肉眼可见的降解边界过渡区。

由软腐菌造成的降解和其他细菌造成的降解有两个的共同特点，认识这两个特点对于木材的保护来说非常重要。

首先，降解是由外而内进行的，大多数情况下，木材整体的降解存在很窄的过渡区。厌氧菌导致的降解非常缓慢。软腐菌每年可以产生几毫米的降解，但由细菌导致的降解每年大约只有 0.1mm。以下几个变量都会影响降解的速率：埋藏条件、供氧量、地下水的化学组分。导致降解的主要微生物以及这些条件会随时间变化，因而无法通过木材的降解程度判断木材的年代。考古地层学证据和器物的文化特征可以给出一些指示，但只有树轮测年或放射性碳测年才可以给出木材的真实年龄。其次，虽然细菌和软腐菌一步就可以同时消解细胞壁的所有组分，但是酶的活性限制在微生物的周围，这一区域以外的细胞壁组分看上去基本未受影响。只要还剩余部分细胞壁，这些剩余物质就会保持原有的结构和密度。因此考古出土的木材切片只具有两种特征：完整的细胞壁；几乎完整的胞间层残余体系，中间夹杂降解的细胞壁。可以将细胞壁降解的残余物看作无定形物质，会随时间延长而溶解，最后使原有的细胞空化。对于保护人员来说，在光学显微镜和 / 或电子显微镜下，降解木材仅呈现两种特征，这一点非常重要。当选择保护方法时，保护人员需要重点关注的，只是降解和非降解的细胞壁，或者说是降解的和完好的木材。

因为很少有环境可以完全排除微生物的影响，因此仅由非生物原因导致的饱水木材降解很难被证实。在显微镜下观察剖面，有时可能会观察到细胞壁的纤丝结构松散，没有微生物的踪迹，没

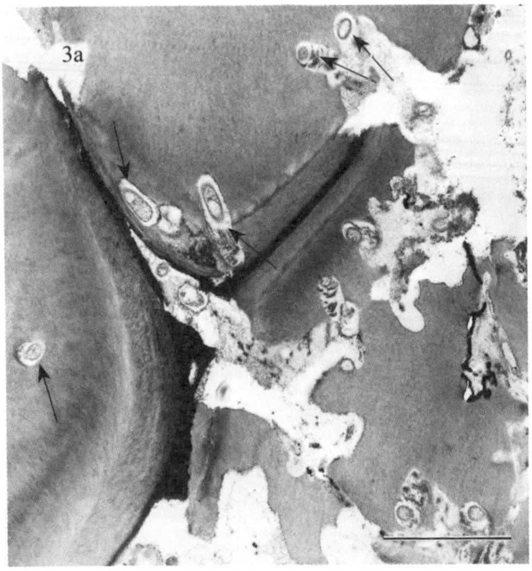

在一个中世纪的橡木基柱中发现了活动的钻管菌，其中一些用箭头标出：钻管菌可以穿过细胞壁之间的胞间层，进而破坏整个木材结构。横切面的 TEM 照片：罗伯特 · A. 布兰切特（Robert A. Blanchette），明尼苏达大学，圣保罗。放大倍数约 3500 倍

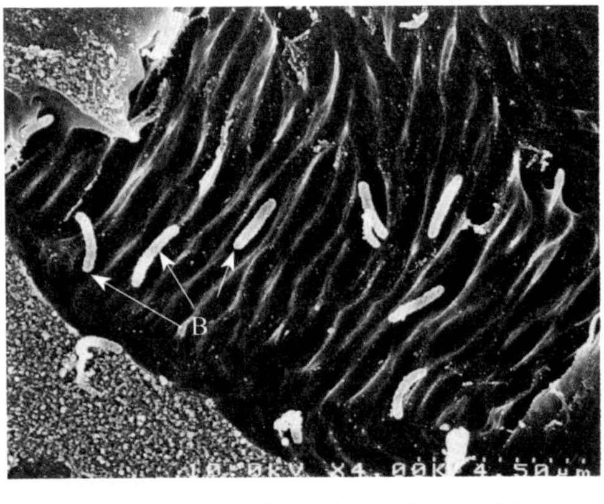

饱水中世纪建筑木料细胞腔到细胞壁部分的显微照片：活动的杆状侵蚀菌，溶解了细胞壁，行进过程中都留下了痕迹。SEM 照片：夏洛特 · 比约达尔（Charlotte Björdal），瑞典农业大学，乌普萨拉（Swedish Agriculture University，Uppsala），放大倍数约 7000 倍

有木材化学组分的变化。一些染色剂因为分子很大，很难进入细胞壁的结构中，因此不会被健康材中木质化的细胞壁吸收，但是可以被饱水木材的细胞壁吸收。染色的细胞壁通常呈现膨胀状态，凸出到细胞腔中。是什么原因引起这种膨胀？为什么在树龄几个世纪的活立木的潮湿木材中不会发生这种现象？目前这些问题还没有答案。另一方面，酸性环境可能导致埋藏的木材中半纤维素缓慢水解，各种高浓度的盐分也可以攻击或溶解胞间层导致木材组织的解体。

降解木材的表征

一块木材的降解程度完全可以通过显微观察获知，但是这种方法很花时间，而且对于保护来说，获得非常详尽的信息不是非常必要。一个简单的方法是测定降解饱水木材的常规密度 R，或者最大含水率 u_{max}。这两个值都比较容易测定，将其与健康材进行比较，可以

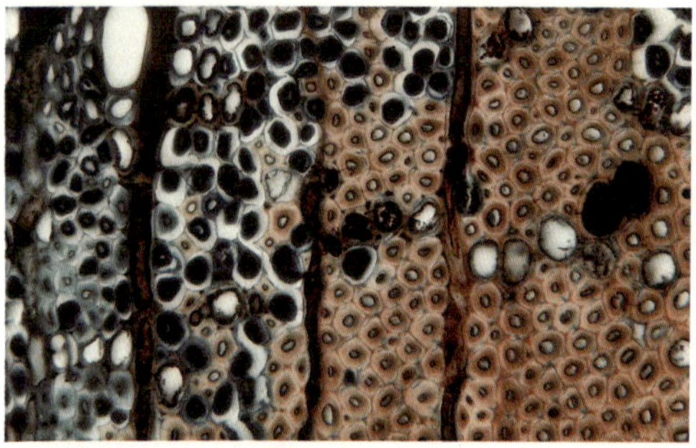

橡木横切面降解区域的边缘：在降解的细胞壁中次生壁已经变成无定形、吸光的残余物，且从胞间层上剥离。显微照片：佩尔·霍夫曼（Per Hoffmann）。放大倍数约 200 倍

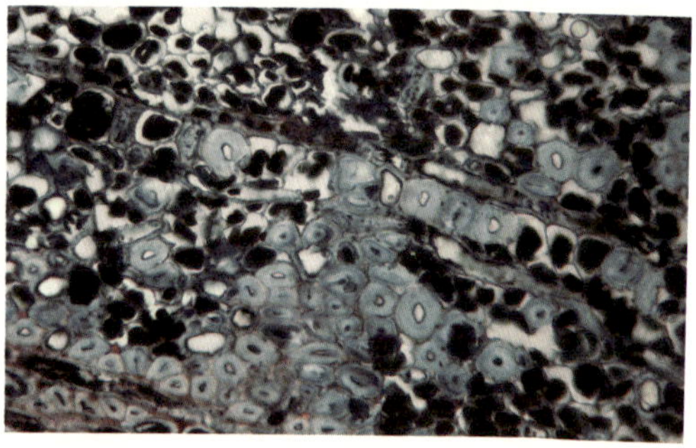

饱水橡木的横切面：降解的细胞壁（黑色）和未降解的细胞壁（浅蓝色）以马赛克的形式交错呈现。显微照片：佩尔·霍夫曼（Per Hoffmann）。放大倍数约 200 倍

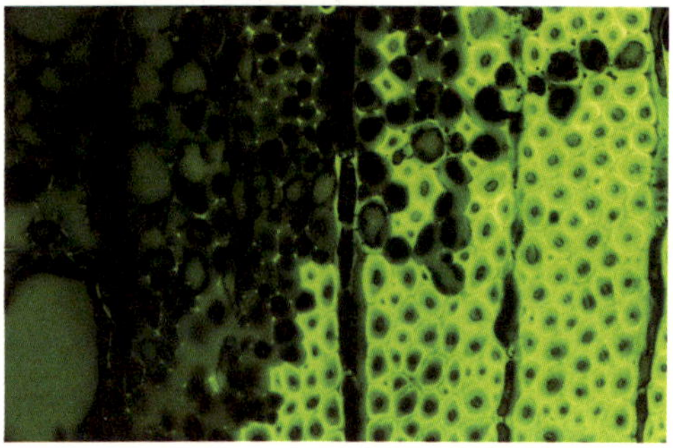

同一橡木的横切面，紫外线（UV）下观察：降解的细胞壁部分没有呈现荧光。显微照片：佩尔·霍夫曼（Per Hoffmann）。放大倍数约 200 倍

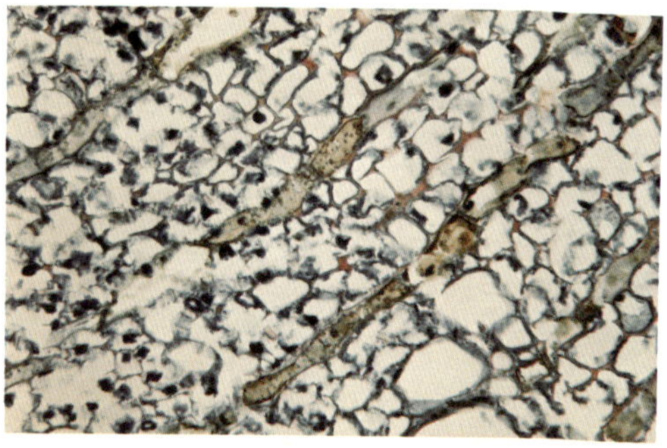

重度降解的橡木横切面：仅保留了脆弱的胞间层，很多地方破裂了，仅仅靠完全填充其中的水分维持着形状。显微照片：佩尔·霍夫曼（Per Hoffmann）。放大倍数约 200 倍

看出由木材细胞壁物质损失所导致的密度降低的程度。木材细胞壁物质的损失还反映在最大含水率的增加上。如果沿木料的直径做一系列测量，可以揭示重度降解、轻度降解、未降解组织的分布情况，用生长锥取直径5mm的样品就

框图 4

显微观察

可以通过光学显微镜（LM）、透射电子显微镜（TEM）或是扫描电子显微镜（SEM）观察木材。对于每种方法来说，木材样品都必须采用不同的方法进行制备和处理，这些制备的过程将会改变木材的形貌。因此同样的木材样品在不同的显微镜下观察会有少许不同：细节被增强、减弱或改变了。

三个降解橡木的横切面如图所示：

上图：光学显微镜照片；中图：透射电子显微镜照片；下图：扫描电子显微镜照片。

每种技术都有其优势。光学显微镜，可以通过组织染色，区分细胞和细胞壁的化学组成，观察区域较大。对于精细结构来说，透射电子显微镜放大倍数最大，分辨率最高，但是只能观察超薄切片，每次观察的视场非常小。扫描电镜可以得到样品表面的三维形貌。然而图像中细节的准确度和清晰度要低于透射电镜，很软、很精细的结构看起来会聚集在一起或是变形。

木材看起来是怎么样的，哪一种图片更接近于真实？回答这些问题需要做很多工作，同时花费很多钱：如果要得到所讨论木材最为真实的图像，针对一个样品要获得三种图像，才能够最接近真实结果。显微照片：佩尔·霍夫曼（Per Hoffmann），马克·A. 琼斯（Mark A. Jones），纳拉扬·帕拉梅苏拉（Narayam Paramesvaran）

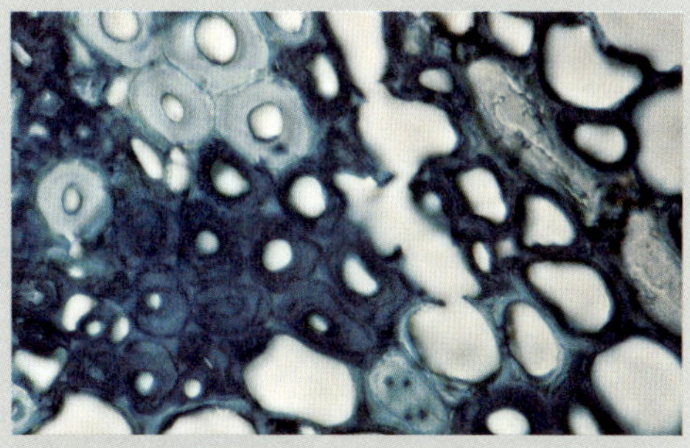

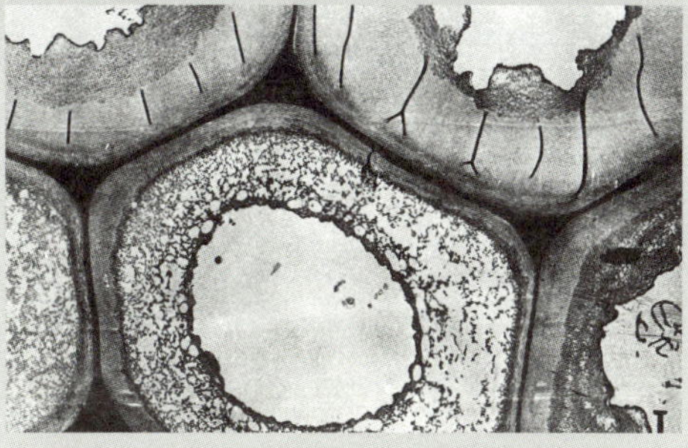

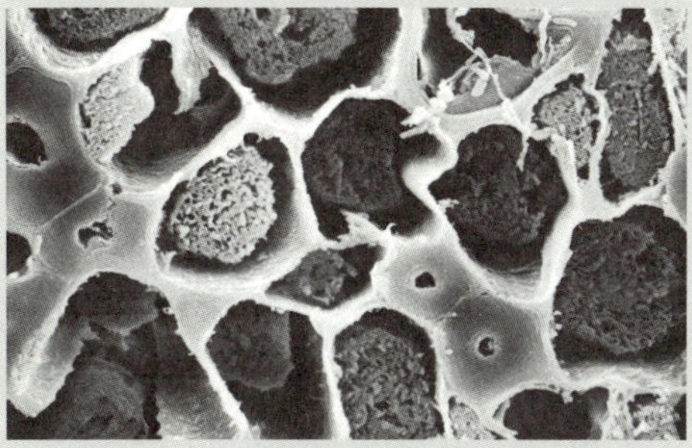

续框图 4

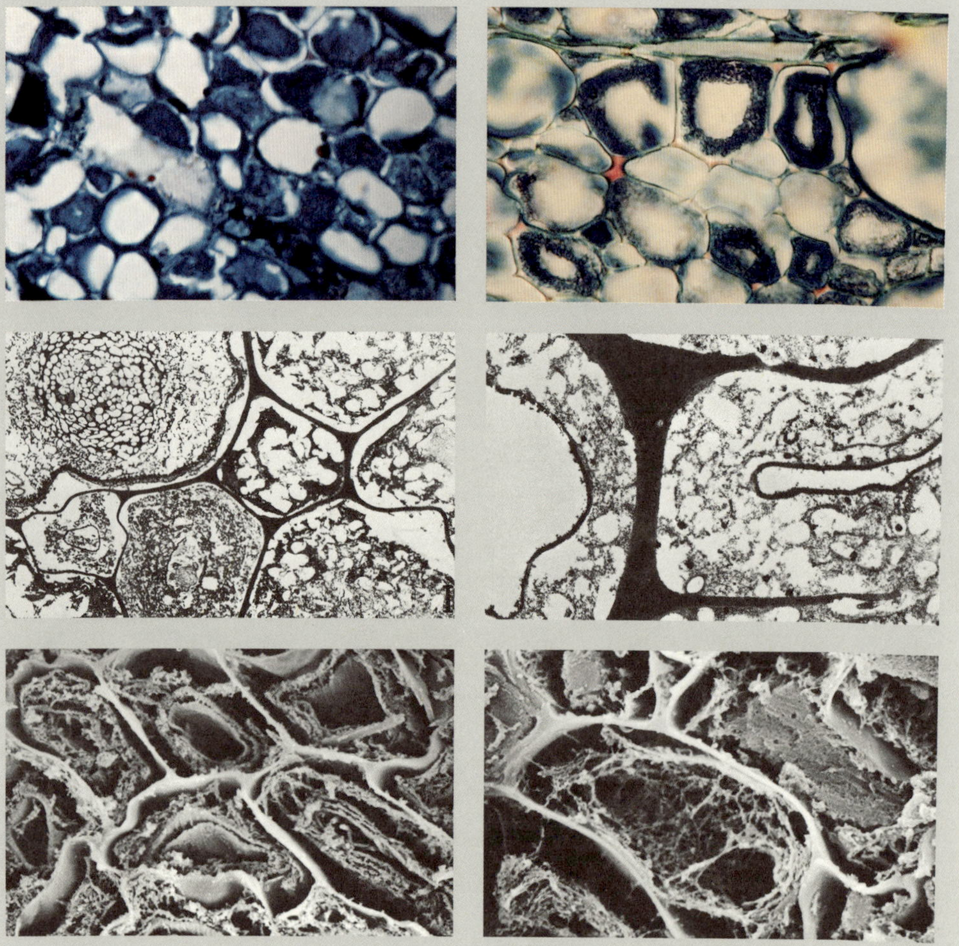

可以满足这些测试的需求。事实表明，在降解区域的最边缘，降解的细胞壁会存在于未降解的组织中，反之亦然，因此通过表征木材降解程度和分布的方法，也可以得到重度降解和未降解之间的过渡值。对于单个细胞来说，随着降解的推进，完好细胞壁的体积和降解细胞壁的体积也在变化。木材组织的逐步降解与单个细胞细胞壁的一步降解是不同的，它是单个细胞变化累积的结果。

对于保护人员来说，了解器物木材降解的程度和分布是非常重要的。有一个最简单的却非常有效的方法，就是有规律地将小刀的刀尖或是针尖戳入木材中，观察并在图纸上做标识，看看插入的深度是多少，即代表木材严重降解而变软的部分的厚度。这一个方法相对主观，如果要更精确，则可以用一个校正过的弹簧，驱动一根标准的针扎入木材表面，就是皮罗丁（Pilodyne）测试。更加精密的装置是阻抗仪，即希尔伯特（Siebert）钻。阻抗仪采用标准力驱动精密钻头，测量木材对钻头产生的阻力。阻抗仪由长的柔性钻头和一个数字输出系统构成，是非常有用的快速检测和记录工具，可以用于检测被未降解的外层包裹的心材的降解程度。

X 射线和核磁共振（NMR）成像也可以表征木材的密度或水分布情况。这些专业而且昂贵的方法对于小件的、珍贵的器物来说有应用价值，但是很难用于大型木船的研究，而且也不能获取比以上提到的方法更多的实用信息。

物理性质

考古发掘的饱水木材与健康材的物理特性有较大差别，物理性质改变的程度取决于原有木材结构降解的程度。以下评述适用于各个树种。

随着降解对于细胞壁中纤维素纤丝的影响和破坏，木材的各种强度特性：冲击强度、弯曲强度、拉伸和压缩强度都会降低。在降解的后期，脆弱的、充满水的胞间层水泡会产生泡沫，可以很容易地被压缩或用手指抹除。极低的弯曲强度使得降解的木材变脆，在载荷的作用下，木材会在毫无预警的情况下发生非纤维性断裂。这就解释了为什么大量小型的、脆弱的器物在手脚麻利的考

框图 5

考古木材的化学分析有多重要？

在大多数情况下，饱水考古木材的新鲜横切面呈现两个或是更多的区域，具有不同的颜色或硬度——可以通过针探刺得知。如果用锯进行切割，较硬部位的横截面由于形成纤维或是纤维束，通常会呈现毛茸茸的状态。较软的区域会形成整齐的切口，表明组织的纤维结构完全改变了。

通过分析木材的化学组分——综纤维素（纤维素+半纤维素）、木质素、可抽提物和灰分——表明木材的变化主要缘于碳氢化合物的降解和损失，降解的组织中木质素的量还接近原始状态，这是化学分析可以告诉我们的全部内容。而通过显微方法，则可以揭示木质素存在的位置：在胞间层上，在残存的次生壁上，以及残留的细胞腔中无定形的、颗粒状的、看上去模糊不清的物质中。

对于考古木材的表征来说，化学分析不是非常实用的手段。它给出的仅是木材的平均组成，但是对于降解和非降解的细胞及其分布没有任何阐释，无法给出精细结构、孔以及木材渗透性等参数的信息。而所有这些参数在木材稳定处理的过程中是起决定性作用的。用光学显微镜进行观察，结合电子显微镜，非常有助于了解木材的特征、性质以及对于处理过程的响应。

框图 6

最大含水率（u_{max}）——表征木材孔隙率的有效手段

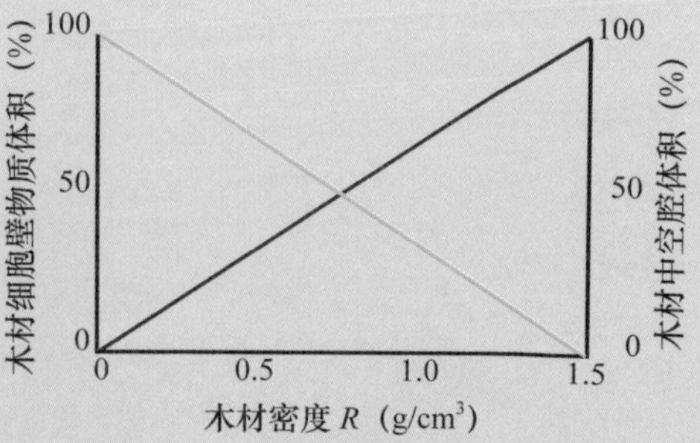

u_{max} 的测定是给出在一个完全充满水的样品中木材细胞壁物质相对于水的质量比。u_{max} 表述为水的质量占干木材质量的百分比。

如果考虑木材细胞壁物质密度大约为1.5g/m^3，木材体积孔隙率可以表示为木材体积的百分数：体积孔隙率=u_{max} /（u_{max}+66.7）（% 木材体积）。木材细胞壁物质相对于空腔的比例描述了木材的孔隙率。比较特定的考古木材与同一树种健康材的空腔体积，可以表征材料损失的量，换句话说，就是考古木材的降解程度。

木材的最大含水率和常规密度是对于木材状态的基本表述。以下两个式子是 u_{max} 与常规密度 R 的相互转化：R=100/（66.7+u_{max}）（g/cm^3）和 u_{max}=100（1.5−R）/1.5 R（%）。在工作中使用 u_{max} 还是 R 是个人习惯问题。密度和木材细胞壁物质与空腔的体积比之间的关系可以用右侧简单的示意图表示。

u_{max} 仅仅依据称重确定，没有必要测量木材样品的体积，这样就可以采用较小的样品进行测试，例如木材样芯。程序非常简单：

称量充满水的样品，在105℃下干燥至所有水分全部蒸发，再次称量。质量差即蒸发水分的质量，将这一质量表示为干燥样品质量的百分比。这一计算方法假定木材开始完全被水充满，但对于很多考古木材并不是这样。木材中残余的空气可用两种方式去除并置换成水：（i）将样品没至水下并压在一个放置在真空腔室中的容器内，用水射流真空泵抽真空，大约20～30分钟，直至气泡不再从木材中冒出。将真空泄掉，大气压会将水压入木材中，大约需要30分钟。重复这一过程三次。最终，需要几个小时才能使细胞壁中的毛细结构完全充满水。（ii）木材样品没入水下并压住，煮沸10分钟，使之沉在水下并冷却。通过煮沸，木材中形成的水汽会赶走所有的气体，冷凝和冷却过程则会将水“拉入”木材。再次重复，必须要几个小时，才能使木材的超微结构完全充满水。

古发掘人员的手中被破坏了。这些器物除了由水支撑的外形以外，几乎什么都没有。如果在考古发掘队伍中有保护人员保护和提取木质文物，那么很多破坏可以避免。对于大型木料来说，饱水木材强度降低，又很重，因此需要认真制订方案并倍加小心地处置和运输。

干燥收缩，吸水膨胀，锯材在干燥和吸水过程中变形是木材固有的特性，每一个木工都通过经验了解到木材的这种特性。然而饱水和降解的木材是不同的，木材结构和超微结构的改变影响了含水率变化时木材的尺寸响应性。对于降解的木材，干燥过程的收缩随降解程度的增加而增加。而健康材的特性正好相反，随着木材密度的降低收缩程度降低。通过研究6个来自不同沉船的饱水橡木样品，我们发现在由湿变干的过程中，收缩率与降解程度即最大含水量 u_{max} 之间呈线性关系。非常明显，轻度的降解就会使收缩率达到健康材的两倍。该研究中体积的收缩范围从35%到75%。

即使在周围环境的相对湿度非常高的情况下，也可能发生严重的收缩。当水分从细胞腔和较大的细胞壁毛细结构中蒸发，会产生很多具有微小表面的水滴，所有这些微小表面的表面张力会拉拽周围的细胞壁物质。降解的细胞壁无法承受这样集中的拉力，于是整个细胞

由奥斯陆的维京船科克斯塔德号（*Gokstad*）和奥斯伯格号（*Oseberg*）的船板裁切的板条，用于测试断裂强度：新鲜木材断裂前会发出特殊的声音，降解的考古木材仅是“啪”地折断，没有纤维断裂的过程。拍摄：汉堡联邦林业和林产品研究中心（Federal Research Center for Forest and Forest Products, Hamburg）

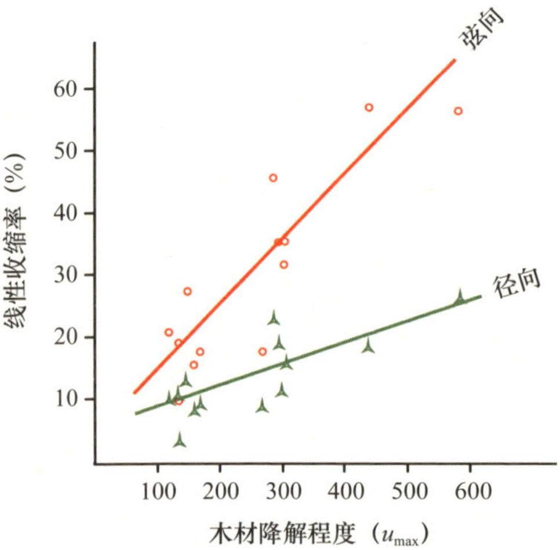

饱水考古橡木弦向和径向收缩与降解程度的关系：即使在较低的含水率下，收缩率也是健康材的两倍。绘图：赖因霍尔德·布雷登（Reinhold Breden），德国国家海事博物馆（DSM）

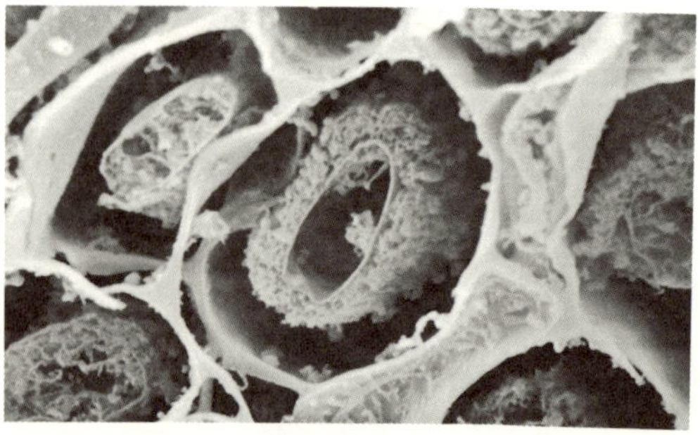

重度降解的细胞壁，仅仅靠完全填充其中的水分维持着形状。扫描电镜（SEM）显微照片：马克 A.·琼斯（Mark A. Jones），玛丽·罗斯基金会（Mary Rose Trust），朴次茅斯

结构崩塌了。随着饱水木材中降解组织比例的增加，非降解部分正常收缩导致崩塌的比例也在增加。与健康材相比，干燥过程的平均收缩，即整体的收缩变

框图 7

降解木材中细胞的塌陷

高度降解的木材中，细胞和细胞壁的塌陷是伴随着木材中水分的蒸发而进行的，从木材的表面开始，逐渐深入到木材内部。纵裂纹和横裂纹可能在木材表面出现，然后逐渐变深、变宽，弦切面的表面会形成“碟状”，或形成表面塌陷，径向切面呈现“洗衣板状波纹”。木材的内部则会出现空洞。绘图：佩尔·霍夫曼（Per Hoffmann）

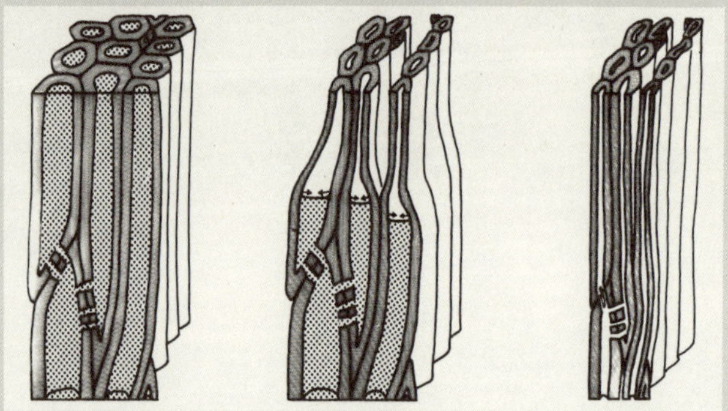

得非常大。塌陷的木材不能再膨胀恢复原状和原尺寸，破碎的细胞结构不能修复。采用碱、氢氟酸或乳酸润胀修复塌陷木材的试验取得了令人振奋的结果，这些方法对于薄的横切面的木片起作用，然而，没有任何成功的实例表明这些方法可以应用于大块的塌陷木材。

塌陷是饱水木材最大的威胁，因为可能在木料还感觉潮湿的时候就会发生。

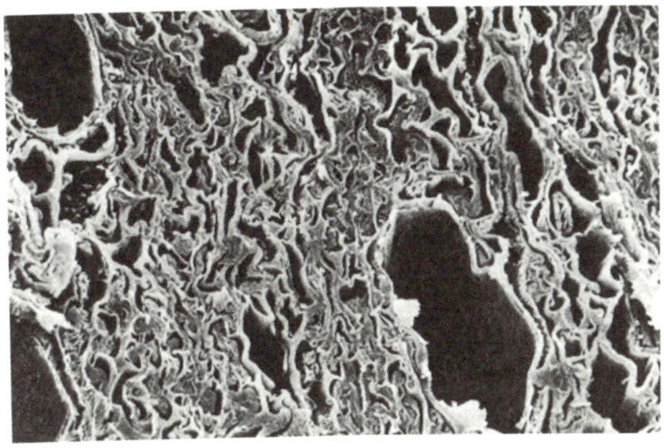

降解的细胞壁在木材干燥的过程中塌陷了，导致木料严重收缩。扫描电镜（SEM）显微照片：R. 詹姆斯·巴伯（R. James Barbour）和 L. 利尼（L. Leney）

这艘独木舟外层降解得更为严重，导致纵纹和横纹形成树皮状的开裂。拍摄：埃格伯特·拉斯卡（Egbert Laska），德国国家海事博物馆（DSM）

如我亲眼所见橡木船板的塌陷：当从顶部和侧面喷淋的时候，下部开裂，发生肉眼可见的纵向裂缝和横向开裂。在喷淋不到的地方，相对湿度只有 96%，蒸发仍在继续。木材的外部通常降解严重，收缩和塌陷也更为严重；内部降解程度较轻，收缩率也较小，使得木料内的应力很大，结果会导致木材干燥过程中翘曲、开裂、形成表面裂隙，甚至塌陷。在这种情况下，一艘船即使只有一点点干燥都可能会被完全摧毁。这就解释了为什么考古发掘的舟船从揭露出来的那一刻，就建议要喷淋保湿，直到被安全地放置在水槽或者喷淋装置中。

§2.1 附注

关于木材结构、超微结构和化学组成的进一步信息、这些组分的生成和降解、物理和化学性能等见植物学、木材解剖学、木材化学、木材物理学教科书，以及相关的图书或会议论文集。由于木材迄今仍是最基本的可加工原料，因此有大量的相关文献。

木材毛细结构的数据可以通过各种渠道搜集，非常有价值的标准参考书由 F. Kollmann 和 Côté 于 1968 年编撰。

分子尺寸的数据由化学教科书、维基百科以及 Clariant 公司即以前的 Hoechst AG 公司的数据表中搜集整理。

§2.2 附注

木材的生物降解和饱水木材的文献一般可以在会议论文和各种关于木材科学、微生物学、地球化学以及相关主题的期刊中找到。

近期关于变形木材复原的文献见 L.R. Jensen *et al.*，2009.

是整体处理还是冷冻干燥，取决于船体的尺寸和是否有可供使用的真空冷冻干燥设备。这张照片是钢铁工人正将浸泡槽的底部推入不来梅柯克船（*Bremen Cog*）下面。拍摄：佩尔·霍夫曼（Per Hoffmann）

3 舟船保护的两种途径

任何保护处理的目标都是减少或降低木材干燥过程中的收缩，以保持其原有的形状和尺寸。可以采取两种不同的途径去阻止饱水木材的过度收缩和塌陷：一是用某种材料填充降解的木材，以加固和支撑这些组织，阻止收缩，这种处理方式被称为填充法；另一种是在木材干燥过程中避免收缩的发展。

填充方法是稳定饱水木材的传统方法。将溶于水的填充材料引入湿木材中，在干燥之前或干燥过程中对木材进行加固。有几种不同的材料被用于填充。1859年左右开始使用明矾，之后是蜡或蜡的混合物，松香，分子量不同的聚乙二醇（PEG），原位聚合的树脂，蔗糖，糖醇（乳糖醇），聚氨酯（Kauramin），以及最近才开始使用的木素酚。如果使用蜡、松香、交联树脂以及脂肪酸填充，则需要在填充之前用某种有机溶剂置换木材中的水分。然而近年来，只有少数材料用于饱水木船的保护，且都是水溶性的：不同分子量的PEG、Kauramin树脂、蔗糖和乳糖醇等。

干燥过程中有两种方法可以避免表面的收缩应力：冷冻干燥和超临界干燥。在冷冻干燥过程中，木材中的水分结冰，在真空腔室内，冰在减压条件下升华。不同于液体，固体没有表面张力，在这一过程中不会产生因毛细作用所导致的收缩应力，因此不会发生塌陷。冷冻干燥（冻干）对于小型木质文物来说，是优选的方法。大多数情况下，稳定效果良好，木材看上去很漂亮，很自然，表面不需要进一步清理。

然而对于木船来说，这一方法的应用受到限制：大型的真空设备非常昂贵，世界上仅屈指可数的保护工作室可以处理中等长度的独木舟。但是如果一艘船在保护过程中已经被拆解或者截断，那么冻干方法也可以作为一种选择。

截至目前，饱水木材的超临界干燥仍然处于实验室研究阶段。在这一方法中，先用甲醇替换饱水木材中的水分，然后在超临界状态下用液态二氧化碳抽

冷冻干燥不但是一种可以用于木材保护的简捷方法，还可以用于深海沉积物岩芯的干燥。拍摄：加布里埃莱·霍夫曼（Gabriele Hoffmann）

出其中的甲醇。也就是在高温高压下，液体变为超临界流体——一种介于液态和气态之间的状态。超临界流体没有表面，在气体状态下，分子之间相互分开，因此不产生表面张力，木材中不会产生具有收缩性的张力。对某些木材来说这一方法效果良好，但是对于另一些木材则效果不好。时间将会证明这一方法是否能够发展成为处理小型器物的常规方法。超临界干燥的优点是干燥时间短、不需要表面清理。缺点是需要专业的、昂贵的设备，并且只能在防爆的场所使用。

在选择稳定船体尺寸的保护方法时，要遵循一些原则：所选择的方法必须能够大规模实施。如果博物馆将浸泡槽或保护操作间作为展览的一部分，那么所使用的化学物质，对于工作人员和参观的观众来说必须是安全无毒的。保护处理的废物最后要流向污水处理厂，不能对那里的生物降解过程产生危害。因为用量很大，所用的化学试剂必须相对价格低廉，尤其是准备使用浸泡槽的时候。所采用的方法必须可以在有水的条件下工作，因为一艘船是无法装入容器中用有机溶剂处理的。所需的技术设备必须简单，可以在操作间中实施，而不需要专业的实验室，而且能在长时间内保证运转。有多种方法可以满足这些要求，而且一些基本方法也得到了改进，目前，已有足够多的、可供选择的方法可以适用于任何特殊条件下的大型器物。在接下来的章节，将对这些方法及其在考古木船保护中的应用进行描述和讨论。

第 3 章　附注

关于明矾这一传奇的、但已经过时的方法的生动描述见 B. Brorson Christensen，1970.

本书中没有讨论的一些填充试剂的原始文献：蜡的混合物见 B. Brorson Christensen，1970；松香见 L. Fox，1989；交联树脂见 A. Ginier-Gillet *et.al.*，1984 和 R. Schaudy *et al.*，1988；木素酚见 T. Kataoka *et al.*，2009.

软木相较于橡木更易于稳定。这个淑女形象的船艏饰像在北海中沉没了 150 年，直到一场暴风雨将其卷到岸边，渔民将这位女士带到博物馆，我们将其命名为马尔塔（Martha）。这个女士头像是用美国五叶松（*Pinus strobus*）雕刻的。拍摄：埃格伯特·拉斯卡（Egbert Laska），德国国家海事博物馆（DSM）

4　聚乙二醇法

4.1　木材方面令人惊喜的实验结果

1961～1962 年间，有三艘大型木船被打捞出水：瑞典斯德哥尔摩港的瓦萨号（*Vasa*），丹麦的斯库勒莱乌维京船（*Skuldelev Viking Ships*），以及德国北部的不来梅柯克船（*Bremen Cog*）。当时考古木质文物的保护还处于萌芽阶段，由于必须开展保护，来自这三个国家的科学家们聚在一起，讨论可以开展哪些工作。

在此之前的 1955 年，瑞典化学家伯蒂尔·森特瓦尔（Bertil Centerwall）和罗尔夫·莫仑（Rolf Morén），发表了一篇关于利用聚乙二醇（PEG）加固饱水考古木材的文章。PEG 从 20 世纪 30 年代开始用于稳定健康材，抵抗收缩和弯曲，例如用于处理镶板和枪托。当时，PEG 在考古木材的处理方面展示了巨大的潜力，但仅限于小型器物。

PEG 用于船只保护——二选其一

与上述三艘船的保护相关的科学家们一致认为，显然可以选择 PEG 作为饱水船只的稳定剂，然而问题在于，哪种 PEG 以及哪种分子量的 PEG 最为合适？沉重的瓦萨号（*Vasa*）木料非常厚，而且降解程度很低。整条船体量非常大：长 61m，宽 12m，如果算上艉楼最高处有 20m。无法想象去建造一个浸泡槽，能容纳 1200 吨重的船

在威悉河中的船骸被发现之前，只能从城市印章的雕饰和一些风俗文献中寻找到中世纪柯克船（*Cog*）的踪迹。这是格但斯克附近埃尔宾（Elbing near Gdansk）的印章，大约是 1350 年的。复制：克劳斯·斯蒂登罗德（Klaus Stiedenrod）

框图 8

等温吸附曲线表征吸湿性

一个物体或一种物质在相对湿度变化的条件下，吸收和释放水分的能力可以用等温吸附曲线来表示。这些曲线显示了与相对湿度相平衡时木材的含水率（*u*）。由于无法区分与木材结合的水分和与 PEG 结合的水分，在这几张图中，处理后木材的含水率是基于木材质量与 PEG 质量的加和来计算的。

图（a）对比了中度降解的橡木、纯 PEG 200 和 PEG 处理后的木材的吸附曲线。填充后的木材包含大约等量的木材和 PEG，然而它的吸附特征与纯 PEG 200 的非常相似。如果同样的木材采用 PEG 3000 填充（b），那么吸附行为将更接近于纯的 PEG 3000；本图包含了两份 PEG 和一份木材。采用两步法处理的木材的吸附曲线差不多是相同的（c）。经过第一步填充之后，木材的高吸湿性消失了；第二步填充之后，木材不再从空气中吸收水分，就像是只用 PEG 3000 处理过一样。PEG 3000 看起来遮蔽了 PEG 200 分子中亲水的点位。

然而，吸附曲线无法告诉你在什么相对湿度下，处理后的木材会返潮。对于保护人员来说，在讨论吸湿性和确定适合的博物馆环境的时候，这是关键的问题，此时必须通过实验室的实际测量来获取数据。

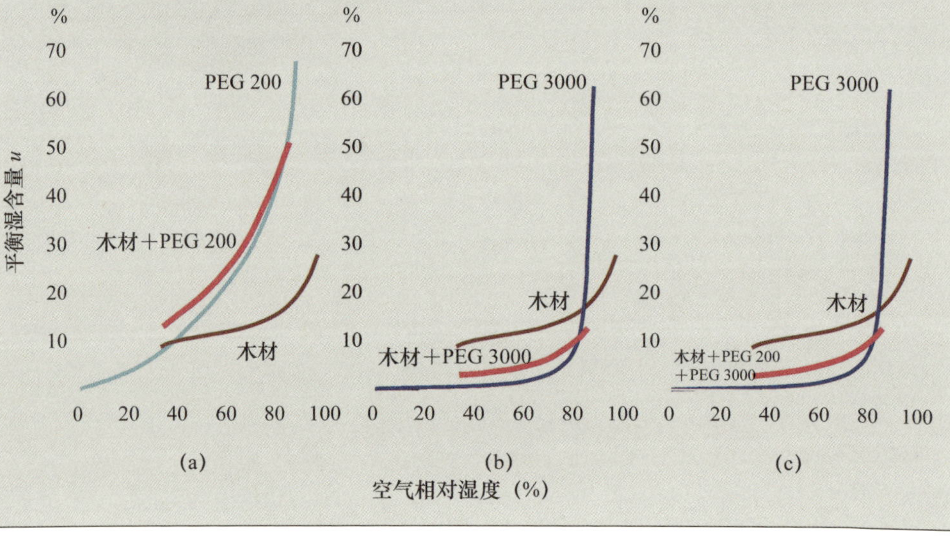

体。瓦萨号（*Vasa*）保护项目的负责人拉斯·巴克曼（Lars Barkman），决定采用 PEG 1500 的水溶液进行喷淋。使用这一分子量，可以得到比 PEG 4000

框图 9

PEG——与木材保护相关的物理化学性质

聚乙二醇（PEGs）是一族类似油和蜡的合成化合物的统称。PEG包含不同长度的分子链，由乙二醇单元构成的，通式写作HO（—CH_2—CH_2—O）nH。合成的PEG最多可以包含6000个甚至更多的乙二醇单元。商业化的产品是窄分布的同系物，用平均分子量加PEG表示。

PEG 200～800是液体，密度为1.2g/cm^3，PEG 1000及分子量更高的产品在室温下是固体，密度为1.22g/cm^3。硬度和刚性随分子量的增加而增加，形成由软到硬的蜡。PEG的熔点在35～60℃之间。在室温条件下，固态PEG可以溶于水形成浓度最高达50%的溶液。对于高浓度的溶液，需要加热到40～60℃才能使PEG溶解，并使溶液保持液态。固态的PEG可以溶于大部分有机溶剂中，但是不溶于苯。固态的PEG不溶于液态的PEG。然而，所有的PEG都能够作为多种物质的溶剂，例如涂料、清漆和胶等，也可以作为木材和其他聚合物的增塑剂。

几种常用的耐PEG的聚合物包括聚乙烯、聚丙烯、天然橡胶制品、聚四氟乙烯、聚甲醛、硅树脂和不饱和聚酯树脂。不耐PEG的聚合物包括聚氯乙烯、聚甲基丙烯酸甲酯、醋酸纤维素和聚氨酯弹性体。高温下不耐PEG的聚合物包括酚醛树脂、脲醛树脂和密胺树脂。

低分子量PEG的溶液呈弱酸性，可能引起铁和碳钢的腐蚀，但是不能腐蚀不锈钢、青铜、钛、锡和锌。

在较低和中等相对湿度条件下，PEG的吸湿性不高，但是从相对湿度75%～85%开始，会从空气中吸收非常多的水分，占其自身重量的20%～35%，然后溶解；低分子量PEG在低相对湿度下更容易吸水。

PEG被应用于很多领域，特别是化学和制药行业。有大量关于其科学研究和应用的文献。可以从生产厂商或者维基百科获得PEG详细的数据表格和物理化学性质。

（森特瓦尔和莫仑推荐的）浓度更高的喷淋溶液，而且更易于渗入木材中。斯库勒莱乌维京船（*Skuldelev Viking Ships*）的船板和木材比较薄，严重降解，非常软，且易碎。除了需要增加尺寸稳定性外，还要增加机械强度。

B. 布罗尔松·克里斯滕森（B.Brorson Christensen）选择了在加热槽中用 PEG 4000 浸泡的方式，冷却后，PEG 变为坚硬的固体。不来梅柯克船（*Bremen Cog*）的尺寸和木材的降解程度则介于二者之间。

不来梅柯克船（*Bremen Cog*）的发掘人员从汉堡请来联邦林业和林产品研究中心（Fedreal Resaerch Center for Forestry and Forestry Products）的木材科学家，请他们对保护提出建议。他们开展了一系列实验，推荐了采用 60%PEG 1000 浸泡的方法。这一方案在两个选项中进行了折中：一是采用液态的、易于渗透进木材中，但是对降解部分的强度增加没有贡献的小分子量 PEG；二是采用可以在木材中形成固态、但是不易于渗透的高分子量 PEG。低分子量 PEG 比高分子量 PEG 更易吸水，有可能从空气中吸收过多的水分，导致处理后的木材返潮甚至变湿。保护方案预计需要 30 年完成，浸泡液要一直保持 60℃，以达到足够的填充量。

不来梅柯克船（*Bremen Cog*）是一艘巨大的中世纪的航行工具，长 23m，宽 7m，从龙骨到艉楼甲板的绞盘有 7m，船体散落成 2000 块，打捞的橡木木料共 40 吨。木材科学家们建议，在保护之前，应在饱水状态下重新进行组装。他们担心，经 PEG 填充后，船板可能会失去弹性。他们还担心，船板是从有巨大分叉的树上锯下来的，具有非常不规则的纹理，有可能产生应力，而这种应力会在加热条件下释放，导致船板弯曲或开裂。在这两种情况下，都很难甚至不可能用保护后的船板重新组装这艘船。因此不来梅柯克船（*Bremen Cog*）就在连续不断喷水形成的水雾中重新进行了组装。当我加入项目组的时候，柯克船的重新组装还在进行。基于一种在博物馆中展示船只的新理念，工匠们重新组装了这艘船，通过在船舷多点固定钢质拉杆承重，从天花板上将它吊起来，使得龙骨可以直接接触地面。这样就不会有任何其他外支撑干扰船体雄壮的外观。

饱水木材的进一步实验

在等待重新组装以及巨大的浸泡槽建造的过程中，我针对三个树种的饱水木材样品开展了一项中试规模的保护实验，包括一个小的榆木头像，一个厚的松木浮标和一个小型橡木船的一块木地板。我想看看渗透的速度有多快，以及树种之间是否有差异。我的注意力主要集中在橡木上，因为柯克船（*Cog*）所用的木材几乎都是橡木。

当柯克船的浸泡槽准备就绪，船放置其中，浸没于水里，我们也筹备了足够的资金以保证每年加入 40 吨 PEG。我根据时任哥本哈根饱水木材保护部门主管柯尔斯滕·耶斯佩森（Kirsten Jespersen）的建议，将原计划使用的 PEG 1000 改为 PEG 1500。根据她的丰富经验，PEG 1000 的吸湿性太强了，用它处理后的木材永远也无法真正干燥。她告诉我，PEG 1500 是保护人员经常使用的材料，具有令人满意的效果。

针对榆木、松木和橡木开展的中试规模的保护实验持续进行了5年。我用了足够长的时间，以期得到有效的结果。为了跟踪木材中PEG填充的程度，我采用5mm的生长锥取样进行测试，并用简单的印迹法检测了PEG。将木材样芯按压到一张湿的滤纸上，然后移开。再在滤纸上喷洒一种试剂，显色反应指示哪部分木材样芯上有PEG被转移到了滤纸上，就表明那部分样芯含有PEG。对于榆木的头像，整体都发现有PEG存在；同样，直径30cm的松木浮标也完全被PEG填充；但是橡木地板在5年内PEG只填充了几毫米。可以说中试实验的结果是非常具有启示作用

饱水木材稳定保护试验。拍摄：加布里埃莱·霍夫曼（Gabriele Hoffmann）

的：即使浸泡30年，木材也无法被完全填充，我必须给柯克船（*Cog*）设计一个新的保护方案。

随后我针对分子量，即分子尺寸、稳定的能力、处理后木材的亲水性以及饱水木材的降解状态之间的关系等问题开展了系统实验研究，得到了有帮助的新结果。一个明显的观点是降解严重的木材用高分子量PEG处理，降解程度较轻的采用低分子量PEG处理，低分子量PEG已经被证实更容易渗透到木材结构中。我针对11个降解程度不同的饱水橡木样块开展了稳定性实验，用分子量为200、400、600、1500和3000的PEG分别进行处理，得到了很明确的结论。降解程度较轻的木材只有采用低分子量的PEG 200或400才能得到较好的稳定效果；严重降解的木材用高分子量的PEG 3000的稳定效果最好。令人惊讶的是，中等分子量的PEG 600和PEG 1500对任何一种木材都没有产生较好的稳定效果。没有任何一种PEG能够同时稳定降解程度较轻的木材和降解严重的木材。当橡木的降解达到一定程度，即最大含水率大约为240%的时候，低分子量PEG的稳定效果止步不前了。同时，这一条件下，高分子量PEG的稳定效果开始显现。

如2.2中所述，如果你头脑中有一个饱水木材的降解模式，实验的结果就非常容易理解。在轻度降解的木材中，细胞壁是完整的，只有低分子量PEG可以穿透，代替纤维结构中的部

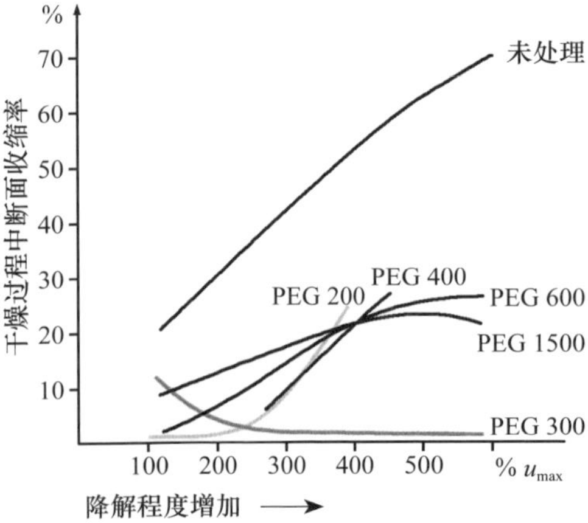

采用不同聚乙二醇（PEG）填充后，稳定效果随降解程度变化的曲线。绘图：赖因霍尔德·布雷登（Reinhold Breden），德国国家海事博物馆（DSM）

分水分。当木材干燥后，PEG 仍然存在，可以使细胞壁的形状乃至整个器物，处于一种永久膨胀的状态，饱水木材的尺寸和形状因而得以稳定下来。在降解的过程中，从某一时刻开始，降解的以及溶解的细胞壁开始成为木材中的主要部分。在这种情况下，只有高分子量 PEG 才会起作用，在胞间层的精细结构和细胞壁的残余物之间形成固态的内部骨架。固态的 PEG 可以填充和加固组织，防止降解的木材在干燥过程中塌陷。由实验结果可知，显而易见，在中试试验中，橡木总体来说降解程度非常低，只能被低分子量 PEG，如 PEG 200 和 400 填充。

对于稳定降解木材，低分子量和高分子量的 PEG 不仅针对的结构不同，它们起作用的方式也不同。

采用两步法处理两种降解程度共存的木材

在绝大多数情况下，饱水考古木材包含两类截然不同的木材：发生细胞壁降解的部分，以及细胞壁没有降解的部分。这两类木材有可能位于不同的区域，也可能是像马赛克一样分布在木材中，对于这样的木材采用两种不同的 PEG 进行处理可以取得较好的效果。我采用橡木和四种不同的软木，针对两种降解程度的木材开展了大量试验，以在使用两种 PEG 处理的过程中建立理想的处理参数，并观察可以达到什么样的效果。同时考察了 PEG 处理后木材的吸水性：用不同的 PEG 填充后，对空气中湿度的波动会如何反应？使用低分子量的 PEG 安全吗？通常认为低分子量的 PEG 会吸收太多的水汽，使木材变得潮湿，修复师怀疑这一材料能否取得成功。

为了找到能够渗入未降解木材中最小分子量的 PEG，采用了 PEG 同系物的低聚体进行加固试验，包括 PEG 类化合物中分子链最短的乙二醇单体、二聚体、三聚体和四聚体。正如预期，加固效果非常优异，但是使用单体、二聚体和三聚体时，加固效果无法持续。因为随着时间的延长，这些化合物会挥发，细胞壁也会收缩。四聚体是商业化产品 PEG 200 的主要成分，是分子量最小的、可以永久存留在细胞壁中的

PEG同系物。对于仅轻度降解的木材，PEG 200是最好的选择。PEG 3000是分子量最小的固态PEG同系物，对于降解的木材具有优异的稳定效果，而吸湿性很低。PEG 2000和PEG 1500性质非常相似，稳定性都不令人满意。PEG 200和PEG 3000，只使用其中一种或是两种的组合，都可以实现各种质量及各种降解程度的木材的稳定。如果某一种PEG不起作用，那么总会找到另外一种。

然而，非常遗憾的是，不能用两种PEG的混合溶液去处理木材。虽然混合溶液填充的木材具有优异的稳定性，但是永远无法干燥，会呈现潮湿和黏糊糊的状态。无论哪种低分子量的PEG和高分子量的PEG混合都会形成吸水的糊状物，不能形成固体，会导致填充的木材具有黏性。必须通过连续的两步法填充，才能使木材中两种降解程度不同的部分都达到稳定效果。

第一步，让PEG 200渗入木材内部没有降解的细胞壁中；第二步，让PEG 3000渗入降解的、更容易穿透的木材外部。在第二步中，过量的PEG 200从木材内部降解部分的细胞腔渗出，但是仍然存在于内部非降解部分的细胞壁中，通过物理作用力被保留下来。两步法处理的木材展现了非常好的稳定性，支持了这一理论假设，而针对两种PEG开展的多组分定量同时分析结果也验证了这一假设。

处理后稳定的效果取决于木材中PEG的填充量。只要保证木材浸泡在浸泡池中，直到木材中PEG的浓度达到内外平衡，就可以通过PEG处理液的浓度控制PEG的填充量。可以通过重复实验找出两步法的优化实验条件。对于橡木，如果要达到最好的尺寸稳定性，则第一步PEG 200浸泡液的浓度最终要达到50%；对于软木来说，20%就足够了。对于橡木，第二步中PEG 3000浸泡液的最终浓度大约需要达到70%，对于软木来说大约为50%。如果在理想的浓度下使用这两种PEG，那么都可以使相应降解程度的木材达到相同的稳定性。在实验中，干燥过程横截面的收缩减小到2%以下。如果不做处理，同样轻微降解的橡木收缩率是20%，降解较严重的橡木收缩率是66%。几种饱水软木横截面的收缩率也降至2%或以下。降解严重和轻微的木材都可以达到相同的稳定程度，这一事实表明，木材中降解和非降解的部分在处理后的干燥过程中都不会发生翘曲和开裂。

PEG 3000具有较低的最佳浓度是一个令人惊喜的结果。毫无疑问，填充过程中不必像传统上使用热熔的PEG 3000处理小型木质文物那样，使浸泡液最终使用浓度达到100%。采用70%或50%的PEG处理就可以了，最终达到平衡的时候，木材中的水也含有70%或50%的PEG。木材的空腔中仍然含有30%或50%的水分，在干燥过程中，这部分水分将挥发，被空气取代。PEG处理后的木材中充满小气泡，入射光在空气—PEG和空气—木材的界面被反射，使得木材中虽然含有大量

PEG，但外观看上去自然而且干燥，不会像用100%PEG填充的情况，看上去像一大块具有木材结构的黑色蜡状物。

PEG 3000最佳使用浓度较低还具有另外一个优点，即溶液不需要被加热到很高的温度，就可以保持在液态，使PEG能够有效地渗入木材之中。相比于PEG 3000熔体要保持在70～80℃，低浓度的PEG 3000在40～60℃就足够保持液态了。PEG在这一温度下不会发生热降解，剩余的PEG可以在其他处理过程中重复利用。在较长时间内都采用较低的温度处理，就不必使用昂贵的、高性能的加热系统，同时降低了能耗。

吸湿性

低分子量的PEG 200比PEG 3000更容易吸湿，可以从空气中吸收更多的水分，同时把吸湿性传递给填充的木材。采用50%PEG 200溶液填充的木材的吸湿特点与纯PEG 200非常相似，比处理前的木材更容易吸湿，即使湿度略微升高，也会吸收水分。在相对湿度75%～80%的时候就会变得潮湿。同样的木材用70%的PEG 3000溶液填充后，由于PEG 3000的吸湿性较低，吸湿性会比木材本身降低。当木材采用PEG 200和PEG 3000两步法填充后，吸湿性跟仅采用PEG 3000处理的木材非常相似。过剩的PEG 200显然完全渗出了降解的木材组织，只有PEG 3000填充在其中。在相对湿度RH低于80%～85%的时候，木材达到稳定的状态，吸湿性非常低，在外观和触感上跟只用PEG 3000处理的木材没有差别。放大实验验证了实验室研究的结果。只要在常规的博物馆环境下，我采用两步法处理的每一艘船都不存在吸湿性问题。

更新不来梅柯克船（*Bremen Cog*）的保护方案

在实验室研究结果的基础之上，重新制订了不来梅柯克船（*Bremen Cog*）的保护方案。由于柯克船（*Cog*）所有的木料，龙骨、肋骨、船头、船尾、船板都同时存在降解和非降解的部分，要想取得良好木材稳定效果，两步法可以说是唯一途径。我们制订了一个方案：在第一步浸泡中使用PEG 200，在第二步浸泡中使用PEG 3000，浓度分别是50%和70%。第一步不加热，第二步会加热到40～60℃。处理的时间无法预计，将由对PEG填充过程的监测决定，监测的方法仍需开发。完

不来梅柯克船（*Bremen Cog*）一块木板的横切面：不规则的重度降解层（黑色）包裹着降解程度较轻的内部（涂白部分）拍摄：埃格伯特·拉斯卡（Egbert Laska），德国国家海事博物馆（DSM）

莱茵河上美因茨的罗马船（*Roman ship*）船板的横切面：左侧木材的表面降解了，右侧是未降解的内部。显微照片：佩尔·霍夫曼（Per Hoffmann）

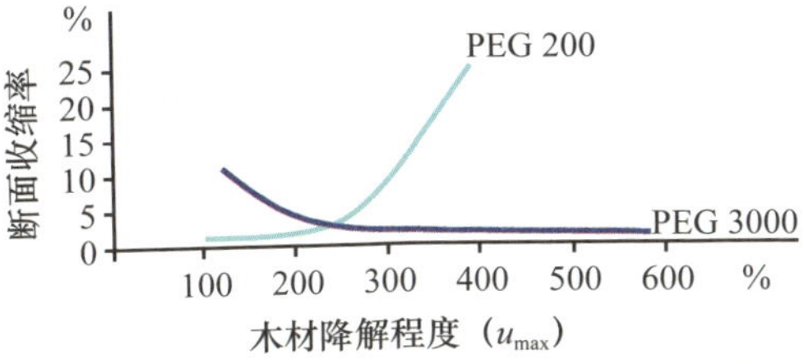

聚乙二醇（PEG）两步法处理的基础：最大含水率达到240%的木材用PEG 200填充具有较低的收缩率；高含水率的木材用PEG 3000填充具有较低的收缩率。绘图：赖因霍尔德·布雷登（Reinhold Breden），德国国家海事博物馆（DSM）

成这一过程所需的时间预计将远远小于30年。1985年，德国国家海事博物馆（DSM）的馆长和委员会邀请世界知名饱水木材保护人员到不来梅港参加研讨会：丹麦国家博物馆的柯尔斯滕·耶斯佩森（Kirsten Jesperson），斯德哥尔摩瓦萨（*Vasa*）项目的首席保护专家拉斯·巴克曼（Lars Barkman），渥太华加拿大保护所（Canadian Conservation Institute）的戴维·格拉顿（David Grattan），以及我的教授，汉堡联邦林业和林产品研究中心的德特勒夫·诺亚克（Detlef Noack），他曾经建议我采用PEG 1000；石勒苏益格-荷尔斯泰因考古博物馆馆长库尔特·席策尔（Kurt Schietzel），也是海特布（Haithabu）维京船的发掘人。专家们检查了实验结果，最后他们一致赞同针对两种降解程度共存的木材采用两步法的理念，以及新的保护方案，并建议我们转而采用两步法。

4.2 按比例放大——浸泡槽中的船体

从保护小型器物放大到保护舟船，是将处理的过程由小的、易于操作管理的常规工作转变为技术和工程的杰出成果。其中很多实际操作、应用问题的重要性凸显出来，都需要预先作出考虑。

工作场地

工作场所绝对不能仅够放下一个或多个浸泡槽，还需要有足够的空间操作起重机或叉车以便将船放入浸泡槽；或者能够在船的周围建造浸泡槽，就像不来梅柯克船（*Bremen Cog*）所做的那样。浸泡槽的各个面都必须是可及的，工作人员能够在周围自由活动。除了供水系统外，地面上还必须有溢出沟——这与其他文物保护项目对于空间的需求有所不同。由于泵和加热系统的使用频率高，因此需要高压供电系统。中央暖气系统具有优势，可以为浸泡槽提供简单和有效的供热方式。

如果有必要租用工作场地，那么租用的期限必须要超过预计的处理期限几年。这一点必须写在协议中，如果浸泡过程过早停止，则项目将有失败的风险。

建造不来梅柯克船（*Bremen Cog*）的浸泡槽：110吨钢材，37吨不锈钢——总体积800m³。拍摄：埃格伯特·拉斯卡（Egbert Laska），德国国家海事博物馆（DSM）

浸泡槽

因为所有的死体积都需要用昂贵的浸泡液填充，所以浸泡槽需要设计得恰好能容纳船体，如果必要，还要能容纳支撑船体的托架。为减小死体积，可以在浸泡槽中放一些排除体积的填充物。因为只装水的容器会漂浮在PEG溶液上面，可以使用砖、装满沙砾和水或沙砾和浓盐水的容器，有很多种选择。但是排水物也需要花钱，建议通过计算寻找最经济的解决方案。如果要建造一个巨大的浸泡槽，那么还需要检测建筑物的地面是否足够坚固，能否支撑浸泡槽和内容物的重量。

除此以外，还要注意浸泡槽需要安装与槽底平齐的排水阀，或者最好是安装在槽底。在项目实施的过程中，有可能需要多次完全排空浸泡槽。

有几种材料可以用于制造浸泡槽：涂刷了耐受PEG的聚酯或环氧树脂的低碳钢；不锈钢；内衬聚乙烯板的木材或聚酯树脂和木材复合板；砖、水泥或土坯加上载重内衬。甚至可以在地面上挖一个坑，内衬花园池塘使用的塑料内衬。英格兰巨大的普尔独木舟（*Poole logboat*）是用蔗糖填充的，它使用的是油罐车改装的浸泡槽。

如果使用钢质浸泡槽，最好在内壁的不同位置焊上观察窗，在需要降下船体或部分船体、防止漂浮的时候可以通过观察窗观察。浸泡槽内部的设置与紧密的盖子互不妨碍。如果浸泡槽加内衬或喷涂成浅色，则会非常便于在浸泡槽内工作。在捆扎带或固定木料的结构松脱或漂浮时，操作人员能够看见，也便于找到落入浸泡槽中的工具等，以及从船身下面穿过带子去抬升船体。

如果保护过程需要在较高的温度下

在现场组装预制的构件。拍摄：埃格伯特·拉斯卡（Egbert Laska），德国国家海事博物馆（DSM）

窗口的夹层玻璃厚度为 11.5cm，以支撑聚乙二醇（PEG）溶液流体的静压。拍摄：佩尔·霍夫曼（Per Hoffmann）

使用高分子量 PEG 填充，则浸泡槽需要具有良好的隔热性。长年累月地加热大量液体费用非常高，任何一个降低热损耗的努力都会节约更多的经费。人们经常忘记在浸泡槽的底部做隔热，以及保证盖子能够非常紧密地盖紧。即便有热量泄漏的风险，盖子也要制成足够小的几段，以使得两个人可以抬起来，这一点非常重要。由于船体支架的顶部伸出了溶液的表面，瑞士伊韦尔东（Yverdon-les-Bains）的保护人员采用两层直径为 40～50mm 的聚丙烯球对浸泡槽的液面进行了隔热处理。把聚丙烯球推开以后，水便以可控的方式蒸发。

加热系统

直接采用电阻丝加热 PEG 溶液不是最好的选择。电阻丝必须达到非常高的温度，才能对这样巨大的体量起作用，而与电阻丝接触的 PEG 则温度过高，会逐渐降解。更为有效且安全的方式是采用外部加热的循环水，通过绝热的管路，例如铺设在浸泡槽底部的聚氨酯管或软管进行循环。简便的解决方案是将循环管路与已有加热系统连接。在大多数情况下，这样一个系统的热水器能够传输足够的热量。可以在循环管路上安装一个阀调节水流，以控制浸泡槽的温度；循环水的温度可以通过加热器设定。浸泡槽中不需要泵，如果铺设了足够的加热管，则对流会产生均匀的热分布，差值最大不超过 5℃。管路可以沿着浸泡槽边缘和槽壁的穿孔铺设到浸泡槽里，这样可以避免形成渗漏点，同时也便于维护和配件的更换。我认为，加热系统设计最为重要的一点是一定要有余量。一个采用气、油或电加热的外部水加热系统，在设计的时候经常依据理想条件计算，并且周期性地运转和停止。但是在实际使用过程中，浸泡槽的隔热通常不是那么有效，热水流过管路的速度也比理想状态低，同时加热器效率也会随着时间的推移逐渐降低，或者由于长时间在满负荷状态下运转而出现停机。如果发生这种情况，浸泡槽中就不能维持足够高的温度，高浓度的PEG 3000溶液会变得非常黏稠，甚至变成固态。再使之熔化成溶液会花费很多时间，同时需要更多的热量。如果实际使用功率是设计功率的一半，则系统运转起来安全性较高。

向浸泡槽中注入溶液

当船体安全放置，且所有的构件和木料都不漂浮时，就可以向浸泡槽中注入溶液了。程序非常重要：首先放入木材，做好固定以防漂浮，然后注入水。沉重的船木，或者整艘船，一旦浮起来，几乎不可能使之再次沉入水下。而且在浸泡槽灌满之前，是放置别针或标记点等标记物的最后机会。通过测量标记物的位置，可以观察填充和干燥过程中的收缩与膨胀。这些标记必须非常牢固，不会被撕掉、移动，或者不小心被移走，同时必须对PEG和加热有耐受力，即使在几年之后也可以看见。保护人员可以通过测量标记点准确地记录处理的效果。

如果因为某种原因，船还需要在纯水中放置一段时间，那么必须从一开始就使用杀菌剂，以防木材带进来的各种藻类、霉、酵母、真菌、细菌的滋生。否则，过一段时间以后，微生物的尸体会覆盖在木材表面，形成灰色的层状物，阻碍填充。季铵盐杀菌剂很合适，可以有效地与有机体反应，使之破坏。随着时间的推移，杀菌剂从水中消失，浸泡液作为废水排出，不会产生问题。使用可以漂浮的塑料盖子，浮在浸泡槽的液面上，可以减少溶液中由空气侵入的细菌。也可以使用黑色塑料，光照的缺失能够降低或阻止水中藻类的生长。其他保护人员报道了使用紫外光元件或铜/银离子技术来控制浸泡槽中微生物的生长，也取得了良好的效果。

渗压震扰的危险

PEG处理液必须使用较低的起始浓度，然后随着时间的推移逐步增加，直到达到理想的浓度。这样处理是为了避免木材中产生的渗透压造成破坏，通常称之为渗压震扰。

PEG取代木材中的水，只能通过逐步扩散实现。因为饱水木材已经被水充满，溶液无法流入木材中，PEG分子必须从溶液中扩散入木材中的水里。与水相比，PEG分子非常大，扩散很慢。PEG扩散进入木材的同时，木材中的水分也会扩散进入PEG溶液，因为水分子的体积很小，扩散出来的速度远远大于 PEG 扩散进去的速度。由于渗透压的影响，木材内部的压力会减小，即使在木材仍然浸没在溶液的状态下，仍会导致木材收缩甚至塌陷。为避免在填充过程中产生过度的渗透压，从浸泡液中到木材内部 PEG 的浓度梯度必须保持渐进。方法是使浸泡液中的浓度增加速率与 PEG 渗透到木材中的速率一致，因此填充的过程要好几个月甚至几年。

制备 PEG 溶液

使用 PEG 200 填充可以由浓度 20% 的溶液开始。由于 PEG 200 是液态的，制备溶液非常简单。PEG 200 通常装在圆桶里，可以先在浸泡槽内注入定量计算过的水，再直接泵入 PEG。25℃时 PEG 200 的比重是 1.12g/cm^3，所有的浓度均以质量百分比表示，依据质量，而不是依据体积进行计算。

由于纯 PEG 的比重大于水，会沉在溶液底部，因此必须将其与水混合，例如采用泵将底部的溶液泵到表面。一旦形成均匀的溶液，就不需要再继续搅拌以维持稳定了。根据事先做好的校正曲线，可以用折射计测定溶液的浓度。手持式折射计很实用，精度也足够（见本页的两张图）。

制备大量的高分子量 PEG 溶液则更费事，需要花费更多的时间。固体 PEG 是片状或粉状的，必须在浸泡槽外用大桶或其他容器溶解。溶解非常缓慢，需要大力搅拌。该过程需要消耗能量：如果溶液温度降低，则溶解速率会降低，加热容器可以促进溶解，还需要用热水。通常将 PEG 加入热水中，如果将水泼洒到大量的 PEG 上，PEG 表面会形成凝胶状的水合物，把表面封闭。在搅拌下会生成大团的包裹着凝胶的 PEG，需要耗费相当长的时间才能溶解。

还有一种简单的制备高分子量 PEG 溶液的方式，可以与供应商协商，直接提供所需浓度的溶液，或者直接提供从生产线下来的、温度约 100℃的熔体。在加热的槽罐车中，即使 12 小时后，熔体仍然可以保持 80～90℃。热熔体和水可以同时通过静态混合器输送。静态混合器是一个短管，内部装配

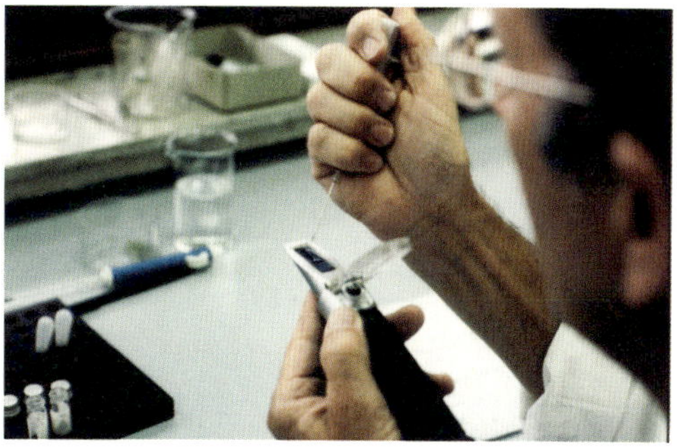

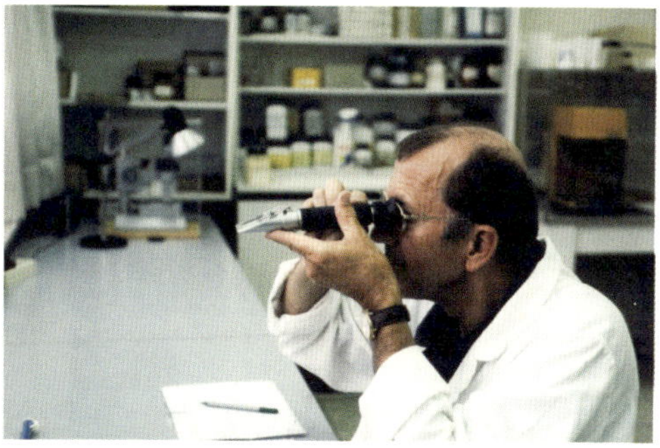

用手持式折射计可以非常容易地测量单组分聚乙二醇（PEG）溶液的浓度。拍摄：加布里埃莱·霍夫曼（Gabriele Hoffmann）

静态混合器是混合两种液体的理想方式。拍摄：苏尔泽化工技术公司（Sulzer Chemtech）

有一系列产生回旋的元件，可以生成充分混合的均一溶液。每批次运送的量需要事先与生产商协商。依据我的经验，这是制备大量高分子量PEG溶液比较简单的方式。

对于高度降解的木材，或是大部分已经高度降解的木材，如果只采用高分子量的PEG 3000填充，可以从20%的浓度开始。降解的木材组织非常容易渗透，高分子量PEG也可以很容易地进入。这一浓度梯度下，不必担心产生渗压震扰的危险。

填充过程的监控

如果木材的厚度在数厘米以上，则很难预测填充所需要的时间。树种、降解程度、木材空隙中的沉积物以及其他因素都会影响填充时间。如果木材厚度超过3cm，那么唯一可靠的方式就是监控填充的过程，以确定一定时间间隔内PEG在木材中的定量分布。

有两种方法成功应用于填充过程的监控，且只需要非常少量的木材样品。这两种方法都是由木材表面逐渐向内延伸取样，分析其中的抽提物。用林业中常用的生长锥，从一个表面穿透到另一个表面，取一个直径5mm的非常小的木材样芯，然后分割成1cm长的小段。提取样芯的样块，可以使用船体上脱落的木料，只需要具有一定厚度，且降解程度能够反映船体木材的降解程度。一组有3～4个样品比较理想。随着时间推移重复取样，样块必须放在浸泡槽中的网内，或者绑在一根线上，一旦需要取样就可以取出。

从浸没在液面下的木材中无法取到有用的样芯。作为一种选择，一部分溶液可以泵出到另外一个浸泡槽或大桶中，直到船体顶部露出液面，在浸泡槽重新被灌满前可以取样。样芯依次被切分成几小段样品，将每一段再研成粉末，然后用尽量少的水抽提。抽提物可以用薄层色谱（TLC）进行半定量分析，或用高效液相色谱（HPLC）进行更准确的定量分析。从一根样芯上连续的小段样品得到的值可以反映PEG在木材中分布的状况。PEG的含量可以表示为PEG与小样段的质量比，或者表示为PEG质量与干木材的质量比，也可以表示为样段中PEG溶液的质量百分比浓度。后一种表示方法可以直接用于比较木材与浸泡槽中PEG的浓度。

监控浸泡的过程，每两年一次是比较合适的，每次必须从同一批木材中取样。在重新没入浸泡液之前，钻出的孔应用木塞塞住，以免浸泡液从新的开口进入造成测试偏差。用HPLC分析PEG，

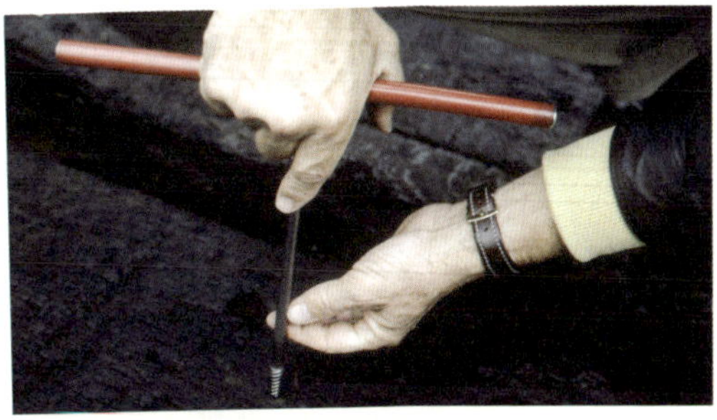

采用林业中应用的生长锥提取木材样芯。拍摄：加布里埃莱·霍夫曼（Gabriele Hoffmann）

最好能够与化学实验室进行合作。因为所使用的设备非常昂贵，而操作需要专业知识，对色谱结果的解析经验也必不可少。只有在大的保护项目中，才建议配备专业设备，因为有大量样品要取样，并且要有规律地进行分析。

最近出现了一些分析木材中PEG的新方法：衰减全反射红外光谱（ATR-FTIR）可以进行定量分析；基体辅助激光解吸离子飞行时间质谱（MALDI-TOF）可以表征不同的PEG在木材中的相对含量。这些方法是否能够作为饱水木材保护中的常规方法去应用，还有待时间证明。

当木材中PEG水溶液的浓度与浸泡液中PEG的浓度一致，就需要更换浸泡槽中的溶液了。

提高PEG的浓度

提高浸泡槽中PEG的浓度有几种方法。可以抽出部分已有的溶液，然后以纯PEG代替，这会损失移除液体中的PEG。另一种方法是蒸发浸泡槽中的部分水，补加部分PEG到已有溶液中，这样不会浪费PEG，补加量也最少，然而蒸发也需要经费。PEG 200冷溶液必须通过一些蒸发设备。可以应用盐厂的工作原理：溶液缓慢流过一堆树枝、网格或滤网，同时通入蒸汽。空调设备制造商可以生产这种蒸发设备，叫做空气调湿器。水可以从浸泡槽里的热溶液中直接蒸发，也可以使用风扇在溶液表面鼓风以增加蒸发速率。这一过程非常简单，但是加热系统必须能够提供蒸发所需要的额外能量。

纯的PEG 200可以直接加入到浸泡槽中，通过泵入一个回路使新溶液彻底混合。片状或粉状的固态PEG 3000则必须在另外一个槽或容器中与已有的溶液混合，并且需要剧烈搅拌，然而溶解过程仍非常缓慢，特别是在高浓度的情况下。如前所述，直接运来熔融的PEG，将其混合在已有的溶液中，再次成为一个选项。

德国石勒苏益格考古保护工作室（Archaeological Conservation Workshop in Schleswig，Germany）的同事，将袋装片状PEG浮在浸泡槽中的热溶液上，用刀子刺出孔，随着时间的推移，片状PEG逐渐熔融并溶解，浓的PEG溶液

框图 10

木材中填充 PEG 的定量分析

我监控填充过程所采取的方法，是反复比较木材中 PEG 的水溶液浓度与填充溶液中 PEG 的浓度。每年一次或两次，通过一些最厚的、有代表性的木料来绘制浓度曲线。当木材中 PEG 溶液的浓度与处理溶液的浓度相同，则填充达到终点。

过程如下所示：

1. 提取直径 5～10mm 的木材样芯，将其分成 10～15mm 的连续的小段。立即称量所得每一段样芯的湿重。

2. 将每一小段样芯切割成细木屑，放入小烧瓶中，用精确称量的、尽量少的水淹没木屑，在 60℃下放置 5 天，抽提 PEG。称量抽提过、烘箱干燥木屑，得到每一小段样芯的干重。

3. 湿重减去干重得到每一段样芯中水分的重量。

4. 测定抽提液中 PEG 的量。如果使用了两种 PEG，就是每种 PEG 的量，也就得到每一段样芯中 PEG 的量。色谱法是非常适用的方法。抽提液的量是加入到木屑中水的量加上每一段木样中水的量。

5. 计算每一段样芯中 PEG 水溶液的浓度，即样段中水所溶解 PEG 的量。

6. 整理所有样段的结果，绘制整个木料的 PEG 浓度曲线，与填充溶液中 PEG 的浓度对比。

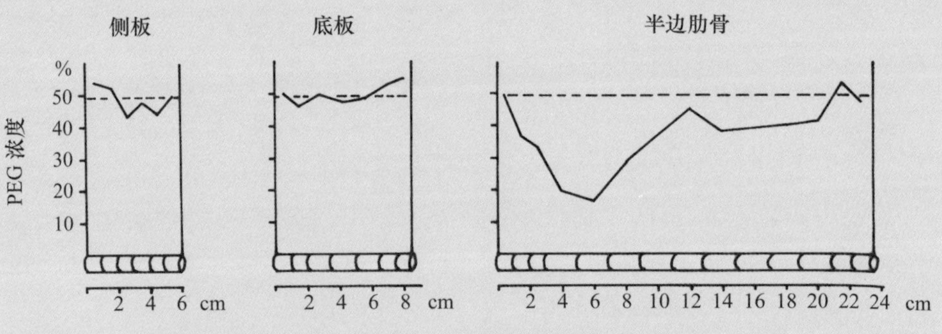

托伊弗尔斯沼泽船（*Ship fron Teufelsmoor*）喷淋结束后，PEG 200 在三块木料中的浓度分布曲线。绘图：赖因霍尔德·布雷登（Reinhold Breden），德国国家海事博物馆（DSM）

渗出袋子，分散到已有溶液中。

理想的 PEG 填充过程应该是这样的：从浸泡槽到木材内部保持理想的浓度梯度，形成扩散驱动。这意味着，在保证不会由于渗透压导致塌陷风险的条件下，由尽可能高的浓度开始，然后连

框图 11

制备目标浓度的混合溶液

制备目标浓度混合溶液的简单计算方法，就是利用混合定律。混合定律是当溶质相同时，用两种已知浓度溶液，制备一种新的特定浓度溶液的方法。

混合定律只是质量的函数。如果需要体积，那么必需利用密度将质量转换为体积：

体积（ml）＝质量（g）/ 密度（g/cm^3）。

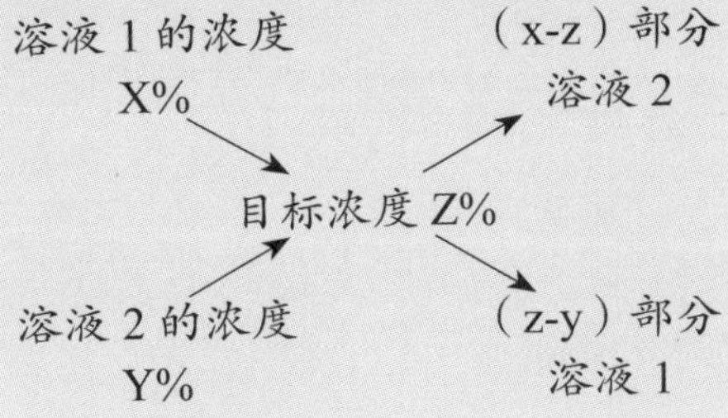

混合定律

混合液体：

已知浓度的溶液写在交叉线的左侧（如图），高浓度的在上边（X%）。目标浓度的溶液写在十字线的中间。左上值 X% 与目标溶液浓度 Z% 的差写在右下部，左下部的溶液浓度 Y% 与目标溶液浓度的差值写在右上部，省略负号。右侧的值代表，当用于混合得到目标浓度的溶液时，所需溶液 1 的质量（上部）和溶液 2 的质量（下部）。

续升高浸泡槽中溶液的浓度，使浸泡槽中溶液浓度升高速率与木材中 PEG 溶液浓度升高速率一致。但是在现实情况下，这一过程很难实现。持续监测木材中 PEG 含量的升高过程很费时间，连续调整浸泡槽中的浓度也同样如此，更加可行的方式是逐步升高浓度。

使用 PEG 200 溶液处理，浓度可以每次提高 20%，不会产生因渗透压所致未降解的细胞壁收缩过于严重的风险。使用 PEG 3000 处理，溶液浓度每次升高也可以在 15%～20%。如果降解的木材比较厚，超过了 4cm，建议每次升高的浓度要低一些。如果 PEG 200 处理完成后，第一次使用 PEG 3000 进行处理，那么 PEG 3000 的浓度至少要与最后批次的 PEG 200 浓度一致。如果浓度高出 10%～15%，不同物质之间的相互扩散会更加容易进行。水和 PEG 200 由降解的组织中渗出，PEG 3000 则渗入其中。在没有降解的细胞和组织中，PEG 200 和水由于物理和化学的作用力仍然会保持在细胞壁内。根据木材中 PEG 含量监测结果，可以进一步提高浸泡液的浓度。

当木材中 PEG 溶液的浓度与浸泡槽中 PEG 溶液的浓度达到平衡，或者是在连续的分析过程中检测不到进一步的填充过程，则可认为 PEG 的处理达到终点。

废弃 PEG 溶液的处理

废弃 PEG 溶液的处理必须提前几年进行规划。PEG 对于废水系统和废水处理工厂是无毒无害的，可以完全生物降解为无害物质。然而，管理部门不相信这点。他们把乙二醇列入不得排放到废水中物质的名单。在大多数情况下，负责发放工业废水排放许可的行政部门不相信聚乙二醇和乙二醇是不同的，具有不同的性质。提供有关 PEG 溶液无害特性专业性的意见和保证，也许需要很长的过程，但是这一过程值得进行到底。在不来梅柯克船（*Bremen Cog*）保护的过程中，我花了五年时间才终于尝试成功。另外的方式就是把 800 吨用过的 PEG 溶液作为有毒废弃物排放，那将非常昂贵。

橡木建造的船与软木建造的船

几千年以来，欧洲西部和北部的造船工人都喜欢采用橡木造船（欧洲白橡木，*Quercus robur* L.）。这种树生长得十分高大，有些还会长出大量有弧度的树枝，很适合制作肋骨和肘板。挺拔的树干可以劈成薄板，木材很硬很坚固，水极难渗入（即使沉在水下几个世纪，内部仍然是干的），相对耐微生物降解。大部分在北欧考古发现的船只都是橡木建造的，自然而然大部分饱水木材的研究和保护都是针对橡木开展的。

然而，在世界上其他地方，还有采用软木建造的船，例如松木（*Pinus* sp.）、冷杉（冷杉属（*Abies* sp.））、云杉（*Picea* sp.）、雪松（*Cedrus* sp.）以及美洲和亚洲的软木。通过对于四块中国和韩国软木的研究表明，要达到理想的填充效果，饱水的软木需要的 PEG 相对于橡木更少。对于处理轻度降解的软木，PEG 200 溶液的浓度达到 20% 就可以；对于高度降解的软木，PEG 3000 溶液的浓度达到 50% 就足够了。所需 PEG 的量降低了，对于保护人员来说，是令人欣慰的结果。浓度为 50% 的高分子量 PEG 溶液不需要加热，在室温下就是液态的。这不但节省了长时间加热浸泡槽所需要的经费，而且因为不需要加热装置和绝热系统，浸泡槽本身的造价也可以降低。溶液甚至可以采用喷淋的方式。采用 20% 的 PEG 200 比 50% 的 PEG 200 达到平衡所需时间更少。与此类似，50% 的 PEG 3000 溶液达到平衡所需的时间也比 70% 的 PEG 3000 溶液要少。相对于保护一艘由橡木建造的船来说，保护一艘由软木建造的船更简单、更省钱，所需时间更短。

4.3 一步法还是两步法——浸泡法的应用范围

以 PEG 为填充材料的处理方法可以应用于各种考古发掘的木船。木材降解的程度如何，是轻微降解，还是严重降解，或是处于两者之间，决定了是采用一步法还是两步法进行处理，以获得理想的稳定效果。如果木材大部分都仅仅是轻微降解，或是几乎没有降解，则仅用低分子量 PEG 填充就足够了。薄薄的几毫米厚的表面降解是可以接受的，最终木材看起来自然、干燥，触摸起来有丝绒感。表面会有纵向开裂的裂纹，但是裂纹的深度不会超过降解层的厚度。如果木材大部分是重度降解的，横截面百分之六七十以上都包含降解组织，则高分子量的PEG处理可以使木材的主要部分足够稳定，以抵抗内部组织轻度降解所产生的塌陷或弯曲趋势。对于所有降解程度不均匀的木材，两步法处理是比较安全的方式，能够得到理想的稳定效果。接下来的一系列木船处理案例展示了PEG浸泡法的应用范围，具体如何实施，以及结果如何。

低分子量PEG一步法填充

PEG 200浸泡过程相对简单，这一方法的优点是花费的精力很少。一旦系统安装完毕，船可以放置相当长的时间。从德国莱纳河打捞了一艘大约是10世纪时期的独木舟，对于这艘巨大、沉重的独木舟来说，采用PEG浸泡法非常方便。船壳大约有15cm厚，降解程度很轻，仅在木船表面一薄层发生了降解。我们博物馆的工作室有足够的空间建造一个浸泡槽，装下这艘长6.5、宽1.5m的独木舟。我们的技术人员用木板建造了一个浸泡槽，外面用钢架托起，内衬白色的玻纤-聚酯板。唯一需要的维护和控制，就是每两年要补充蒸发的水分，以保持体积恒定。德国国家海事博物馆（DSM）为数不多的几个保护人员可以把主要精力放在不来梅柯克船（*Bremen Cog*）项目上，以及其他同期进行的两艘中世纪古船的保护上。

六年以后，木材中PEG的分析表明，填充已经完成，之后船被移到博物馆进行干燥。船体颜色是浅棕色的，表面摸上去很光滑柔软。经过几年的干燥，没有出现裂纹或裂缝。用于监控干燥过程中收缩程度的标记物由于频繁移动丢失了，因此非常遗憾，缺少船体弦向收缩的数据。然而这艘巨大的重型独木舟的外观非常令人满意。

高分子量PEG一步法填充

比利时波默勒尔的两艘小船（*Boats from Pommeroeul*）可能是最典型的、完全用高分子量PEG填充的案例。这两艘船是高卢-罗马时期的，一个是独木舟，残长9.7m，另一个是宽平底船的一部分，残长12.7m。船体的木材是橡木，降解严重，含水率在380%～480%之间。保护人员阿尔弗雷德·泰尔夫（Alfred Terfve）采用PEG 4000处理了这两艘船。填充由10%的溶液开始，在一个环氧喷涂的碳钢浸泡槽中进行，加热到60℃，浓度连续升高，24个月后浸泡液浓度达到了95%。在这一最终浓度下又保持了4个月。通过补加55%的商品化的溶液，再从浸泡槽表面蒸发水分使溶液浓度升高。通过精心、费力的清洗，填充后的木材看上去是中度的棕色，表面干燥。对于严重降解木材的稳定效果良好，目前这两艘船在比利时阿特（Ath）一个专为其建造的博物馆中展览。

来自瑞士的伊韦尔东Ⅱ号平底船（*Yverdon-les-Bains Barge Ⅱ*）（见下页图）是高卢-罗马时期的木船，时间大约是公元400年，是第一艘用PEG 3000处理的、未全部填充的船。这艘平底船有10m长，1.5m宽。橡木薄板（仅有2～3cm厚）严重降解，含水率约为380%。基于对不来梅柯克船（*Bremen Cog*）新保护方案的讨论，位于洛桑的沃州州立考古和历史博物馆（Musée Cantonal d'Archéologie et d'Histoire in Lausanne）馆长——考古学家吉尔伯特·卡埃内尔（Gilbert Kaenel）以及他的同事决定用PEG 3000溶液在60℃条件下进行处理，使浓度最高达到80%。在21个月内，逐渐升高浓度，保持浓度80%两个月。在用海绵和手术刀耐心清理之后，木材呈现自然的棕色，而不是之前所担心的深色甚至黑色。采用一个单独的构件测量了干燥之后的残余收缩率，径向2%，弦向4.5%，而未处理的木材收缩率分别是13%和48%。船体本身没有检测到收缩。

在不来梅的蒂尔霍夫（Teerhof）建筑工地发现了一部分中世纪的船体，用

瑞士伊韦尔东的平底船（*Barge* Ⅱ *from Yverdon-lse-Bains*）仅用PEG 3000处理过。拍摄：洛桑沃州州立考古和历史博物馆（Musée Cantonal d' Archéologie et d' Histoire，Lausanne）

可以采用的最为经济的方式进行了保护，得到了次优的结果。不来梅州的考古学家迪特尔·毕晓普（Dieter Bischop）无法令州立博物馆收藏这件3m×6m的船板搭接的船骸，于是将其赠予了这个工地的主人——一个正在建设新办公大楼的船主，他准备将这艘船的残骸挂在墙上作为装饰。通过这种方式，发现的船骸有望得以保存。迪特尔·毕晓普（Dieter Bischop）还建议，如果船主愿意付钱保护这半边船的话，请我做一个保护方案并在实施过程中提供建议和帮助。然而经过计算，如采用最合适的加热PEG 3000的方法处理降解木材，则成本太高了，于是考古学家请我提出一个成本更低的方案。我提出了用PEG 2000进行不加热填充的方案。但是由于无法采购到PEG 2000，我接受了一批特价的PEG 1500。采用未加热的溶液，木材所吸收的PEG含量不足以实现良好的稳定性，而且PEG 1500不是最佳方案，但是一个次优的结果不会有太大影响。由于没有发现肋骨，无法确定船板原始的正确位置，搭接的船板被叠压着固定在一个金属架子上，紧密排列。在一辆报废卡车的货箱里填充了20个月，其中23%的溶液6个月，55%的溶液14个月。之后用几个月的时间对船板进行了清理和干燥，然后放置在船运公司新总部的大厅里。这个有点奇怪的物品悬挂在黑皮沙发上面的景象还是令人满意的。没有横向的开裂，薄板没有发生翘曲。经费仅仅用于购买PEG以及其他材料，还有浸泡槽内衬

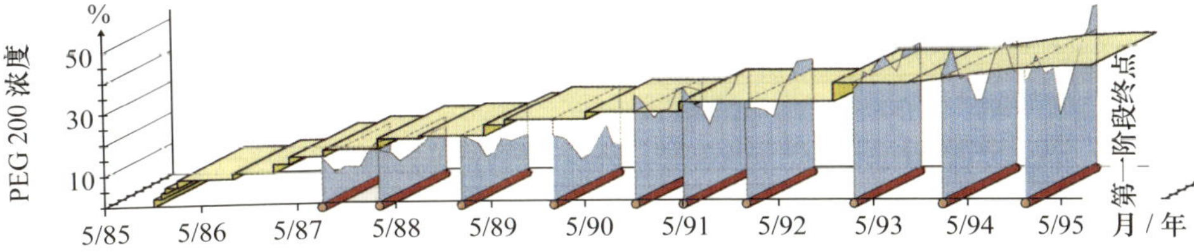

在不来梅柯克船（*Bremen Cog*）第一浸泡阶段，不同时间对同一木料取样，以样品中聚乙二醇（PEG）浓度对时间做图。蓝色：木材中 PEG 200 的浓度；黄色：浸泡液中 PEG 200 的浓度。绘图：赖因霍尔德·布雷登（Reinhold Breden），德国国家海事博物馆（DSM）

的聚丙烯板材。

应用于不来梅柯克船（*Bremen Cog*）的两步法

不来梅柯克船（*Bremen Cog*）可能是用浸泡法处理过的最大的船。浸泡方案是在一个经济繁荣的时期制定的，而这艘船的特殊之处验证了舟船稳定和保护的最佳处理方案。它原本计划要成为一个专门建造的博物馆里独特的展品。

浸泡槽采用 10mm 厚的不锈钢建造，体积为 800m^3。在重新拼装的饱水木船周围建造了浸泡槽，采用钢质的槽顶盖，将船压住，以防止船漂浮起来。浸泡槽安装了一排窗户使得公众可以在几年的保护期内观察到船体。液面下的灯可以照亮浸泡槽内部。然而，船体不是在所有时间都可以看见的。当我们第一次用水灌满浸泡槽，只用了一个星期时间，船身就消失在云雾状的绿色水藻中。使用季铵盐杀死了藻类，结果在船体上形成了厚厚的灰色层状物。我们只得抽出 80 万升的水，刷洗了船身，又重新灌

不来梅柯克船（*Bremen Cog*）直径 53cm 的绞盘也用 PEG 200 浸泡了几年。拍摄：德国国家海事博物馆（DSM）

满了浸泡槽，加入杀菌剂。一段时间之后，产生了具有抗性的微生物。在不来梅议会主席来参观并为这一项目揭幕的前几天，船体再次从视野中消失

了。不能在博物馆使用大量杀菌剂，以免浸泡槽的处理溶液突然泄漏或是喷溅到观众。因此我们决定采用机械法去除微生物，连续抽出溶液，使之通过砾石滤池。在滤池之前加入价格低廉的硫酸铝作为絮凝剂，将微生物凝结成较大的片，以提高过滤的效率。这一方法效果良好，我们开始向水中加入PEG。最初根据汉堡科学家的建议加入PEG 1500，之后修改了方案（见46页），采用新的两步法处理，加入PEG 200。在实施新方案的同时，我还进行了测试，以判断在更换溶液的时候，已经加入浸泡槽的浓度为12%的PEG 1500是否会阻碍稳定处理，结果证明不存在这样的问题。我们可以节省费用，排空浸泡槽，再重新灌满水。每年两次，将20吨的PEG 200泵进浸泡槽，使浓度增加5%。在运送PEG的卡车到来前的那个月，通过一个安装在地面的蒸发装置，将浸泡槽中的水蒸发一部分，为新的PEG腾出空间。一段时间之后，美丽的银色硫化氢气泡掠过观察窗，溶液转变为无氧状态，硫酸盐还原菌在硫酸盐絮凝剂中繁盛生长。细菌也会在木材上产生黑色的斑点，这使我们不得不换成更昂贵的碱性氯化铝作为滤池中的絮凝剂，效果非常好。在后续的7年中，我们都使用了这一体系。在大约浓度30%的时候，PEG 200似乎干扰了过滤过程，滤池失效了。在第一步的最后一年，船体又消失了。

鉴于我们的预算有限，而且很多PEG 200将在第二步从木材中渗出来，我决定将溶液的浓度定在40%。15年以后，木材吸收了预计量的PEG 200。我们结束了第一步。

浸泡槽的巨大体量迫使我们要解决以下三个问题：

（1）在每一步处理过程结束的时候，我们如何处理大量用过的溶液？

（2）在高浓度PEG 3000的情况下，蒸发装置无法工作。我们将如何制备几百吨60%的PEG 3000溶液，并最终将浓度升高至70%？

（3）如何减小浸泡槽中的死体积？

提前五年，我们就开始与管理部门就排放PEG废液的问题进行谈判。经过在污水处理厂实验室的测试，并听取了几位专家的意见后，一个由淡水科学实验室开展的研究证明了PEG 200和PEG 3000都是可生物降解的。污水处理厂生物清洁处理阶段的微生物仅需一个星期就可以完全降解PEG 200，PEG 3000的完全降解所需时间稍长。最终我们获得许可，可以将两个阶段保护处理产生的废液以非常低的速率直接排放到

抽出了第一批浸泡液之后的不来梅柯克船（*Bremen Cog*）船体内部。拍摄：佩尔·霍夫曼（Per Hoffmann）

下水道。第一批溶液的排放花了 63 天时间。一个安特卫普的同事询问是否可以使用 5m³，但是再没有其他人需要剩下的 795m³，储存这些溶液所花费的经费与买一批新的 PEG 是一样的。

当船体悬在排空的浸泡槽中，等待第二批溶液注入的时候，并不存在干燥的风险。由于排空的浸泡槽中环境潮湿，PEG 填充的木材没有干燥，它本身的吸湿性使之能够保持潮湿。在此期间的几个星期之内，我们清洗了船体上一些细小的沉积物，采用耐热并耐 PEG 的管路布置了四个加热回路，总长 240m，并将其连接到博物馆的加热系统。

7 个星期之内，13 辆槽罐车共运送来 260 吨 90℃的 PEG 3000 熔体。熔体泵到一个静态混合器，与 195 吨从消防水龙头接出的水混合，得到 60% 的热溶液，再灌注到装载了船体的浸泡槽中。

为减小浸泡槽中的死体积，在将溶液灌注到浸泡槽中的时候，将 160 个用涂有弹性体涂层的织物制作的球（每个体积为 2.5m³），放置到船下和船舱内，然后填充浓盐水。调整盐溶液的浓度，使其密度与 PEG 溶液的密度一致，这样这些用于排除体积的气球可以无重力漂浮在溶液中的任意层位，而对船体和浸泡槽的盖子不会产生挤压。两个人在另外一个槽子中溶解了 80 吨盐，两个人操作气球。气球使浸泡槽中的自由体积减少到原来的一半。一年以后，移走了一层气球，用 70 吨的 PEG 熔体代替，以使溶液的浓度升高至最终的 70%。又过了两年，木材中 PEG 的分析表明达到了预期的目标。PEG 3000 填充了降解的外层木材，足够的 PEG 200 仍然保留在没有降解的木材内层。

有一个较窄的区域含有两种 PEG，

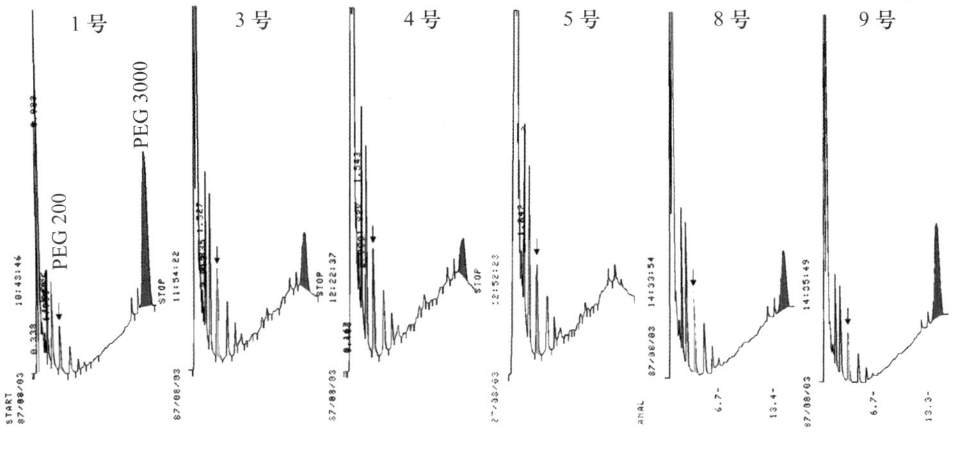

不来梅柯克船（*Bremen Cog*）样芯切成小段后抽提物的高效液相色谱（HPLC）图：木料表面样品：1 号、3 号、4 号、8 号和 9 号样品含有 PEG 3000；内部的 5 号样品不含有 PEG 3000；所有的样品都含有 PEG 200。色谱图：佩尔·霍夫曼（Per Hoffmann）

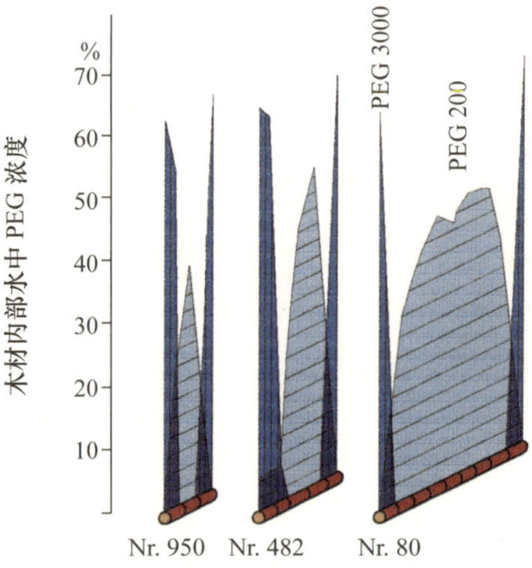

三块柯克船木料中 PEG 浓度曲线

第二阶段填充结束时：PEG 3000 存在于木材样芯的两端，即木料的表面层；PEG 200 存在于内部。绘图：佩尔·霍夫曼（Per Hoffmann）

当第二批浸泡液抽出后，将用于填充空间的气球放气并从船舱内移出。拍摄：加布里埃莱·霍夫曼（Gabriele Hoffmann）

在泵出的过程中，凝固的 PEG 3000 溶液沉积在船上，使得不来梅柯克船（*Bremen Cog*）看起来像是在北极。拍摄：佩尔·霍夫曼（Per Hoffmann）

这应当是降解区域的边界，降解的和未降解的木材细胞共存。填充结束了，PEG 溶液可以从浸泡槽中抽出，以非常缓慢的速率排放到下水道中。气球中的盐水必须排放到不来梅港码头的盐水中，因为盐水会腐蚀下水道的水泥管。

我们用了 19 年的时间，在一个巨大的浸泡槽中完成了一艘大船的保护。面对不来梅柯克船（*Bremen Cog*）这样一个复杂的结构，在当时，浸泡法绝对是最佳的处理方法。PEG 完全填充了降解的部分，因此稳定效果很好。经过近 6 年的干燥，针对 16 块船体木材的测试结果表明，横纹收缩在 0～5.4% 之间，平均为 3.1%，没有发现纵向收缩。如果不进行稳定处理，典型树种的收缩是 6%～29%。相比于未处理的

第二步处理后在不来梅柯克船（*Bremen Cog*）光滑的船舱内部。拍摄：加布里埃莱·霍夫曼（Gabriele Hoffmann）

情况，处理之后的收缩率减小了80%。新的PEG两步法填充实现了良好的尺寸稳定性，我们认为不来梅柯克船（*Bremen Cog*）的保护是成功的。

不锈钢的浸泡槽在这些年的使用中保持了水密性，我们在排出第一批溶液、浸泡槽空置的时候，重新封住了焊缝处发生的微小泄漏点。

由于需要大量的PEG填充浸泡槽，大型浸泡槽处理非常昂贵。船体仅能占据浸泡槽的一部分体积，例如不来梅柯克船（*Bremen Cog*）仅占据了浸泡槽800m^{3}空间的5%。然而，考虑到保护过程中木材可能发生的翘曲，船体重建在先的理念是正确的。

保护处理和干燥结束后，船板变硬且具有刚性，需要加热到60℃才能使之再次变得柔韧。在那种情况下花费7年时间重建船体是非常困难的，需要将木材加热，在塑形的时候也需要保持木材的温度。60℃的木材非常烫手，不好操作。相反，保护前饱水的木材很软，很柔韧，不需加热就可以弯曲。事实证明，在重建过程中保持饱水状态不是非常困难。

然而，20年时间的保护可以说太漫长了。从船打捞上来到处理完成中间相隔40年。通过考古学家、造船师傅、工程师、年轻的木材科学家和保护人员倾尽全力的连续工作，能够开展这个项目的工作，并不断推进，最终使船体达到稳定状态并保存下来，这一切只能归

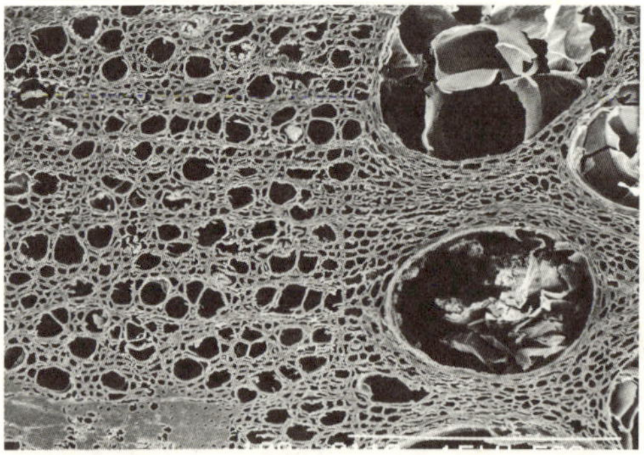

第一步填充后不来梅柯克船（*Bremen Cog*）的木材：细胞腔是空的，所有的 PEG 200 都被细胞壁吸收了。扫描电镜（SEM）照片：阿迪亚·辛格（Adya Singh），新西兰林业研究所，罗托鲁阿（New Zealand Forest Research Institute，Rotorua）。放大倍数约 100 倍

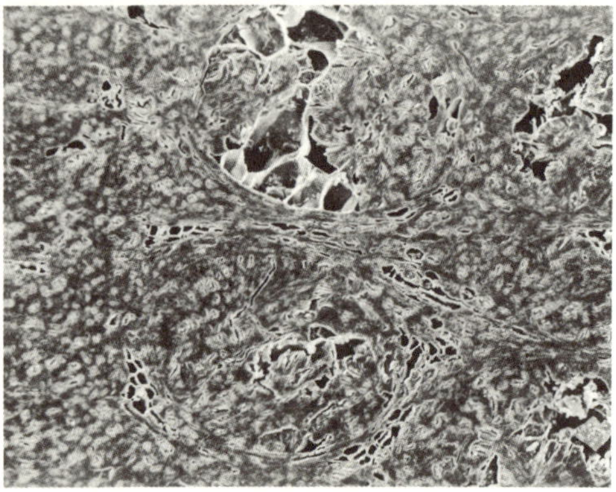

第二步填充后：几乎所有的细胞腔都填充了 PEG 3000。扫描电镜照片：阿迪亚·辛格（Adya Singh），新西兰林业研究所，罗托鲁阿（New Zealand Forest Research Institute，Rotorua）。放大倍数约 100 倍

因于幸运。回顾过去，我必须承认，对于任何一艘船，保护方案都最好能在 10 年时间内完成，否则有半途而废的风险：项目组成员离职、退休或去世；政客和出资人将兴趣点转移到其他新项目，不能继续提供资金支持；设备

这是一个不来梅柯克船（*Bremen Cog*）上的桶，重新组装侧板的过程有点复杂。拍摄：佩尔·霍夫曼（Per Hoffmann）

老旧损坏。有很多这样类似的悲惨故事。然而，如果采用 PEG 两步法，即使对一艘大船，也可以在 10 年内使之稳定。

抢救性保护案例

加洛林王朝时代的河船卡尔号（*Karl*）的保护是一个抢救性保护项目，而且从一开始就面临经费不足和环境不利的问题。这是一艘中世纪早期的平底船，保存状况良好，是从不来梅一个建筑工地 10m 深的地下挖出来的。当时只给了我们 3 天时间去移走它，接下来

会有 52 辆卡车过去灌注水泥，为即将建设的酒店打下地基。不来梅州的考古学家将这艘船给了我们博物馆（我们是一个独立的基金会），而且州长也答应提供保护经费。船被运送到不来梅港，但是经费并没有随之而来，我被迫开始筹集经费。我决定将这艘船放在帐篷里，用喷头在周围喷水。之所以这样做是因为如果我们所需的支持显而易见，则可能更容易获得经费支持。但这一决定是错误的。在温暖的夏季，尽管有喷水，船体仍然收缩严重。我们应当把它泡在水里，直到浸泡槽就位。

很难找到一个空置的工作场所。后来当地职业学校一个班级的学生建造并捐赠了一个浸泡槽，卡尔号（*Karl*）得以被安置于一座桥下。城市供电公司为我们提供了外置电加热的热水系统，他们说刚好够用。Hoechst AG 公司从一个失火的仓库运来一批 PEG 3000，并给我们非常优惠的价格。饱水木材的状态要求用两步法进行处理。第一步 PEG 200 浸泡，进行得非常顺利。在第二步的时候，加热系统开始不断出现问题。捐赠的加热系统无法支撑不停的满负荷运转，因此，浸泡液在一个漫长的周末冷却下来，PEG 溶液凝固了。在新的加热系统安装之前要等几个星期，而且即使安装了新的加热系统，温度也不能超过 40～50℃。正如我们后来所发现的，这一温度太低，不能使 PEG 很好地渗透到木材中去。不断变干的木材开始翘曲，几乎所有搭接船板的大木钉都开始收缩，并从钉孔中脱

采用聚乙二醇（PEG）两步法处理的木桶。600 年前用它将焦油从波兰运到不来梅的造船厂。拍摄：佩尔·霍夫曼（Per Hoffmann）

不来梅柯克船（*Bremen Cog*）上船长的坐厕，这是世界上同类文物中最古老的一个。拍摄：埃格伯特·拉斯卡（Egbert Laska），德国国家海事博物馆（DSM）

落了。更为糟糕的是，L形的半边肋骨倒塌了，角度错位，大部分都断裂了。当我们用散落的船板和肋骨重建这条船的时候，如第10章所述，我们不但必须将宽的船板重新矫形压平，还需要推测船底和船舷之间的正确角度，也就是说将船板重新连接在一起的时候，在什么位置，船舷张力最小。船板残余的弦向收缩为4%～6%，而肋骨的收缩有10%～15%。

我花了大约一年时间筹集了预计最小额度的保护经费，但事实证明这些钱是不够的。如果有一个更高效的加热系统，那么填充和稳定效果会更好，最为重要的是半边肋骨有可能保存下来，引人注目的船艏外板不会劈裂，造船工人使用扁斧所留下的工具痕迹仍有可能显现。这一项目的教训是沉痛的：如果没有足够的经费，项目就不应该开始。尽管要忍住冲动，不去保护一艘令人心驰神往、举足轻重或美丽动人的船是非常困难的，但是仅靠乐观主义是完不成任务的。

严重翘曲的案例

从莱茵河中打捞了一艘小的奥博兰德（Oberländer[⑤]）型平底船。在保护之后，重组之前，需要将沉重的木料矫形至原始形状。6m长的船体是由一根直径1m的沉重树干建造的，沿着径向劈成两半。两块插入的船底板和船艏外板使船体的宽度扩大到大约2m。在从一个老河床被水淹没的采砂坑中打捞船体木料的时候，没有找到原来封闭船尾的隔舱板。船板和船底板有6～8cm厚，而且正如所预估的，降解程度差异很大——内部的含水率大约为110%，外部的含水率为300%～500%。这艘船在PEG 200溶液中浸泡了三年，浓度由20%增加到46%；之后在PEG 3000的溶液中浸泡了两年，浓度由45%增加到85%，最后达到了非常理想的稳定效果。之所以最后采用较高的浓度，是因为在处理即将结束的前几个星期，由于大意，水分过量蒸发了。PEG的分析表明吸收状况很理想，两种降解程度不同的木材中PEG的分布也与预期结果相符；PEG 200含量高的部位不存在或仅有很少的PEG 3000，反之亦然。干燥几年后的收缩率为0～5%，平均仅有2.9%。木钉仍然非常牢固，船体的表面很光滑，没有裂缝和裂隙。然而，在60℃的热溶液中，两侧中空的船壳发生了翘曲，可能是坚固的橡木树干的生长应力被释放所致。高温下木材

---

⑤ Oberländer又称为Mainzer Lade（美因茨方舟），名字来源于Rheinisches Oberland（莱因高地）。从中世纪晚期到17世纪之间，在莱茵河中段美因茨到科隆之间作为货船使用。船型适合在莱茵河上游和中游急流、岩石和沙洲中行驶。Oberländer型船是平底船，船底呈梯形，船尾宽度是船艏的1.5～2倍，船长15～25m。船的前三分之一处，有用于牵引的桅杆。船尾高高挑起，在水线以上6～8m，船尾有小舱可以作为船员的生活区，船体载重100～120吨（译注）。

中的木质素软化，使木材具有一定柔性，木材细胞壁中的PEG 200成了增塑剂。在应力作用下，细胞壁的纤丝相互之间产生微小的位移，因而释放了应力。变形达到15cm，说明如果不预先对木材进行矫形，无法重建船体。我第一次尝试了对极其厚重的考古木材进行三维矫形，最终获得了成功。这一过程将在第10章进行详细描述。如果在加热处理前，我们用机械撑好船体并固定住船体两侧船壳的形状，那么矫形工作是可以避免的。

低成本项目——黑尔斯托夫独木舟（*Helstorf Logboat*）

黑尔斯托夫独木舟（*Helstorf Logboat*）项目是使用极低的费用，采用两步法处理一个简单独木舟的案例。下萨克森州一个小村子的历史爱好者向我求助，他想要与当地的消防队一

框图 12

附记：化石木的稳定

有时会在褐煤矿层中发现化石化的、但非石化的木材，这些木材有几百万年的历史，通常是一段树桩或是整段树干。这样大块的化石木非常稀有。自然历史博物馆、地质和生物研究所非常热衷于收藏这些稀有物品。它们看起来像是木材，当然也仍旧是木材，可能是含水的甚至是饱水的。当它们干燥之后，会发生严重的收缩，劈裂或崩裂，一层一层剥离。因此这些收藏机构自然会想到去咨询那些知道如何处理大型饱水器物的保护人员。

虽然化石木往往因为晚期沉积层的掩埋而受到挤压，但显微分析表明，其细胞结构通常非常完整。然而，化学分析表明，绝大部分纤维素和所有半纤维素都消失了，可能被地下水非常缓慢地水解，并透过细胞壁流失了。

对于化石木的稳定，尝试了几种方法：低分子量PEG、高分子量PEG、蔗糖配合冷冻干燥。我的试验中，考虑到稳定、试样的完整度、颜色和表观状态，25%的PEG 300浸泡法的效果最好。PEG的浓度是计算过的，因此当木材干燥的时候，水由细胞腔中蒸发出去，所有通过处理溶液引入到木材中的PEG都可以被细胞壁吸收。

采用低分子量的PEG填充，连细胞壁的超微结构都不会破坏，而且完全可逆。化石木包含惊人的丰富信息，有关木材历史、有机质木材的寿命以及化石化的过程，稳定后的木材仍然可以作为以后研究的样本。

续框图 12

这块2300万年前的柏木化石还没有石化，仍然处于饱水状态。拍摄：佩尔·霍夫曼（Per Hoffmann）

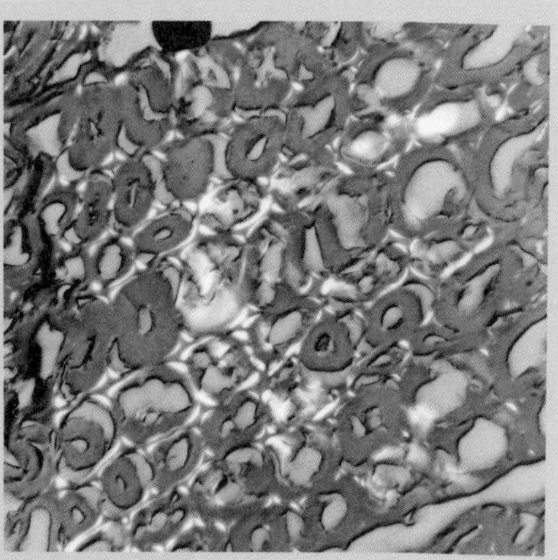

在偏光下，残余的纤维素晶体仍然呈现白色，具有双折射。显微照片：佩尔·霍夫曼（Per Hoffmann）。放大倍数约500倍

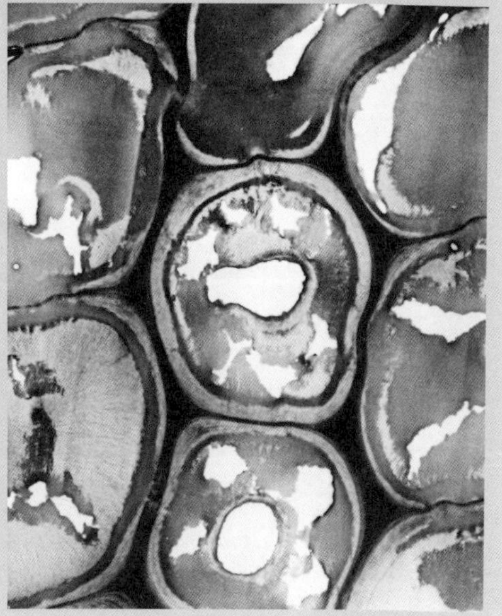

聚乙二醇（PEG）填充后的木材次生壁上有轻微变形的空洞，表明在中新世木材受到了软腐菌的侵袭。TEM照片：罗伯特·A.布兰切特（Robert A. Blanchette），美国明尼苏达大学

起从莱纳河打捞一艘独木舟，尺寸为6.3m×0.7m×0.7m。负责这一发掘的考古学家证实这艘船很可能是这个著名的古老渡口的渡船，并交给这位历史爱好者保存，放在他位于当地的小型博物馆里。

下萨克森州一艘独木舟的保护并不是我职责范围内的工作，但是求助者看起来下定了决心，很有责任感而且非常认真，于是我为他制定了一个简单的方案。在他们从河中打捞出这艘船之前，他需要在他的后院挖一个狭长的坑，里面垫上泥煤粉，衬上花园池塘用的塑料内衬。衬底上面放一些火车枕木。他可以把船放在枕木上，并放入一些石头使之沉下去。在向坑中灌满水之前，他需要用刀尖在船的外表面和内表面每隔 1m 扎一个点，看看能扎进去多深。他在船的草图上标记了读数。船体木材的厚度为 35～40mm，能够扎入 4～15mm，说明需要采用两步法。通过在船内放一些装满水的塑料桶以减小坑内的有效体积，然后立即灌满水，没过船身。他购买了 PEG 200，制备了 40% 的溶液，用溶液替换了水。再用可漂浮的塑料板盖住坑口，防止蒸发。一年以后，开始第二步，用 60% 的 PEG 3350。我建议使用 60% 的 PEG 2000，因为一年中大部分时间这样的溶液即使在没有加热的情况下也可以维持液态。但由于无法采购到小批量的 PEG 2000，我们决定接受能买到的 PEG 3350。将溶液的浓度限定在 60% 以下，是在加热系统费用有限的情况下，能使项目顺利进行所采取的权宜之计。

后续 17 个月的填充程度令人沮丧，木材外层吸收的 PEG 3350 没有达到预期，第二批溶液仅含有大约 35% 的 PEG。插入木材中不同位置的针，作为保护前后测量距离的标记，在干燥结束前由于出现错位被拔除了，因此无法给出稳定效果的确切结果。然而，船体干燥后没有发生翘曲，没有裂缝出现，表面坚硬光滑，每个人都很满意。看起来这种处理方案可以作为低成本方法，来处理结构简单的饱水器物，例如独木舟、浮桥、水管、船棺、井等这类由中空树干制作的器物，对这类文物来说，相比于稳定降解的表面、防止塌陷的第二步来说，防止翘曲的第一步更为重要。

4.4 泵和喷嘴——喷淋法

当由于某些原因，浸泡法不能施行时，除了浸泡填充以外，喷淋也是一种能够稳定饱水木船的方法。喷淋的概念是在所有的木材表面产生连续的、长期的 PEG 液膜，PEG 可以通过液膜渗入木材的水中。PEG 喷淋法对于木材稳定加固作用的原理与浸泡法是一样的。

喷淋技术

喷淋技术基于一个前提：所用的处理溶液是可喷出的，也就是说，黏度必须能够调整至符合所用设备的技术要求。可以通过选择低分子量 PEG、降低 PEG 的浓度或者升高溶液的温度来降低 PEG 溶液的黏度。纯的低分子量 PEG 200 和 PEG 400 在室温条件下喷淋毫无困难。在不加热的情况下，高分子量的 PEG 1500～4000，在 45% 浓度以下可以用于喷淋。

在室温条件下，喷淋法可以采用非常简单的设备，安装简便的、花园里使用的喷水系统就足够了。船需要被放置在一个合适的位置，以使从船内部到船下面等各个角度都可以被喷到，多余的溶液汇集到一个收集器，经过过滤，可以泵入系统重新使用。浓度 80% 以下的高浓度溶液必须加热到 50～55℃，以使溶液保持较低的黏度。在这一浓度下，可以通过将压缩空气与溶液一起送入喷嘴，喷出很小的雾滴。然而这种处理方式必须在封闭并隔热的室内进行，所有的设备和管线都必须加热，以防高浓度的 PEG 溶液在系统内凝固。溶液中必须加入杀菌剂，以防止在温暖环境中滋生不可避免的微生物，例如军团杆菌（*Legionella*）。热的雾化喷淋方法是一个复杂的过程，需要一套持久性的技术装备。

在喷淋过程中，很快会出现铁腐蚀问题。低分子量 PEG 极具腐蚀性，由于在喷淋的环境中存在大量氧，腐蚀进行得很迅速。所有支撑船体的结构、软管和喷嘴，都必须采用不锈钢、镀锌钢、黄铜或聚合物材料制作。即便如此，还需加入工业用的缓蚀剂以确保安全，因为有可能会忽略掉一些碳钢的构件。如果船上有铁制品，例如铁钉、嵌缝钉、铁栓、铁链、舵轴，以及不能移除的器物等，那么有效的缓蚀剂则必不可少。木材上铁的腐蚀产物不但看起来很难看，而且去除也非常困难，甚至可以说是无法去除。

首个应用喷淋法的项目

不来梅附近的托伊弗尔斯沼泽船（*ship from Teufelsmoor*）是我做过的第一个采用喷淋法的项目，在这一项目中，我得到奥斯特霍尔茨 - 沙姆贝克（Osterholz Scharmbeck）城市建筑部门的全力协助。依据我设计的方案，我们成功地完成了船的保护。我的伙伴们是工程师，他们实施了这项极具难度的工程，也强烈希望在他们的城市博物馆展览一艘古船。这是一艘尺寸为 21m×5m×1.5m 的船，是 19 世纪晚期运送泥炭的货船，采用橡木和冷杉制造。我们计划采用 PEG 200 溶液浸泡处理，并在紧靠当地博物馆的地方专门定做了一个水泥槽。而最后当通过计算，得知需要花费多少钱才能用 PEG 去灌满这个水泥槽的时候，城市的财政官员抗议了。我们修改了方案，在浸泡槽中设计并建造了一个由管线和喷嘴构成的喷淋系统。采用聚乙烯板材制作简单的顶盖盖住浸泡槽，使用一个流量 $10m^3/h$ 的潜水泵，将液体提升到 6m 高。后来喷嘴完全阻塞了，于是整个系统更换为简单的花园喷水系统，安装在船的内部和下面。10～15 个扇形喷嘴和 3～5 个锥形喷嘴使得船体的各个部位和角落都可以被 PEG 溶液的液膜覆盖。$5m^3$ 的溶液就足够维持系统的运转。当地的园艺中心可以在任何需要的时候更换部件。采用 25% 的 PEG 200 喷淋了两年，然后用 40% 的 PEG 200 喷淋了两年。分析了一些木材中的PEG后，结果表明填充工作可以结束了。作为警示，需要指出：长时间喷淋会对脆弱的、非常软的木材表面造成严重的侵蚀和损失，就像赫尔和东赖丁博物馆（Hull and East Riding Museum）的哈斯霍尔姆独木舟（*Hasholme Logboat*），从1988年开始喷淋，现在面目全非。目前这艘船仍然在喷淋，同时公开展示，放在一个有玻璃观察窗的隔热容器中（另一台卡车的车厢）。

经过5年的干燥处理，托伊弗尔斯沼泽船（*ship from Teufelsmoor*）横纹收缩为0.5%～1.7%，稳定效果非常好。木材的颜色是自然的浅棕色，干燥且光滑。然而，铁的腐蚀产物从铁栓、连接弦面板的垂直长钉部位流下，形成几条难看的条带。在这个项目开始时，我还没有想到要加入缓蚀剂。在保护期间，从附近的村子移来一座受保护的、在木架上涂抹泥灰建造的旧谷仓，在水泥浸泡槽上重新搭建，作为当地的泥炭抽取历史博物馆。当移除浸泡槽的聚丙烯顶板后，这艘船就伫立在了这个新博物馆的中央。

如果木材表面的降解程度很轻微，采用未加热的PEG 200进行喷淋可能是稳定一艘大船最省钱的方法。

双子项目——罗尔森的两艘平底船（*two barges from Rohrsen*）

这是来自威悉河罗尔森段的两艘平底船，沉没于1775年，载满了从著名的奥伯恩基希纳（Obernkirchner）采石场开采的砂岩质建筑石料。这艘船计划采用喷淋的方法进行稳定处理。在我看来，对于一艘保存状况良好、由坚固橡木建造的船，喷淋能够在尽可能短的时间内完成保护处理。莱姆戈的威悉文艺复兴博物馆（Weser Renaissance Museum，Lemgo）与德国国家海事博物馆（DSM）联合开展了这个项目。基于对木材的分析，我在不来梅港制定了一个保护方案。艺术史学家兼修复师艾克哈德·戴克泽尔（Eckehard Deichsel）负责在莱姆戈搭建并运转一个喷淋系统，我的任务是监控填充的过程。每条平底船大约20m×5m×1.5m大小，橡木略微降解，最大含水率u_{max}从120%到250%，采用PEG 200进行喷淋是唯一可行的办法。戴克泽尔采用市场采购的建筑模块，在一个有一点倾斜的水泥地基上修建了一个温室，这样喷淋的溶液就可以回收到一个集水槽中。两艘船放在镀锌铁柱上，距离地面大约1.5m，这样可以对其底部进行操作，也可以喷到底部。采用了园艺系统使用的各种类型的喷嘴以及草坪洒水器，用普通的胶管连接。首先，用一个潜水泵循环喷水以清洗船体，喷淋管线中要加入过滤器以防泥沙和木屑阻塞喷嘴。只有当循环水变清后，才能加入PEG。第一年采用3～4m^3浓度为20%的PEG 200进行循环喷淋，然后用40%的PEG溶液再喷两年。

温室的水泥地基衬了承重衬底，与玻璃墙之间做了密封处理，形成沟槽，可以收集流下的溶液。这一设计带来一些问题：当发生渗漏、溶液减少时，渗漏点非常难以发现，因为有很多立柱立在塑料衬底上，褶皱和坑洼阻挡了视线。修理接触 PEG 的衬底非常困难，如果可能，最好是直接在水泥地面上涂刷一层环氧密封剂，也要特别小心地注意玻璃墙与水泥地基的连接处。

虽然在 PEG 溶液中加入了缓蚀剂，而且只使用了镀锌的立柱和设备，但是三年以后，还是开始生锈了。这对循环系统产生了威胁，铁锈有可能被喷到木

采用喷淋系统处理两艘 20m 长的罗尔森平底船（*barges from Rohrsen*），仅需要 3～4m^3 聚乙二醇（PEG）溶液，就可以使船体保持溶液覆盖的状态。拍摄：艾克哈德·戴克泽尔（Eckehard Deichsel）

这两艘平底船把建筑用砂岩石块运到不来梅，再运至阿姆斯特丹，用于建造荷兰及其殖民地的市政厅、教堂、城堡和堡垒。拍摄：加布里埃莱·霍夫曼（Gabriele Hoffmann）

自然干燥后，PEG 200 处理的罗尔森平底船（*barges from Rohrsen*）的木材颜色较浅，非常自然，触感很柔软。拍摄：佩尔·霍夫曼（Per Hoffmann）

1546 年的安东尼古卷（Anthony Roll）中描绘了国王亨利八世的旗舰玛丽·罗斯号（*Mary Rose*）。承蒙剑桥大学麦格达伦学院（Magdalene College，Cambridge）允许复制

头上。很幸运的是，PEG 分析表明填充已经充分，处理可以结束了。即使在德国北部，只要天气晴朗，温室内温度很容易就升高到 50℃，高温促进了 PEG 的扩散。但是随后几个星期，寒冷的冬天延迟了这一过程。由于温室中日光的照射，除木材以外所有的表面都长满了藻类，只有木材表面仍然被 PEG 液膜覆盖。

处理结束以后的三年内，没有检测到收缩，没有开裂、裂缝或变形。木材呈现令人愉悦的浅棕色，表面干燥光滑，触摸起来柔软，有点像绒面皮革。我们认为处理是非常成功的。

玛丽·罗斯号（*Mary Rose*）的船体采用 PEG 200 溶液喷淋，采用特制的 PVC 管路和直接喷射喷嘴。照片：朴次茅斯玛丽·罗斯基金会（Mary Rose Trust）

与细菌作战——玛丽·罗斯号（*Mary Rose*）

英国朴次茅斯的玛丽·罗斯号（*Ma-ry Rose*）的稳定处理是一个不同重量级的喷淋项目。玛丽·罗斯号是都铎王朝国王亨利八世的战舰。其保护难度，除了船体巨大的体量以及由此产生的对于技术装置、人力与资金的需求和规模相当大之外，还有一个特别之处，就是一直要努力消除船体生长的细菌，并避免工作人员感染。

玛丽·罗斯号（*Mary Rose*）剩下的一半船壳位于英格兰南海岸线朴次茅斯附近索伦特（Solent）的一个水下考古遗址。1982 年，她在一个万众瞩目的打捞行动中被提取出水。残船仍然超过30m长、13m高。玛丽·罗斯号（*Mary Rose*）被放置在一个钢质托架上，拖进一个旧船坞，随后加了一个轻质的顶，在这个空间中进行喷淋。喷淋系统由300m PVC管线组成，每隔1m安装一个直接喷射的喷嘴。系统在2bar的压力下工作，567个喷嘴保证了全部船体木材都被覆盖。船体在最初的12年中仅喷淋了水，在此期间，污泥、泥沙以及盐的沉积物被清洗掉了，特别是难以清洗的、存在于外层和内层船板以及肋骨之间空隙的沉积物也被清理掉了。过滤器和旋风分离器保证了循环水的清洁。

打捞前移走的构件，包括甲板、肘板及其他木料被重新装配。在需要支撑的部位，使用了钛合金的立柱和螺栓。这种材料很轻，很坚固，不会腐蚀。经过研究，评估了船体木材的状况，以确定合适的保护处理方法。采用皮罗丁（Pilodyn）木材检测仪进行检测，发现大部分木材都是内部轻微降解的，外面包裹着很厚一层降解木材，有几厘米。然而，也有部分木材完全重度降解了。当问到我的意见时，我建议采用两步法，而首席保护专家、生物学家马克·A.琼斯（Mark A. Jones）用玛丽·罗斯号（*Mary Rose*）原有的木材开展了一系列中试级别的实验。他测试了PEG 200、600、1500和4000的组合，以期找到对玛丽·罗斯号（*Mary Rose*）船体最合适的方案。

在整个喷水期间，船体中的工作人员都存在被细菌感染的风险。喷水系统的维护状况不够好，为水生微生物的生长提供了一个理想的环境。嗜肺军团菌（*Legionella Pneumophila*）的出现被认为是一种威胁，然而通过维持水温在2～5℃，玛丽·罗斯号（*Mary Rose*）喷淋系统发生军团病的风险被有效控制住了。这一温度低于海洋和陆地细菌和微生物的理想生长温度，这些细菌和微生物有可能引起木材的降解并威胁到人体健康。这一方式避免了大量使用杀菌剂。他们使用四个工业用冷却器，可以保证系统维持在较低的温度，而系统一旦失效，也有备用设备。定期清洁喷淋系统，认真仔细地检测菌群数量，选择性地使用杀菌剂以减少生物膜的生长，形成了系统安全的方法。一般来说，木材上出现了黏附物就标志着这一区域的水流效果不好，增加水流的速率可以防止木材表面被微生物污染。

玛丽·罗斯号（*Mary Rose*）船体的稳定需要在两个九年内完成。第一个九年，喷淋PEG 200溶液，最终浓度达到30%。因为当时存在一种担心，认为如果使用高浓度的溶液，例如40%～50%，那么由于渗压震扰作用，有可能引起内部保存状况较好的芯材开裂。第二个九年，喷淋PEG 2000，浓度最高为50%。玛丽·罗斯号（*Mary Rose*）保护项目迄今为止已经进行30年了，承受了项目周期过长所带来的典型困难：磨损、失效和更换重要且昂贵的设备；甚至维修了工作场所的屋顶，最后完全更换；工作人员发生变化；有些时期难以得到足够的资金支持。然而，这个项目仍在被锲而不舍、坚持不懈地推进，终将取得成功。这个项目建立在良好的、先进的科学研究基础上，建立在全过程严格监控的基础之上。从一开始，玛丽·罗斯号（*Mary Rose*）保护项目就是一项特殊的大型工程，只有斯德哥尔摩的瑞典皇家战船瓦萨号（*Vasa*）能与之相提并论。

世界之最——瓦萨号（*Vasa*）的喷淋保护

瓦萨号（*Vasa*）是第一个大型船体保护项目，也是第一个将PEG应用于船体木材的稳定并进行喷淋的项目，在项目进行过程中所获经验的宝贵价值对于之后很多保护人员来说是不可估量的。近年来，瓦萨（*Vasa*）项目又开展了一个周密的研究计划，即针对出现的硫和铁以及它们对饱水木材保护的影响、PEG处理的饱水木材的长期稳定性，以及木材中发生化学变化的过程开展研究。这些研究的结果影响着未来饱水木材保护方案的设计。

就像21年后的玛丽·罗斯号（*Mary Rose*）一样，瓦萨号（*Vasa*）也是通过周密计划的搜寻之后找到的，并在公众的欢呼雀跃中打捞上来。1961年，这艘沉没于1628年的瑞典国王古斯塔夫二世阿道弗斯的战船被打捞出水，长61m、宽12m、艉楼高20m的大船终于呈现于世人面前。这艘船被运送至一个干船坞中，放在平底浮船上，周围用水泥、钢和玻璃建造了轻型的展厅。在之后的27年内，观众都可以参观庞大船体的保护过程。保护对象是1200吨饱水橡木，巨大的体积彻底打消了用浸泡法处理的念头，只能选择喷淋法。在1961年，出现了饱水木材保护的新方法，但是保护这样体量的木质文物，之前从未有过。以首席保护专家拉斯·巴克曼（Lars Barkman）为首的保护团队决定采用PEG来实现这艘大船的尺寸稳定。那时PEG还是一种新材料，他们没有使用PEG的经验，而且也没有足够多的时间开展实验，以研究分子量及针对木材不同降解程度的填充。

当考古学家清理完积满淤泥的船体内部之后，仔细地清洗了船体，然后喷水以防止木材干燥。随后开始人工喷淋PEG 4000以保护木材表面。这一过程是不连续的，所以必须采用加湿系统以使船体的相对湿度尽可能高。两年以后的1964年，自动喷淋系统代替了人工喷淋，这一系统有487个各种类型的喷嘴。由于喷淋的原因，PEG 4000被迫换成PEG 1500。研究表明，对于瓦萨号（*Vasa*）仅有轻度降解的橡木来说，即使是小分子量的PEG也可以作为非常有效的稳定剂。从1971年开始，在喷淋溶液中加入了PEG 600。在1964～1976年期间，PEG的浓度由10%提高到45%，然后在这一浓度保持了三年。喷淋在1979年停止，船体的外表面用PEG 4000进行处理，将PEG 4000用热风机熔融变成糊状，涂刷在木材表面，以填充并封闭木材的表面，也使船身具有光泽，看起来好像是上过漆。

毫无疑问，喷淋过程中需要防止木材上滋生微生物和真菌，于是决定使用当时木材工业广泛采用的硼盐作为杀菌剂。瓦萨号（*Vasa*）研究实验室开发了一种配方，含有足够的 PEG 以实现尺寸稳定性，同时有足够的硼酸盐控制微生物的生长，即 7 : 3 的硼酸 - 硼砂混合物，配成 7% 的溶液，溶解在浓度最高为 45% 的 PEG 溶液中。

瓦萨号（*Vasa*）保护项目中最为重要的一个方面是要非常小心地控制船体木材的干燥过程，使之缓慢进行。船体上部环境的相对湿度由第一年开始手动喷淋时的 95% 降至 1992 年的 58%。相应的，外层船板的含水率由 140% 降至大约 13%。木材的干燥过程中，内层和外层板的横纹收缩率为 6%，大型木料，例如肋骨、肘板、甲板梁、内龙骨、船艏柱的收缩率接近 8%。

公开报道的收缩率接近健康材的收缩率，这并不奇怪。因为瓦萨号（*Vasa*）在刚刚建好后就沉没了，又保存在一个无氧的环境中，木材的降解非常缓慢。考虑到木料的横截面尺寸非常大，可以说瓦萨号（*Vasa*）木材总体处于健康橡木的状态，性状也与之相似。填充过程中对于样芯中 PEG 分析的结果表明，PEG 渗入的结果不令人满意。从我们今天所具备的知识来看，可以确定 PEG 1500 不能渗入健康橡木的心材。然而，喷淋方法使得瓦萨号（*Vasa*）表面层所有需要的部位都得以稳定。船体周围的湿度以极其缓慢的速率下降，加之木材表面被 PEG 覆盖，因而失水缓慢，即使厚木料的干燥过程都均匀无应力。通过这种方式，避免了船体结构的扭曲变形及单体构件出现大的开裂和翘曲。至少有两代人在瓦萨号（*Vasa*）保护过程中付出了巨大的努力，这些人包括保护人员、博物馆管理人员、政治家。他们共同创造了这个瑞典最受欢迎的博物馆中最引人注目的核心展品。

近年来，瓦萨号（*Vasa*）再次吸引了世人的目光：“瓦萨号（*Vasa*）处于危险之中！”成了新闻头条。白色和黄色的斑块出现在木材上，出现在船上其他器物上，在发现这些斑块是由于木材中的硫酸造成的时候，这些当时无法预见的问题驱动一系列国际合作研究项目得以开展，以找到原因和补救方案。通过这些项目获得了大量的新知识：关于考古木材的降解和技术特性，关于 PEG，以及关于硫铁化合物在饱水木材和干木材中的作用。看起来硫以硫酸盐的形式从海水中进入木材，同时以硫化氢的形式由无氧的有机沉积物中渗入。在饱水木材中，硫的化合物是无害的。但是当木材干燥以后，硫与空气中的氧接触被氧化成硫酸。酸会缓慢水解、降解木材中的碳氢化合物。由于这一过程中酸并没有被消耗，降解会循环往复地进行。同时也分析了其他几艘船上的木材，包括玛丽·罗斯号（*Mary Rose*）、澳大利亚弗里曼特尔（Fremantle）的巴达维亚号（*Batavia*）以及不来梅柯克船（*Bremen Cog*）。除了不来梅柯克船（*Bremen Cog*）以外，其他船的木材中都发现了硫，其原因是不来梅柯克船（*Bremen Cog*）沉没于内河上的码头，从未接触过海水或者含硫的沉积物。巴达维亚号（*Batavia*）的木材存在酸的问题，玛丽·罗斯号（*Mary Rose*）看起来也被与瓦萨号（*Vasa*）相同的问题所威胁和困扰。

最为重要的是，保护人员发现铁带来了最大的麻烦。铁是几个涉及硫的化学反应的催化剂之一，这些反应会破坏木材的化学成分：形成结晶化合物，结晶化合物生长会破坏木材；铁钉、铆钉、铁栓的腐蚀产物从各种设备和附件上进入船体的木材中。当木材在饱水状态时，要尽可能地去除木材中的铁，一旦木材干燥，似乎不可能从木材内部去除铁。这表明在开始对木材保护前，应当分析其中的铁含量。如果木材中还有相应含量的硫，那么也需要与铁一起去除，尽量去除铁是避免将来出现问题的最为重要的预防性手段。目前还不确定如何将铁和硫有效地从饱水木材中去除，以及是否能够找到一种方法从已经干燥的木材中去除这些有害的化合物，需要加强研究去解决这一问题。

瓦萨号（*Vasa*）的木材现在已经干燥了，目前也看不到补救的办法。温度和湿度的波动导致木材细胞壁中的毛细水凝结和蒸发，含水率的变化以及水分布的变化导致溶质出现浓度梯度，促进了化学反应的进行。唯一现实的解决手段是阻止木材中化学反应的发生，通过

瓦萨号（*Vasa*）船体的外部，上面的雕刻和装饰物采用 PEG 4000 的浓溶液涂刷，然后在表面熔融，形成增强和保护涂层。狗和蓄着小胡子、帽子上有搭扣的波兰贵族像是在艉楼发现的。拍摄：安内利·卡尔松（Anneli Karlsson），瑞典国家海事博物馆（Swedish National Maritime Museums）

降低博物馆内的温度和减小相对湿度，降至馆内其他器物以及建筑本身能够承受的最低水平，并尽量保持环境稳定。对于一个每年参观流量超过一百万的博物馆来说，这可不是一项简单的任务！

4.5 浸泡法与喷淋法——两种方法的对比

采用浸泡法还是喷淋法对一艘船进行稳定处理，取决于对项目相关的一系

列问题，包括科学、技术、经费、人员状况等各个方面的总体评估结果。对于每一个项目，每个因素都或多或少具有优先权，你必须找到折中的方案去决定选择哪种保护方法。

如果船体的木材降解程度不同，那么可以专门为其设计浸泡法以达到最优的稳定效果，因为这一方法灵活性最大。喷淋法可以使用任何浓度的低分子量 PEG，但是高分子量 PEG 的浓度不能超过 50%。受此限制，喷淋法无法使严重降解的硬木，例如橡木，达到最好的稳定效果。但是对于轻微降解的木材，或者木材主体轻微降解，或者是软木，稳定效果会很理想。

浸泡槽的尺寸受实际情况及技术条件的限制，而喷淋系统可以应用于任何尺寸的船体。一般来说，对于相同体量的船来说，浸泡槽要比喷淋系统更昂贵。浸泡槽的费用随着体积的增加而迅速增长，喷淋系统的费用增长速率没有那么快。

放置浸泡槽的空间设施要求非常简单，水、电以及地上的沟槽就足够了。相反，喷淋系统则需要建一个防水的地基，地基需要有一点倾斜并建造集液槽，还需要一个房间使喷淋溶液可以循环使用。水、电和沟槽当然是必不可少的。

填满浸泡槽所需 PEG 溶液的量，显然随着船和浸泡槽体积的增加而增加。托伊弗尔斯沼泽船（*Ship from the Teufelsmoor*）长 20m，计划浸泡在 $220m^3$ 的浸泡槽中，如果使用 40% 的 PEG 200，需要 88 吨。当方案变为喷淋法以后，仅需要 $5m^3$ 的溶液，相当于 2 吨 PEG。此外还应当考虑 PEG 废液排放的高昂费用。

当要决定采用哪种方法时，运行和控制保护处理过程的人员需求是另一个要考虑的关键因素。一旦船被放入浸泡槽中，就需要一到两个人制备处理用的溶液，随后提高溶液的浓度。在此期间，浸泡槽仅仅需要监控以及检查是否泄漏；检查并保证顶盖保持在原位，以避免水分蒸发；保证木材不会漂浮在液面上、暴露在空气中。一个人每一到两个星期检查一次就足够了。然而对于加热系统，就必须经常检查，除非利用了建筑的中央加热系统（这种情况下，需要的维护较少）。虽然热浴的温度必须每周检查几次，但这项工作可以与其他工作一起进行，也可由兼职人员进行。与之相反，喷淋系统需要日常维护。泵失效、过滤器和喷头阻塞后必须替换和清洗，也要检查软管和接头的泄漏。处理液的流速也必须不断检查，并确定液体是否覆盖了木材的每个角落，包括底部、所有的角落和裂缝。即使维护一个中等尺寸船的喷淋系统，也需要至少一个人全天候工作，大的船则需要更多的人。

长期来看，相对于浸泡槽和溶液，喷淋系统所形成的经费优势可以轻易被人员工资所抵消。因此你必须知道哪类经费支持更容易获得：是来源于捐赠的一次性大量经费（资本基金）？还是少量的但是规律性的财政资金支持（财政基金）？无论哪种方式，经费必须涵盖人员费用。

即使已经决定采用喷淋方法保护一艘船，我也仍然建议采用浸泡法保护那些非结构性的单体构件以及其他器物。一方面由于其具有一定价值，可能需要更理想的稳定效果，例如瓦萨号（*Vasa*）的几百个雕像和艉楼的装饰物；另一方面由于较厚，可能需要更长的填充时间，例如绞盘、桅座、装饰船头的人像以及类似的器物。清洗和干燥之后，木材的外观不应看出处理痕迹。还可以考虑在加热和循环系统中加入预警系统，以防失效。这一预警系统可以接入呼叫中心，或者接入移动电话或

像瓦萨号（*Vasa*）这样的船对于浸泡法来说实在是太大了。船体喷淋了 27 年，雕刻和装饰物采用浸泡法单独处理。现在这艘船伫立在属于她自己的博物馆里。拍摄：汉斯·哈马舍尔德（Hans Hammarsklöld），瓦萨博物馆（*Vasa* Museum）

计算机。如果保护装置是在博物馆展厅里，或是在一个较远的、无法每天查看的地点，那么这一点尤其重要。

§4.1 附注

霍夫曼（G. Hoffmann）和施耐尔（U. Schnall）在2003年编写的一部有关不来梅柯克船（*Bremen Cog*）的专著，其中有大量图片，是关于这艘船完整信息的最佳读物：可以了解到这艘船的打捞、重建和保护，以及对柯克船（*Cog*）这类尖底船的考古学解释、历史背景和中世纪船上的生活。

罗斯基勒维京船（*Roskilde Viking Ships*）的保护见B. Brorson Christensen，1970；瓦萨号（*Vasa*）的保护见B. Håfors，2001.

检测木材中PEG的显色反应见P. Hoffmann，1983.

确定不来梅柯克船（*Bremen Cog*）两步法保护方案的实验室实验见P. Hoffmann，1984和P. Hoffmann，1986.

低聚体PEG保护实验见P. Hoffmann，1988.

§4.2 附注

采用高效液相色谱（HPLC）测定PEG的方法见P. Hoffmann，1989；TLC方法见A. Crawshaw，1994.

采用抽提、ATR FT-IR和MALDI-TOF MS方法测定木材中的PEG见Tjelldén *et al.*，2009.

在与韩国同行崔光南（Choi K.-N）和（金容汉）Kim Y. –H共同开展的联合项目中，研究了几个树种的饱水软木，包括中国马尾松（*Pinus massoniana*）、日本赤松（*Pinus densiflora*）、中国冷杉（*Cunninghamia lanceolata*）、日本柳杉（*Cryptomeria japonica*）的稳定性实验，目的是为新安沉船（*Shin an Ship*）制定保护方案。新安沉船是中世纪的中国船，打捞于1976～1984年，货物包括20666件瓷器，28吨中国铜钱，1017根檀香木，以及2118件其他器物（P. Hoffmann，1990，P. Hoffmann *et al.*，1991）。现在这艘船是建在黄海岸边的韩国海事博物馆[⑥]的重要展品。不出所料，4个软木样品的实验结果非常一致。对所有的软木来说，其细胞和细胞壁的结构都非常相似，因此有理由认为这一结果对于所有软木都适用。

§4.3 附注

波默勒尔船（*Boats from Pommeroeul*）保护的详细描述见De Witte *et al.*，1984.

伊伟尔东Ⅱ号平底船（*Barge Ⅱ from Yverdon-les-Bains*）及其保护的详细报告见G. Kaenel，1994.

蒂尔霍夫船（*The ship from the Teerhof*）有趣的记述和诠释见D. Zwick，2010.

§4.4 附注

广泛用于PEG保护的高效缓蚀剂“Hostacor IT”是科莱恩（Clariant Ltd）公司的产品，是产品“Hostacor H”的三乙醇胺盐。“Hostacor H”是一种芳香磺酰胺基羧酸。其有效性实验见V. Agyropoulos *et al.*，1999.

热雾化处理方法由格勒诺布尔（Grenoble）的Nucléart研究与保护工作室（Atelier de Recherche et de Conservation-ARC-Nucléart）开发并使用，见D. Bouix *et al.*，2005.

---

⑥ 即位于木浦市的韩国国立海洋文化财研究所（译注）。

玛丽·罗斯号（*Mary Rose*）及其如何被打捞的故事已经讲过很多次了。其记述见 G. Hoffmann，2001，这是一本关于水下考古历史的书。

玛丽·罗斯号（*Mary Rose*）船体及几千件器物的保护见 M. Jones，2003.

托伊弗尔斯沼泽船（*The ship from the Teufelsmoor*）保护的细节见 P. Hoffmann，1998.

瓦萨号（*Vasa*）打捞和保护的详细报告见 B. Håfors，2001。B. Håfors 在很多年里担任这一项目的首席保护专家。

州里的考古学家决定用费用低的蔗糖方法处理弗里斯兰船（*ship from Friesland*）。他很幸运，因为这一方法有可能失败，导致费用高涨。拍摄：琳达·赫尔曼森（Linda Hermannsen）。石勒苏益格-荷尔施泰因州考古办公室（Archäologisches Landesamt Schleswig-Holstein）

5　蔗　糖　法

5.1　木材中的糖——实验室实验

自从 1985 年詹姆斯·帕伦特（James Parrent）发表了关于用蔗糖保护饱水木材的论文，欧洲和日本的几个实验室便都开始使用蔗糖，并发表了大量论文，描述了成功的案例。与其他方法相比，特别是与 PEG 法相比，使用蔗糖，包括甜菜糖或甘蔗糖，其优点可以总结如下：

——蔗糖价格便宜，随处都可以买到；
——无毒、无腐蚀性，只有轻微的吸湿性；
——不需要专业的设备；
——不需要加热；
——降解和未降解的木材都同样可以处理；
——尺寸稳定性好；
——木材能够保持自然的颜色；
——与 PEG 两步法相比，蔗糖处理便宜得多。

然而，在与同行们私下交流后我确信：采用蔗糖进行处理需要非常小心。大量的失败案例似乎昭示了这一方法的系统性弱点，特别是用蔗糖处理大尺寸的文物有可能带来一些无法预见的问题。12 年间，我在实验室实验和饱水木船的实际保护中研究了蔗糖法的应用效果，我希望能够在保护人员的工具箱中为这一方法找到一席之地。

尺寸稳定性

一系列实验室实验得到的第一个结果表明：通过提高处理溶液的浓度，可以增加进入木材中蔗糖的量，从而使木材尺寸稳定性提高。然而，蔗糖在水中的溶解度上限是 67%～70%，无法得到更高浓度的溶液，即使加热也无法显著提高溶液浓度，必须在室温下使用饱和溶液。我采用 6 块硬木和 3 块软木开展了实验，降解程度范围很宽——最大含水率从 140% 到 1300%，很难观察到蔗糖的稳定效果具有普遍性的规律。尽管完全填充，横截面的残余收缩率还是在 0 到 25% 之间变化。这一结果的跨度似乎与木材的降解程度无关。换句话说，降解的和未降解的木材对于蔗糖处

左图：饱水橡木和松木的小木板没有处理，自然干燥；右图：蔗糖填充后的木板。处理后的木板保持了含水状态下的尺寸，没有收缩。拍摄：佩尔·霍夫曼（Per Hoffmann）

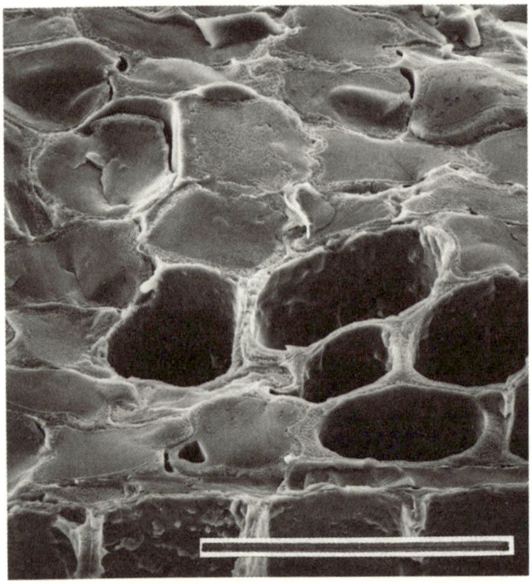

蔗糖填充了橡木中大部分的管胞，扫描电镜（SEM）照片：尤伟·施密特（Uwe Schmitt），汉堡联邦林业和林产品研究中心（Federal Research Center for Forest and Forest Products，Hamburg）。标尺 50μm

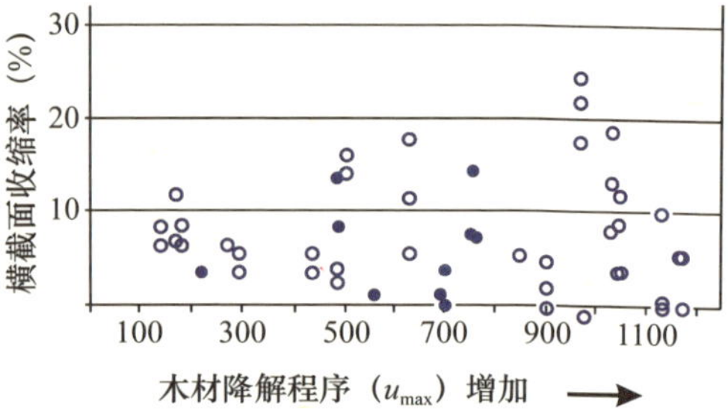

采用蔗糖稳定的六块硬木（空心圆）和三块软木（实心圆）横切面变化非常不规律，与木材的状态无关。干燥过程中收缩率的变化幅度很大，从非常低直到无法接受的高值。绘图：佩尔·霍夫曼（Per Hoffmann）和赖因霍尔德·布雷登（Reinhold Breden），德国国家海事博物馆（DSM）

理的反应是一致的，因此无须将木材分组以采取不同的处理方式。各种降解程度的木材可以放在一起，采用相同的方法处理。然而收缩率的变化范围比其他方法处理所得结果要宽。

将稳定后横截面收缩的木材劈开，观察径向和弦向截面，可以看到非常有趣的结果。对于没有严重降解的木材，径向收缩率非常低，为0～3%，然而弦向收缩率比预期要高，最高达到10%。对于所有的木材来说，蔗糖处理几乎完全抑制了径向收缩。

翘曲和塌陷

蔗糖法处理的木材，其径向和弦向的收缩具有显著差别，因此这一方法不能抑制木质文物翘曲的趋势，相反倒促进了这一趋势。蔗糖法处理的另外一个失效现象是木材在干燥过程中或多或少地出现了组织塌陷。这种塌陷导致表面下陷、木材内部出现空洞、沿径向切开的表面形成波纹、严重的收缩或翘曲。严重降解的木材更容易发生塌陷和翘曲，硬木比软木更容易出现这些问题。在24小块明信片大小的、从重度降解的硬木上切下来的实验样块中，没有一块不出现一种甚至几种严重问题。翘曲和塌陷现象很少出现在公开发表的文章中，然而，使用过蔗糖法的同事都认为这一现象非常普遍。

从已有的实验室结果判断，蔗糖法的稳定效果在很大范围内无法预计。当然这并不意味着这一方法在所有的情况下都不适用，但是保护人员必须非常认

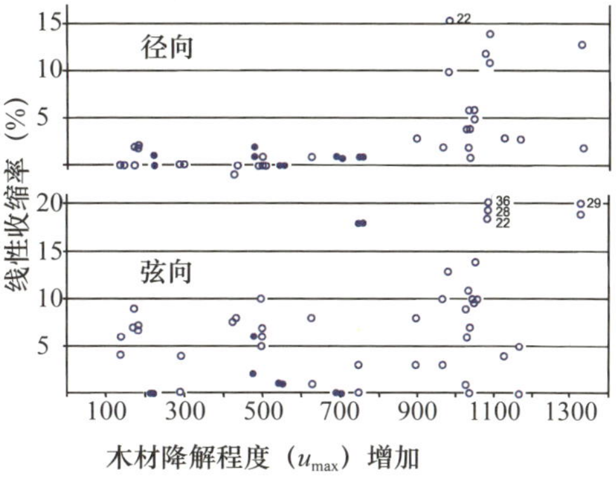

除了降解程度非常严重的木材以外，蔗糖填充后，硬木和软木干燥过程中的径向收缩较低，但是弦向收缩率变化非常大，从零到无法接受的高值。绘图：佩尔·霍夫曼（Per Hoffmann）和赖因霍尔德·布雷登（Reinhold Breden），德国国家海事博物馆（DSM）

蔗糖稳定处理后，由于弦向严重收缩所呈现的效果。拍摄：佩尔·霍夫曼（Per Hoffmann）

正如我们的造船师所言，中世纪晚期的贝克船（*Beck's ship*）工艺非常粗糙，但是采用蔗糖处理实现了优异的稳定效果。拍摄：佩尔·霍夫曼（Per Hoffmann）

真地了解他的器物，以及器物都由木材的哪些剖面构成，然后决定他愿意冒哪个表面发生严重收缩的风险。如果板材都是严格按照径向剖开的，那么发生严重收缩和翘曲的风险不大；但是如果是弦向剖开的重度降解的木板，则风险非常大，可能难以承受。蔗糖法对于木材的稳定效果可能很好，也可能不好，无法预计哪些木材会出现何种结果。

位于不来梅州立博物馆（Bremer Landesmuseum）的贝克船（*Beck's ship*）。拍摄：佩尔·霍夫曼（Per Hoffmann）

5.2 蔗糖中的船——案例研究

采用蔗糖法处理的效果可好可坏，实验室研究表明，好结果和坏结果出现的概率是一样的。然而，这一方法所承诺的美好前景：简单、价格低廉、良好的效果，非常具有诱惑力，因此一些考古学家决定使用这一方法保护他们发现的船，即使失败的风险很高，他们也愿意承担。

优异的结果——贝克船（*Beck's Ship*）

这是一艘中世纪的小型船的船头，树轮测年表明它大约是1489年的。当这艘船从不来梅一个非常有名的酿酒厂的厂址上发掘出来的时候，酿酒厂的经理决定保护它。作为一个富有创新精神的公司，他们被蔗糖法的简便以及保护之后文物所呈现的令人愉悦的外观所深深吸引，于是决定采用当时刚刚听说的蔗糖法。他们制定了一个保护方案，对于保护过程的监控则由我们博物馆进行，项目的实施将在酿酒师的协助下，在贝克酿酒厂（Beck's）内开展。

这是一个令人振奋的合作项目：我的合作伙伴们资金雄厚，工业技术和微生物技术足以胜任。

船体的木材都是橡木，只有轻度降解。船体被固定在一个木质的托架上，然后放在一个14m^{3}的涂有涂层的钢质浸泡槽中。填充从35%的蔗糖溶液开始，进行了8个月，然后用55%的溶液浸泡了4个月，最后用74%的饱和溶液浸泡了5个月。在填充的过程中，浸泡槽的温度保持在50℃，如果温度过高，蔗糖就会发生焦糖化反应而被破坏。这个大的酿酒厂也生产软饮料，供热没有问题，还可以提供任意浓度的蔗糖溶液。最可贵的是，他们非常擅长使用杀菌剂，能够维持蔗糖溶液、管线、泵以及其他设备的无菌状态。然而，事实证明，即使对他们而言，在17个月里，对于一个14m^{3}开放式的浸泡槽，维持其中的蔗糖溶液处于无菌状态也是非常困难的。他们使用了什么杀菌

填充处理后，必须立即检查用于测量收缩率的标记，或者更换新标记。拍摄：加布里埃莱·霍夫曼（Gabriele Hoffmann）

要想赶在结晶前清理黏糊糊的蔗糖，蒸汽清洗是最好的方法。拍摄：加布里埃莱·霍夫曼（Gabriele Hoffmann）

剂，使用的量和频率都是商业秘密，我无从知晓。但是他们知道长期使用蔗糖溶液最大的风险就是微生物侵扰。无所不在的微生物会在糖中生长，将糖分解为气味难闻的、黏糊糊的物质。糖被消耗了，无法实现稳定的效果，木材会变黑，也黏糊糊的，永远不会干燥。无论怎样，17个月以后，贝克船从未受侵蚀的金色糖浆中捞出，用手持蒸汽喷枪非常小心地清洗了，然后放置干燥。

填充的结束是由分析结果决定的。采用一个5mm的生长锥采集了样芯，样芯被分割成5mm的小段，经过抽提，用折射计确定了蔗糖的含量。计算给出了木材中蔗糖的浓度，当木材中溶液的浓度与浸泡液的浓度达到平衡，处理就可以停止了。另外一个方法是可以监测一块代表性的木块。蔗糖的密度是1.5g/cm^3，只要还在吸收蔗糖，木块的密度就会不断增加。蔗糖分子的体积（摩尔质量M=324）和极性与低分子量PEG相当，填充所需时间也相当。即使对厚的木板，处理2～3年也可以在木材中填充足够的蔗糖。

经过四年的干燥，横纹收缩率为0～2.5%，平均0.8%，稳定效果非常好。没有出现塌陷或是翘曲，木材看起来是干燥的而且像是暴晒褪色的样子。现在这艘船放在不来梅州立博物馆（Bremer Landesmuaeum）。在多雨的夏季，如果通向博物馆的门一直开几个小时，让观众进入躲雨，船体就会变得潮湿。然而，当门关上，恢复到博物馆正常的环境后，船体又会变干。

无敌的微生物——不来梅施拉赫特船（*Schlachte Ship*）

采用蔗糖法处理不来梅的施拉赫特船演变成了一个小型的灾难性事件。施拉赫特船（*Schlachte Ship*）是一艘中等尺寸的中世纪船，剩下了龙骨—船艉过渡的部分，看起来好像是以一条独木舟做底，上面安装了厚实的列板，用以支撑船体上部。在这艘船上发现了北欧最古老的铁舵枢，制作于11世纪前半叶。由于存在已经腐蚀的铁制品，因此用蔗糖代替具有腐蚀性的PEG可能是更可行的方法。为保险起见，我在蔗糖溶液中加入了2%的缓蚀剂Hostacor KSI。结果降解的橡木被高抗性的微生物严重侵蚀了，无法杀灭。我试了季铵盐化合物以及高剂量的异噻唑啉酮，但是只能使蔗糖溶液在几个星期内保持清澈，然后又会剧烈地发酵。一年之内，我不得不两次更换处理液。又过了三个月，在与一位生物学家讨论过后，我停止了处理，因为我无计可施了。我发现微生物为了保护自身，与杀菌剂发生了反应，在木材内部和表面生成了黏液状物和硬的凝胶，填充不可能进行了。结果木材的外层塌陷，形成了很深的纵向裂缝。独木舟的部分现在看起来仿佛仍然覆盖着一层树皮。只有大面积地弥补这些裂缝才能使人辨认出这艘船刚发掘出来时的样子。然而船壳本身没有变形和开裂，保持了基本的形状。

处理的失败不是蔗糖方法本身造成

的，抗性的微生物可能妨碍了填充的进行。但是蔗糖溶液是一种非常好的营养物质，提高了微生物的活性并使之扩散，最后导致木材被完全阻塞。

大型器物的蔗糖法处理——弗里斯兰船（*Ship from Friesland*）

弗里斯兰船（*Ship from Friesland*）是到目前为止采用蔗糖法处理的最大的文物。下面对这一项目进行详细描述，以说明蔗糖法处理大型器物是多么的不安全。

船的尺寸是12m×5m×1.5m，是文艺复兴时期沿海的货船，大约沉没于1600年，在德国北部胡苏姆（Husum）附近北海上开垦的圩田里发现。石勒苏益格-荷尔施泰因州的考古学家想要把这一重大发现作为博物馆的重要藏品。我根据木材的降解程度推荐了PEG两步法，但由于费用过高，被他们拒绝了。项目负责人要求我考虑一下蔗糖法，只需要一半费用。他表示可以接受稳定效果的不确定性，以及微生物在溶液和木材中生长所导致彻底失败的可能性。他知道处理过程中需要熟练可靠的人精心照看、控制和维护，因此也许诺可以提供人力。考古副领队汉斯·约阿希姆-库恩（Hans Joachim Kühn）将在胡苏姆组织和领导保护项目的开展，我负责设计保护和监控方案，同时还负责填充过程中对木材的分析。于是我们开始着手这个蔗糖法处理的项目。船的尺寸之大让我们倍感压力。我们需要使用一个大约$90m^3$的浸泡槽，将要面临所有由于化学和技术过程放大所带来的无法预见的复杂性。

用于处理弗里斯兰船（*ship from Friesland*）的浸泡槽填充了$90m^3$的蔗糖溶液。拍摄：佩尔·霍夫曼（Per Hoffmann）

一位记者正在采访考古学家，努力使她的麦克风不要沾上无处不在的蔗糖溶液。拍摄：佩尔·霍夫曼（Per Hoffmann）

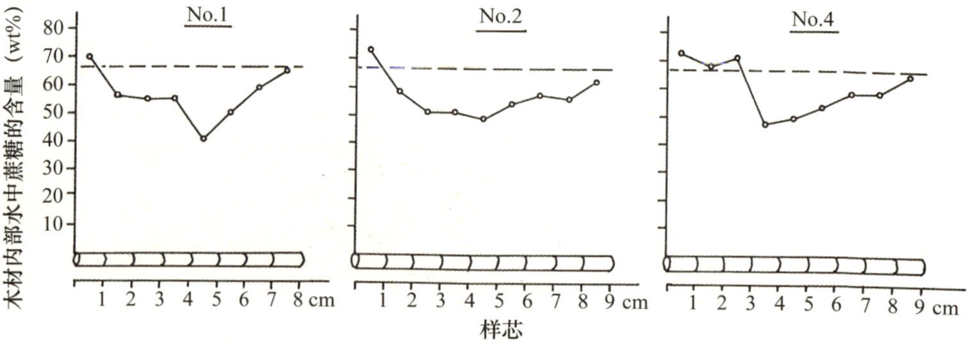

浸泡20个月后，弗里斯兰船（*ship from Friesland*）的三根复肋材中的蔗糖浓度特征曲线。绘图：佩尔·霍夫曼（Per Hoffmann）

考古发掘和记录进行了9个星期。在此期间，暴露的船体通过人工喷淋、覆盖湿的苫布以及水管洒水等方法进行保湿。在船的周围原位搭建一个钢质托架，将船提升了一点。船体用水清洗并尽可能地去除了黏土，然后抬升，再放入一个专门定做的、放置在卡车上的钢质浸泡槽中，最后运送至胡苏姆附近一个空置的军用车库中。

又连续冲洗三次，去除了船体内部的大量黏土，并进行如下步骤的消毒：将浸泡槽中灌满水，加入15ppm的异噻唑啉酮，这一浓度足以杀死木材内外所有的微生物。船体在这一溶液中放置了10天。不管采用何种方法，我们必须抑制蔗糖溶液的发酵，因为一旦我们不得不放弃发酵的浸泡液，那么再购买一批100吨的蔗糖就太昂贵了。

浸泡液采用温热的自来水和食品级、晶粒很细的蔗糖制备。基于一个微生物学家的建议，我们没有采用炼糖厂提供的价格非常便宜的溢出收集糖，因为毫无疑问，大量无所不在的微生物会污染我们的溶液。糖在另外一个槽子中溶解，然后用离心泵抽到浸泡槽中。抽高黏度的蔗糖溶液需要很强力的泵，同时会在导出的管路中形成很大的压力，我们很快就知道只有耐压的软管才能承受这么大的压力。

填充从20%的蔗糖溶液开始，又加入了15ppm的异噻唑啉酮。用黑色聚丙烯板浮在浸泡槽上作为顶盖，阻隔阳光同时减少氧气进入。三个月之后，浓度升高到40%，八个月后升高到67%。每次都抽出一些溶液，加入蔗糖以提高浓度。最后一次升高浓度的时候，又补加了一次杀菌剂，我们猜测可能之前加入的杀菌剂已经消耗完了或是失活了。

我们每星期监控一次浸泡液的颜色、气味和pH。填充期间，有四次溶液的pH从中性降至酸性。通过求教于糖厂的化学家，我们用石灰水，也就是氢氧化钙浆液中和了溶液。酸性溶液会导致蔗糖的水解，各方面都有助于微生物的生长。20个月之后，木材中部的蔗糖浓度仍然没有与浸泡液达到平衡，于是我们继续填充过程。

开始的时候，溶液每周在浸泡槽中循环一次，以保持浓度均匀分布。尽管补加了异噻唑啉酮，但在浓度达到67%的时候，溶液中还是出现了真菌和细菌，于是我们停止了循环。我们确认溶液表面的漂浮物是真菌和细菌的菌群，并尝试对细菌和真菌在很浓的蔗糖溶液（加入了杀菌剂）中出现的原因做出解释：由于船体支架有些突出部分，浸泡槽的顶盖不能在所有部位都与液面接触。在这些区域，水蒸发了，凝结在顶盖上，又滴落下来，形成了蔗糖和杀菌剂浓度低的局部区域，这是微生物理想的栖息场所。连续地循环溶液会进一步把局部的微生物菌群分散到整个浸泡槽。

26个月之后，溶液开始变混浊，颜色也发生了变化。位于莱比锡的萨克森州农业研究所（Saxony State Institute for Agriculture）的微生物学家对此状况进行了分析。她在溶液的表层发现了一种耐高渗的酵母 *Citeromyces matritensisi*（Santa Maria），一种嗜干真菌 *Wallemia sebi*（von Arx），以及一种嗜渗青霉。这些微生物普遍存在，可以在浓度很高的糖或盐溶液中生存，例如蜂蜜、杏仁糖以及巧克力中。*Wallemia sebi* 还可以在干物质中繁殖，例如面包、干草、土壤、纺织品、腌鱼以及熏肉。微生物学家判断溶液已经处于高度分解状态，建议我们在形势完全失控之前停止处理。

与此同时，木材中的溶液与浸泡液已经达到了平衡，填充可以终止了。然而根据计划，要将船放置在溶液中度过圣诞节，之后再过几个星期直到新年以后。但是圣诞节前两天，溶液发出了一种酸甜味儿——表明开始发酵了，这时必须立即抽出溶液。经过与地区行政官员和环境部门的认真商讨，他们准许考古副领队库恩在用一些亚硫酸氢盐破坏异噻唑啉酮后，将 $90m^3$ 的糖溶液与肥料混合，分散在几个牧场内。之后排空了浸泡槽，用热蒸汽清洗了船体。

在室温条件下自然干燥了20个月之后，船体横纹收缩率为1.5%～7.5%，平均4.9%。一些木材出现了轻微的翘曲，龙骨和船艉柱（内部严重降解）有一点扭曲。一些木材内部仍然有一些水分。很多大木钉（直径3cm）收缩并从钉孔脱落了，采用新的橡木钉代替了原有的木钉。现在木船的表面看起来非常令人满意，干燥并呈自然的颜色，没有出现横纹开裂。原有残留在内部船板上的涂层没有受到处理过程的影响。

汉斯·约阿希姆-库恩（Hans Joachim Kühn）保留了详细的日志，记录保护工作所用人员的数量以及他们工作的天数。制备蔗糖溶液：（6天×12人）+（2天×8人）+（1天×7人）；冲洗船体和浸泡槽：（6天×6人）；检查船体：（1天×4人）+（10天×3人）+（121天×2人）。对于一个木船保护项目来说，参加人员的数量是巨大的，2个日常工作人员必不可少。即使没有直接接触溶液，所有的人和所有的物品也永远都是黏糊糊的，你必须不停

干燥过程中发生了中度的收缩，缝隙轻微张开。拍摄：佩尔·霍夫曼（Per Hoffmann）

项目成功结束后，考古学家与弗里斯兰船（*ship from Friesland*）一起拍照。拍摄：佩尔·霍夫曼（Per Hoffmann）

地清理身上的蔗糖溶液。

基于几个原因，我们认为这一项目是成功的：最重要的是我们在两年时间内令如此巨大体量的蔗糖溶液保持稳定，时间刚好够完成填充，尽管还没有达到最理想的填充效果。其次，由于在人、财、物方面获得的慷慨捐赠和帮助，项目的费用控制在预期和可接受的范围内。再次，稳定效果是成功的。目前这艘船保存在胡苏姆的海事博物馆，船体的外观可以接受并令人满意。只有一次，由于改建的原因，展厅的房顶被揭开，环境相对湿度升高到85%，船体木材变得潮湿，溶液甚至从缝隙处滴落下来。然而，在常规的博物馆环境下，蔗糖法处理的木材吸湿性没有问题。

针对操作蔗糖溶液，位于莱比锡的萨克森州农业研究所（Saxony State Institute for Agriculture）的微生物学家亨丽埃特·米特克（Henriette Miettke）为将来可能进行的项目提出了一套必备的重要原则：

——只能使用无菌的蔗糖；
——努力实现最大可能的洁净度：使浸泡池、设备和木材表面达到无菌状态；
——减小尘土及空气的扰动；
——防止昆虫进入溶液。蜜蜂、大黄蜂、苍蝇体内都携带嗜渗酵母菌，可以转移到花蜜、蜂蜜和水果中。应在浸泡槽上覆盖防蚊网；
——防止顶盖上的凝结水滴落形成小面积淡水；
——保持溶液处于室温状态，不要加热和冷却；
——保持 pH 在 7～8。当 pH 降低，立

即补加杀菌剂，用石灰中和溶液。微生物学家更倾向于保持pH在8～9，但是碱性条件会溶解木材中的半纤维素并降解纤维素。

在项目进行过程中，考古学家和保护人员都夜不能寐，特别是当项目快要结束的时候忧心忡忡，明天浸泡液看起来会怎样？味道会怎样？我们只能强调，大型器物的蔗糖法处理是一件充满矛盾的工作。你永远不能预知最后是成功还是失败，如果失败了，是什么原因导致的失败。而如果考虑使用这一方法，那么需要在严密监控的条件下，拥有一群训练有素的工作人员，他们能真正理解正在从事的工作。只有具备了以上这些条件，才有可能实施这一方法。

需要强调的是，任何溶液中的感染都可以使蔗糖水解并转化成单糖，特别是葡萄糖和果糖。理论上，在博物馆的环境下干燥并达到平衡湿含量以后，采用纯的、没有降解的蔗糖，可以使稳定的木材在比较宽的湿度变化范围内保持稳定。在RH为81%的时候，只会吸收质量百分比5.5%的水分，在相对湿度90%以下不会潮解。而葡萄糖对于环境变化的反应则更为敏感，在相对湿度60%的情况下会吸收质量百分比9%的水分，但是在RH 98.8%以下则不会发生潮解。果糖更具亲水性，环境相对湿度63%时会吸收质量百分比22%的水分，同时开始潮解。因此，取决于木材中各种糖的分布，木材有可能会对相对湿度的变化非常敏感，可能在相对湿度大约63%的时候，也就是在博物馆的常规环境下发生潮解。潮湿、有黏性的表面会变色，吸附尘土，招引昆虫，特别是大黄蜂。

§5.1 附注

关于糖在文物保护中应用的文献，见A. Morgós，1994.

为拓宽实验室结果的基础，欧洲的四个研究所开展了一个联合研究项目，研究蔗糖法的稳定效果，结果见P. Hoffmann *et al.*，1994.

§5.2 附注

由考古学家撰写的、关于弗里斯兰船（*Friesland ship*）保护的详细记录，列出了完成这一项目所用的工时。见P. Hoffmann and H. J. Kühn，1999.

在湿热的环境下，乳糖醇处理是比较理想的方法：不像聚乙二醇（PEG），乳糖醇在55℃左右不会熔融，吸水性也较低。非常不幸，叙利亚盖泰纳（Qatna）这些青铜时代皇宫木构件的原址保护还没有结束。拍摄：加布里埃莱·霍夫曼（Gabriele Hoffmann）

6　乳糖醇法

6.1　木材中的乳糖醇——实验室实验

用乳糖醇和海藻糖保护饱水木材的方法是今津節生（Setsuo Imazu）和安德拉斯·莫尔戈什（András Morgós）开发的，以克服蔗糖法的一些缺陷。他们特别希望能够找到一种更好的方法，可以稳定重度降解或降解极其严重的饱水木材。为了达到这一目的，需要找到一种溶解性比蔗糖更好的稳定剂。采用蔗糖保护的结果清楚地表明，随着蔗糖进入降解木材中量的增加，尺寸稳定性也提高了。9∶1 混合的乳糖醇（一种人工合成的二糖的糖醇）和海藻糖（一种天然的二糖）可以溶解在水中形成浓度比蔗糖高得多的溶液，最高可以达到 90%。当用于保护的时候，这种混合物还具有其他一些优点：

——稳定降解硬木的效果比蔗糖好；
——这种新的混合糖热稳定性更好；溶液可以加热，不会变色或发生焦糖化反应；
——混合物抵抗微生物的能力更强，不会腐蚀金属；
——乳糖醇和海藻糖处理的木材比蔗糖处理的木材具有更低的吸湿性。

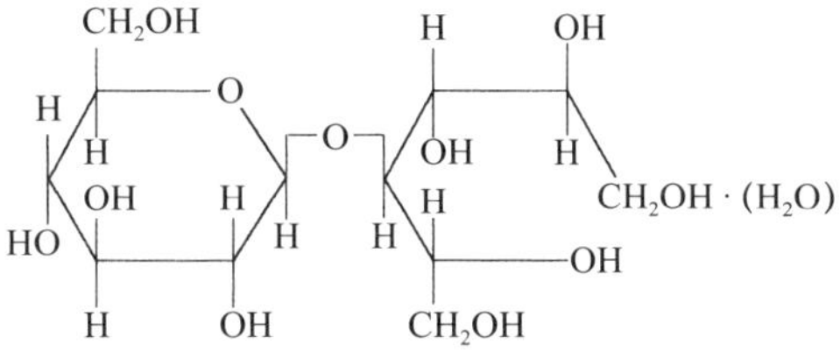

乳糖醇的结构式：（*4-o-β-D-galactopyranosyl-D-glucitol*）monohydrate（*4-o-β-D-* 吡喃半乳糖 -D- 山梨醇）

乳糖醇非常昂贵，但是随着食品工业越来越多地将其作为低热量的人工甜味剂，将越来越容易购买，价格也会降至一个合理的水平。

鉴于我在用蔗糖法保护木船的过程中获得的、多少有些令人神经紧张的经验，开发一种新的、更耐微生物的试剂，具有更好的稳定效果，而且是非腐蚀性的，听起来很有诱惑力和吸引力。根据发明者的建议，我开展了一系列稳定实验，采用之前用于 PEG 和蔗糖实验的、包括 3 个降解木材种类的、28

块明信片大小的木块作为样品。实验得到的结果使我可以归纳出一些普遍性的结论。

松木和橡木的尺寸稳定性没有明显好于蔗糖，可信度不高。然而，对于重度降解的榉木，形成的乳糖醇晶体使木材组织扩张，导致大量沿着木射线到表面的纵向劈裂。在乳糖醇中加入海藻糖的作用是防止在干燥过程中木材里乳糖醇三水合物晶体的生成，但在我的实验结果中却没有起到相应的作用。所有三种测试的木材，都发生了翘曲和塌陷：松木轻度翘曲，橡木轻度翘曲并塌陷，所有降解的榉木样品都出现了严重翘曲。

乳糖醇更耐微生物降解，并不意味着处理溶液中就可以不加入杀菌剂。海藻糖是一种自然界中广泛存在的二糖，很多微生物可以攻击并利用其进行新陈代谢；而且乳糖醇对于微生物降解也不是完全安全的。需要使用杀菌剂故而填充溶液有一定毒性的问题依然存在。

发明者们认为通过反复实践，可以掌握这种方法。然而当保护人员面对一艘需要处理的船时，如果不是已经对这种方法非常有经验，那么可能没有时间进行练习或试验。

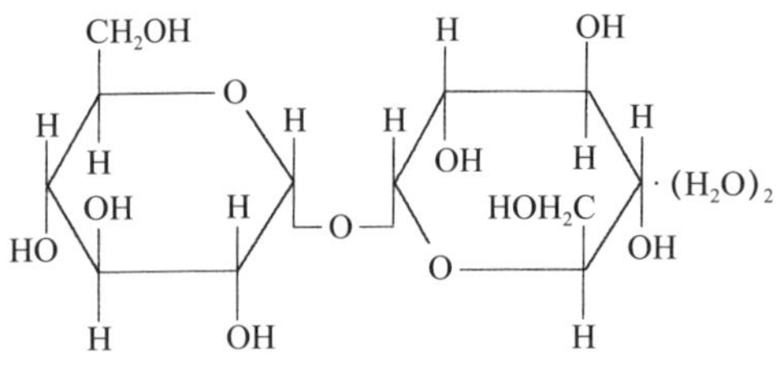

海藻糖结构式：（*α-D-glucopyranosyl-α-D-gluopyranoside*）dehydrate（*α-D-* 吡喃葡萄糖基 *-α-D-* 吡喃葡萄糖苷）

乳糖醇方法的两个优点值得考虑。溶液对金属没有腐蚀性，因此这一方法可以考虑用于木材 / 金属复合的文物。更重要的是，采用这一方法处理的木材具有非常低的吸湿性，可以放置在相对湿度 90%～95% 的环境中。很多博物馆没有很好的环境控制系统，经常会出现这种情况，在亚热带和热带国家这种情况也很普遍。对于在这种环境下工作的保护人员，有必要熟悉这种乳糖醇＋海藻糖的方法。

6.2 乳糖醇法处理大型器物

迄今为止，还没有用乳糖醇＋海藻糖法或乳糖醇法处理考古发掘舟船的案例。但是有两个来自日本的报告，成功地处理了一些大型的软木文物，包括一具饱水的 6m 长的木棺，用料是日本金松（*Sciadopitys verticillata*）；三个 4m 长的木质水管，用料是日本柏树（*Chamaecyparis obtusa*）。在这两个案例中，木材都是中重度降解。木棺用 60% 的乳糖醇在 50℃下填充，木管在室温条件下用 50% 的乳糖醇溶液填充。50% 是室温下乳糖醇能够达到的最大浓度。填充的时间分别是 13 个月和 39 个月，加入 0.02% 的异噻唑啉酮作为杀菌剂。填充之后，木材撒上乳糖醇粉末，以引发木材中乳糖醇的结晶，然后在 50℃下干燥，以防止生成大颗粒的乳糖醇三水合物晶体（该晶体会在低温下形成）。干燥结束后，乳糖醇粉末需要用热水全部冲洗掉。这一项目结束以后，发明者改进了这一方法，向填充溶液中加入了海藻糖。

有必要在这里对于乳糖醇方法处理大型文物做一个总体评述。乳糖醇＋海藻糖或是单独使用乳糖醇溶液，易于受到微生物的侵袭。在长时间内大量使用这种溶液，其难度和危险性与之前所描述的蔗糖法一样，绝对有必要使用杀菌剂。

乳糖醇和海藻糖分子的尺寸与蔗糖分子尺寸一样，因此两种填充方法预计所用的时间也差不多。对于填充过程的监控也与蔗糖填充过程一样，可以通过分析木材最厚部分的样芯来进行。

通过实验室实验以及与发明人进行讨论，了解到这一方法的弱点，即对于降解的、特别是降解极其严重的硬木，难于获得理想的稳定结果。很明显，正如化学理论告诉我们的，在实际应用中，不容易阻止对脆弱木材具有破坏性的大尺寸晶体的生成。还有必要做更多的工作，去开发乳糖醇方法的潜力，了解其局限性，才能设计出成功的程序，以针对不同树种、不同降解程度、大尺寸的木质文物，得到理想的处理结果。就目前而言，这部分工作在欧洲很难开展，因为欧洲不再生产乳糖醇，必须从日本进口。

§6.1　附注

一些文献介绍了乳糖醇方法和改进的乳糖醇＋海藻糖法，以及相关化学性质的理论信息，很有价值；但是给出的实验结果有限，仅仅提到两个树种以及所测试木材的降解程度。此外，对比实验也不是很充分，没有令人对这种新的稳定剂的能力形成满意的印象（S. Imazu and A. Morgós，1997）。这些不足促使我开展了进一步的稳定性实验，结果在本章和第 9 章进行讨论。

§6.2　附注

木棺的保护以及几段木质水管的保护见 S. Imazu and A. Morgos，1999（1）以及 1999（2）.

在巴伐利亚，用 Kauramin 方法稳定处理了两艘奥伯斯蒂姆的船（*ships from Oberstimm*）。在公元 2 世纪，这种轻快的船只是罗马帝国在多瑙河上防御舰队的一部分。拍摄：沃尔夫冈·戴维（Wolfgang David），曼兴凯尔特人和罗马人博物馆（Kelten und Römer Museum，Manching）

7 Kauramin 方法

由佩尔·霍夫曼（Per Hoffmann）和马库斯·维特科珀（Markus Wittköpper）撰写。

7.1 木材中的密胺——实验室实验

用 Kauramin 来稳定饱水木材的方法包括如下几个步骤：首先，将低分子量的三聚氰胺甲醛预聚体溶解在水里；然后在木材中聚合形成三维的、硬的、不溶的聚合物——三聚氰胺树脂。Kauramin 方法是原有的 Arigal C 和 Lyofix 方法的改进版，这两种方法从 20 世纪 50 年代就开始用于处理一些小型器物，也用于处理一些在莱茵河美因茨段发现的罗马时期的船。

这里提到的改进方法使用了性能更好的树脂，由德国巴斯夫公司（BASF）生产，牌号为“Kauramin 填充树脂 800（Kauramin impregnation resin 800）”。这一产品是树脂含量为 70%～90% 的水溶液，主要用于木材和家具行业，黏度很低。由于三聚氰胺分子尺寸很小，因此易于渗透。三聚氰胺分子量仅有 140，分子直径大约 0.5nm。生产商在产品中加入了少量低分子量乙二醇，以降低树脂固化后的刚性，也减小了填充后木材出现横纹裂缝的趋势。缩聚反应由酸催化，可以通过加热促进反应的进行。

Kauramin 方法有几个优点：

——技术简单。不需要加热的浸泡槽，任何不漏水的容器都可以。不需要泵或是溶解槽，液体树脂用水稀释很容易；

——各种降解程度的木材都可以稳定；

——相对于高分子量 PEG，填充时间短；

——优异的尺寸稳定性，非常精细的表面细节都可以保存；

——处理后木材的质量轻，考虑到大型器物例如舟船的重建，这一点非常重要。

但是，这一方法也有天生的缺点和问题：

——木材有翘曲的趋势，以及由于木材局部塌陷而导致可能形成沿着木纹的、很深的开裂。通常裂纹非常细，但裂纹会深入到木材内部；

——木材的颜色通常变成略带浅灰的米黄色或奶油色。

为了得到最好的处理效果，在采用 Kauramin 方法的时候，整个处理过程的每个环节，包括木材的清洗、填充、聚合以及干燥都需要做优化设计。在实验室实验中，在美因茨古代造船博物馆（Museum für Antike Schiffahrt in Mainz），我们应用这一方法多年实践，努力寻找处理过程的最优参数，并克服这一方法的缺陷。大部分方法都很难稳定降解非常严重的硬木，因此，我们将注意力集中在这类材料上。在研究中，试验了几种严重降解的硬木，桤木（*Alnus* sp.），白蜡树（*Fraxinus* spp.），山毛榉（*Fagus* sp.），以及欧洲橡木（*Quercus* sp.），都是外层降解，内部还有比较硬的心材。

三聚氰胺树脂进入木材的量不但决定了尺寸的稳定性，还决定了翘曲的趋势和横纹开裂的出现。当三聚氰胺浓度为 25%～35% 时，由填充溶液扩散到木材中的树脂的量达到理想状态，实现几近完美的稳定性：如果木材干燥得非常缓慢，则没有残余收缩，最多会有轻微的膨胀，翘曲和开裂可以降至最低。

为优化处理溶液中 Kauramin 树脂浓度，采用几个不同树种的小块木板进行了一系列试验。拍摄：加布里埃莱·霍夫曼（Gabriele Hoffmann）

在填充和树脂聚合结束的时候，木材仍是饱水的。最后干燥的方式可能影响翘曲和开裂的程度，是最具决定性的因素。干燥时必须防止从木材表面到内部形成太高的水分浓度梯度。配合常压和减压的方法，我们试验了几种干燥温度，发现真空冻干是一种可以接受的方式，填充的器物可以在较短时间内干燥，仅需几天到几个星期。然而，如果在常温常压下采用极其缓慢的干燥方式，那么甚至可以得到更好的结果，很少或几乎没有开裂。

Kauramin 处理的程序

针对三聚氰胺树脂和饱水木材差不多开展了 20 年的工作后，我们开发了以下采用 Kauramin 800 稳定饱水木材的程序。

清理木材

Kauramin 的聚合是由酸引发的。被酸污染的浸泡液不稳定，缩聚会在木材还没有完全被填充时就过早开始。因此，仔细地清理木材是非常必要的，以便尽可能地去除地下水、腐殖质、垃圾站或井里的有机残余物所带来的酸性化合物。清洗过程可以通过监测 pH 来监控，pH 呈中性是比较理想的；还可以通过电导率测盐分来监控。

填充

——Kauramin 800 送来的时候是浓度为 70% 或 90% 的水相制剂；用

去离子水配制 25%～35% 浓度的 Kauramin 溶液。

——将三甘醇（占 Kauramin 树脂质量的 10%）加入到 Kauramin 溶液中以增加预聚物的溶解性。

——加入 0.5% 质量分数的三乙醇胺作为碱性缓冲剂，以使溶液的使用寿命能够达到 12～14 个月。加入的量最大不得超过 1%，否则可能发生阻聚作用。如果没有三乙醇胺，溶液的使用寿命可能只有 2～4 个月。

——加入大约 5% 质量分数的脲，以减小溶液的黏度，促进树脂向木材中渗透。脲也会结合树脂中游离的甲醛，降低空气中甲醛的危害。

浸泡液用塑料薄膜覆盖并密封，防止水和甲醛蒸发和氧气进入。氧气会与甲醛反应，生成甲酸，降低溶液的使用寿命。

迄今为止，没有针对 Kauramin 800 在木材中的渗透性能以及扩散过程的详细研究。针对不同尺寸器物的填充时间取决于经验，通过与低分子量 PEG 的填充时间对比确定：对于较薄的器物，需要几个星期；对于厚的木材要一年以上。良好的结果似乎验证了这一方式的有效性。截至目前，没有关于木材中 Kauramin 定量的简单方法公开发表，但是填充的过程可以通过定期分析样芯中氮的含量来监控。木材中的氮来源于树脂，因此可以计算木材水分中树脂的量。

每个星期监测一次溶液的 pH。pH 会从最初较高的 8 或 9 逐渐降低。当 pH 降低到 7 或 6，聚合就开始了。每个星期，将几滴溶液加入到试管内的纯净水中：如果混合物变混浊，则表明溶液中的树脂即将发生聚合。在这种情况下，必须用新的溶液取代填充溶液，或者终止填充。

填充的终止及树脂的固化

如果填充完全，但是溶液的 pH 仍然显示碱性，云雾试验呈阴性，那么你必须等待 pH 降至 6 左右且云雾试验呈阳性。将木材在酸性溶液中放置几天，然后移出，并用水仔细清洗。用湿纸巾紧紧包裹没有任何表面涂层的木材，然后裹上塑料薄膜，放进 60℃的烘箱，以促进三聚氰胺树脂的缩聚。在紧贴的塑料薄膜下面使用家用纸巾，可以吸收所有从木材中渗漏出的树脂，防止其在表面聚合，形成灰色的沉积层。然而，如果木材表面有涂层或漆层，而纸巾不是湿的，那么纸巾可能会粘在涂层表面，揭不下来，这种情况则可以省略纸巾。有涂层的木材要清洗，轻轻擦干，然后自然干燥 10～20 分钟，再包到塑料薄膜中进行固化。塑料薄膜的作用是防止木材在树脂固化之前干燥。将处理溶液的样品也放在一个密封的试管里，跟木头一起放在烘箱中，作为缩聚过程的参比试样。缩聚通常需要 2～4 天，但也许会更长。对于大型器物，也可以省略纸巾。

即使在加热条件下，三聚氰胺树脂的固化也是很慢的过程；如果不加热，那么所需时间会长得让人无法接受，因此加热是必不可少的。专门定制一个可以放下舟船的烘箱不是很难，造价也不算很贵，只需要几个星期的工作时间。一些杀虫公司采用热空气法杀死房屋内和屋顶的钻木虫，可以通过咨询他们获得实用的解决方案。

干燥

可以采用如下方法进行非常缓慢的自然干燥。将木材包裹在塑料薄膜中，当薄膜内部有水汽凝结的时候，就进行更换。如果木材具有一定厚度，则这一过程可能需要很长时间，但是结果值得等待。对于较大尺寸或者复杂的结构，建造一个恒湿箱可能会更方便，将船体放在相对湿度90%的环境下，保持足够长的时间，使大量水由木材中蒸发出来，凝结在箱体的墙壁上，或者凝结在环境控制系统的冷凝器上。

小型的器物可以先在微波干燥箱内进行预干燥。干燥时可以在木材最厚部位的中部放置一个温度传感器，以控制温度。木材内部的温度最高不要超过35℃。微波可以在有游离水存在的部位产生热量，因此不会有木材局部过热的现象。当木材中的湿含量下降至接近纤维饱和点，含水率 u 为30%～40%时，微波干燥就可以停止了。然后开始缓慢的自然干燥。安装和运行一个大的微波干燥设备是非常昂贵和危险的，需要得到官方许可，可能不适用于一艘大船的一次性保护项目。

表面处理

处理后木材的表面是干燥的、颜色较浅，也可能有些软，看起来呈白垩状。表面处理可以改善色泽，也可以加固硬化脆弱的表面，防止磨损。丙烯酸溶液可以起到硬化作用，但是并不能改变颜色和外观；干性油可以起到加固作用，可以使木材表面呈现更自然的透明度和层次感，可以轻微改善颜色；汽油中分散的石蜡，如家具上光剂，可以改善颜色和层次感，也起到加固作用；高分子量的PEG乙醇溶液可以起到与石蜡类似的效果，同时也是可逆的。所有的表面处理方法都应通过调色使之呈现自然的木材颜色。

7.2 采用Kauramin法处理的两艘船——案例研究

由马库斯·维特科珀（Markus Wittköpper）撰写。

在巴伐利亚州奥伯斯蒂姆（Oberstimm），对一处罗马时期城堡的考古试发掘过程中，发现了两艘船。经过断代，大约是公元2世纪早期的。船是地中海样式：船壳用榫卯结构连接，然后再与内部的木料固定在一起。桨架钉的数量表明，当时应该有20名船员划船。内龙骨上的桅座表明这艘船也可以架帆航行。这条狭长的船可能是罗马帝国在多瑙河上防御系统的一部分。

地下水位的下降威胁到木船的原位保存。因此在1994年，决定将这两艘船发掘，由巴伐利亚州文物局（Bavarian Antiquities Authority），罗马人-日耳曼人委员会（Roman Germanic

位于原址上的奥伯斯蒂姆的罗马船（*Roman ships from Oberstimm*）。就像经常发生在考古船只上的那样，在这几艘船被发现之前，一台挖掘机正好在它们上面通过。拍摄：美因茨古代航海博物馆（Museum für Antike Schifffahrt，Mainz）

Commission）以及美因茨罗马-日耳曼中央博物馆（RGZM）联合执行。

两艘船都是大约长 15、宽 2.5m。船 1 保存下来完整的右舷，船 2 只缺失两侧顶部的列板。船板和内龙骨是松木，肋骨以及横梁都是橡木。肋骨通过大木钉固定到船壳上。

木材的保存状况很不一致。船艏严重降解，坚实度像泥炭；船体中部的松木列板降解程度较轻；船 2 的松木内龙骨心材保存状况非常好，橡木却降解严重；只在很少的部位，龙骨的木纤维看起来似乎具有一定强度。

鉴于船体的尺寸，不可能同时抬升两艘叠压的船。但如果将船拆解，则意味着要破坏木料之间典型的连接结构。因此，将两艘船分段提取看上去是最合理的方式。几年以前，一个挖掘设备已经把船切成了两半，而且船艏由于降解严重，已经从船的中段脱落下来。当时每艘船由两段大约 6m 长的中段，以及 2～2.5m 长的两段船艏部分组成。为了抬升两艘船，船体被夹持在聚苯乙烯泡沫塑料制成的肋骨和保护板中间，然后安全地固定在木头框架和托架上，运送到 RGZM 的饱水木材保护部门。

每段船体都进行了清理，在周围都建起了浸泡槽，内衬承重衬底。4 个人花了 8 个月时间完成了这项准备工作。最大的浸泡槽体积为 6.5m^3。船体都放置在水里。聚苯乙烯泡沫肋骨浮力太大，需要用 PVC 肋骨替换，以起到缓冲作用。专门定制了新的肋骨，船壳板在地下埋藏的时候由于压力作用发生了位移，新的肋骨可以校正使船壳板回到正确的位置。

一艘船的一段在运输托架的支撑下被放入木质的处理槽中。之后用浮力较小的新结构替换了原有的托架。拍摄：美因茨古代航海博物馆（Museum für Antike Schifffahrt，Mainz）

在此期间，木材一直被放在不断更换的去离子水中，以去除泥土和埋藏过程中吸收的物质。换了 5 次水以后，水中的 pH 和电导率保持稳定。1996 年 9 月开始采用 Kauramin 方法处理船 2。

所有降解程度不同的木料都放在一批浸泡液中处理。树脂的预聚物甚至可以渗入没有降解的木材中，而且对于稳定不同降解程度的木材来说，所需 Kauramin 的理想浓度是相同的。操作树脂溶液不成问题：没有腐蚀性，可以在室温下操作。使用一个普通的花园里使用的泵，将原料泵入一个 2000 升的大桶里，混合，然后抽入浸泡槽中。为配制 1.2 万升 25% 的溶液，大约需要用 8000 升去离子水稀释 3000 升 Kauramin 800；加入 5% 的脲以降低黏度；加入 1% 的三乙醇胺作为碱性缓冲剂，以延长溶液的稳定时间。如果不加三乙醇胺，那么 Kauramin 溶液只能稳定 2～4 个月。由于我们计划的填充时间在 7～9 个月，因此必须加入缓冲剂。

填充的时间由木料的厚度决定。在本案例中，船 2 内龙骨的直径是 16cm。氮元素分析表明，三聚氰胺树脂渗入降解木材的速率是每个月 1cm，8 个月之内，应该可以填充到内龙骨的心材。需要每月一次测量浸泡液密度和 pH，并进行“云雾试验”。密度的变化有助于评价填充的效果，pH 和“云雾试验”可以指示溶液的稳定性。三聚氰胺树脂是酸催化聚合的，因此填充过程中溶液必须保持在碱性条件下。否则加成聚合就会开始，树脂不再溶于水，浸泡液就变质了。

9～10 个月之后，将船 2 的各段从浸泡槽中捞出，pH 降至 7.5～7.0，“云雾试验”呈阳性。在这种情况下，还是可以很容易地从木材表面清理掉残余树脂。如果错过了这个时间点，就会形成黏稠的树脂层，要花费很大力气才能去除。

填充之后需要进行加热，以使细胞壁中的树脂交联。我们建造了一个大腔室，尺寸为 6.8m×3.3m×2.3m，可以用两个加热器加热到 70℃。6 个 1000W 的微波发射器，平放在天花板上，可以提供微波能量。木材表面用湿的薄纸巾覆盖，以免木材中渗出的树脂粘在表面。随后用聚乙烯薄膜包裹几段船体，防止加热固化过程中木材干燥。在 50℃下，一段接一段地处理了船 2 的几段船体。以填充溶液的样品作为指示，可知一个星期之内，树脂完全固化了。树脂完全形成固体后，固化过程就结束了。经过彻底冷却，移走了塑料薄膜和纸巾。Kauramin 大约含有 0.5% 的甲醛，如果在温度没有降下来的时候就去除木材包裹物，则会刺激眼睛和鼻子。

固化结束时，木材还是饱水的。在这种状态下，快速不受控制的干燥过程仍然会导致收缩、翘曲和开裂。为减少四段船体的干燥时间，同时得到良好的稳定效果，我们将木材用塑料薄膜包裹，然后用微波干燥。微波能量可以穿透干木材，并且不会使木材过热，但是会加热其中的水分并使之蒸发。蒸发所需的能量从外部已经干燥的木料部分直达还充满水的内部，不需要经由木材本

稳定处理后并重建的船最后被放置在钢质的支架上。拍摄：美因茨古代航海博物馆（Museum für Schiffahrt in Mainz）

在船的一侧，近距离检视 Kauramin 方法处理的结果。拍摄：沃尔夫冈·戴维（Wolfgang David），曼兴凯尔特人和罗马人博物馆（Kelten und Römer Museum，Manching）

身传递，这样干木材不会过热，也不会形成危险的湿含量梯度。

通过在木材中放置传感器，将微波设备的温度控制在35℃，间断地工作。经过大约3～4小时，关掉微波设备，打开木材的包装，让凝结在薄膜和木材上的水分干燥1～2小时。微波干燥持续进行，直到木材中的含水率降至40%左右，接近降解木材的纤维饱和点（FSP）。干燥船2的几段船体用了9个月时间。然后用镀铝薄膜覆盖这几段船体，在室温条件下干燥至含水率12%～15%。

船1的三聚氰胺填充大约需要5000升树脂溶液。木料比船2的要薄一些，每段的填充时间预计6个月，只加入了0.5%的三乙醇胺缓冲剂。

最后一段船体的微波干燥在2001年完成，两艘船的稳定花费了四年零三个月的时间。

所有的木材表面都用天然油刷了两遍。采用三聚氰胺填充仅仅在木材中增加了少量的树脂，船体质量相对轻，颜色相对浅。采用溶剂基的天然或合成树脂、油或石蜡进行表面处理，可以调整颜色使之接近健康材。同时，对表面起到加固作用，还可以起到一点耐受相对湿度变化的作用。

纵向的收缩率不超过0.5%，横纹收缩率小于1%，船壳板之间的缝隙仅张开了几毫米。

在发现地附近建造新博物馆之前，两艘船放在罗马-日耳曼中央博物馆（RGZM）展览。每一段船体都安装了一个单独的底座，将来可以用作运输的托架。然而位于曼兴的新建的凯尔特人-罗马人博物馆（Kelten Römer Museum）想要在美观的、不引人注目的钢质托架上展示这两艘船。这就意味着除了现有的临时运输托架，还需要建造一个抬升系统，将船体从现有的托架转移到最终的支撑结构上。于是我们采用将船体从发掘点运出时相同的办法，用木框、聚苯乙烯泡沫塑料肋骨、临时的模板、加固带等完成了这项任务。

建造一个大的“微波炉”是非常昂贵的。然而，近几年来，这一设备在其他大型木质文物的保护中起到了非常重要的作用，因而我们认为付出的代价是物有所值的。尽管如此，将Kauramin方法用于非常大的器物时，在干燥阶段是具有局限性的。

采用Kauramin 800保护奥伯斯蒂姆的船（*ships from Öberstimm*）具有积极的一面，达到了最好的稳定效果和外观。稳定后木料的质量很轻，使得木船的组装和展示变得更加容易。木材仍然是多孔的，只有少量树脂进入到木材内部。如果木料强度的增加和重新稳定能够同时达到理想的状态，那么即使三聚氰胺树脂无法再从木材中抽提出来，这种处理方法也可以说是可行的。

§7.1　附注

在德国美因茨的罗马-日耳曼中央博物馆（RGZM），采用三聚氰胺树脂处理饱水木材已成为专业和规范的方法。为了能够减压干燥经 Kauramin 填充并固化的船体，建造了一个尺寸大约有车库那么大的微波炉。马库斯·维特科珀（Markus Wittköpper）在网上发表了一篇文章，详细描述 Kauramin 的应用过程。见 http://www.rgzm.de/kur/index.cfm?Layout=holz&Content=kauramin.

§7.2 附注

奥伯斯蒂姆船（*ships from Oberstimm*）的考古发掘报告见 R. Bockius，2002.

详细描述从奥伯斯蒂姆打捞这两艘船的操作过程见 A. Kremer，1997.

丹麦国家博物馆保护部正在操作最大的真空腔室，进行饱水木材和整条小船的冷冻干燥。该实验室在这一方法的理论和实践方面均处于世界领先地位。拍摄：丹麦国家博物馆，哥本哈根（National Museum of Denmark，Copenhagen）

8 饱水考古木材的冷冻干燥技术

由丹麦国家博物馆的波尔·延森（Poul Jensen），克里斯缇娜·斯特拉克玟（Kristiane Strætkvern），英厄·博伊森-考夫德（Inger Bojesen-Koefoed）和戴维·格雷戈里（David Gregory）撰写。

8.1 冷冻干燥的理论

只要尺寸不是太大，真空冷冻干燥非常适用于各种降解的或是部分降解的、有可能发生严重收缩和塌陷的木质文物。如果真空冷冻干燥用于体积较大的器物，那么可以与室温真空干燥配合使用。真空冷冻干燥需要昂贵和相对复杂的设备，能量消耗大，需要训练有素的人来操作。当木材单层放置的时候，腔室越干燥，干燥越有效。由于冷冻干燥过程漫长且消耗能源相对较多，器物的最终用途必须能够证明保护所使用的经费是物有所值的。

基本原理

冷冻干燥用于保护饱水考古木材的原理，是当水分从木材的微小孔隙中的弯曲液面蒸发时，减小其产生的毛细作用。如果细胞壁不能承受这种抽吸压力，这种收缩力就会导致木材细胞壁塌陷。

将水冻成冰，通过升华的方式干燥，进而避免出现液态的水，就可以避免产生毛细作用。当器物周围的水蒸气分压低于冰周围的水蒸气饱和分压时，升华就开始了，从而可以实现冻干。纯水的冻干可以在温度低于0℃、水蒸气分压低于610 Pa的条件下发生。

与器物表面平行，可以将器物分为外层的干燥区域和内层的木材和冰，升华发生在二者界面处。由于能量必须从器物表面传递到冰的表层，水蒸气要从冰的表层传递到器物的表层，二者都要通过干燥区，而冻干过程的速率反比于冰表层的深度。因而，器物厚度越大，干燥过程需要的时间越长，消耗的能源越多。

无填充饱水木材的冷冻干燥

虽然将木材中的水分冷冻，会在某种程度上将细胞壁固定在一种水膨胀状态，但由于细胞腔中的自由水冻成冰的时候，会导致器物的膨胀和开裂，因而通常不会在木材中只含水的情况下使用冻干技术。此外，充满水的细胞壁发生了扩张，在去除其中通过吸湿形成的结合水的时候，会发生收缩、塌陷以及开裂。

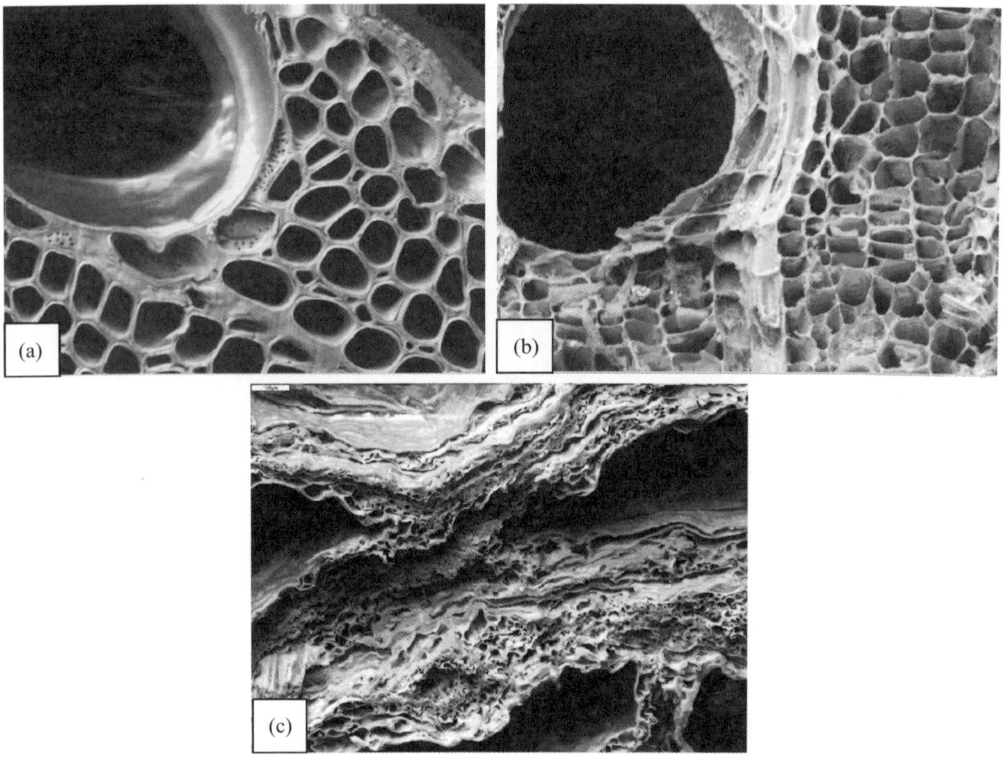

（a）自然干燥的未降解木材，具有完整的细胞壁；（b）冻干后严重降解的木材，细胞壁降解，但细胞腔完好；（c）自然干燥的严重降解的木材，细胞腔塌陷、变平了。拍摄：丹麦国家博物馆保护部（Conservation Department，National Museum of Denmark）

水溶性试剂填充后饱水木材的冷冻干燥

为阻止或减小冻干器物的收缩，饱水的器物可以用水溶性填充剂填充，取代细胞壁中的结合水。降解的器物干燥后通常抗压强度和抗拉强度都很低，也可以使用加固材料填充，干燥后，由于加固材料部分填充了孔洞，如细胞腔，可以增加器物的强度。填充剂和加固剂都可以作为低温保护剂，减小水结冰的过程中由于体积膨胀所导致的开裂。

引入水溶性的填充剂降低了水溶液的冰点。经验表明，成功的冻干过程需要使溶液完全凝固，过程中温度通常必须保持在溶液的共晶（崩解）温度以下，在共晶温度下形成共晶组织，溶解PEG的水和溶解于其中的PEG都凝固了，分别形成冰和固态的PEG。下面的图说明了PEG 2000冻干过程所形成的共晶组织。

木材中冰的升华发生在冰表面，因此冻干过程的速率几乎正比于冻干

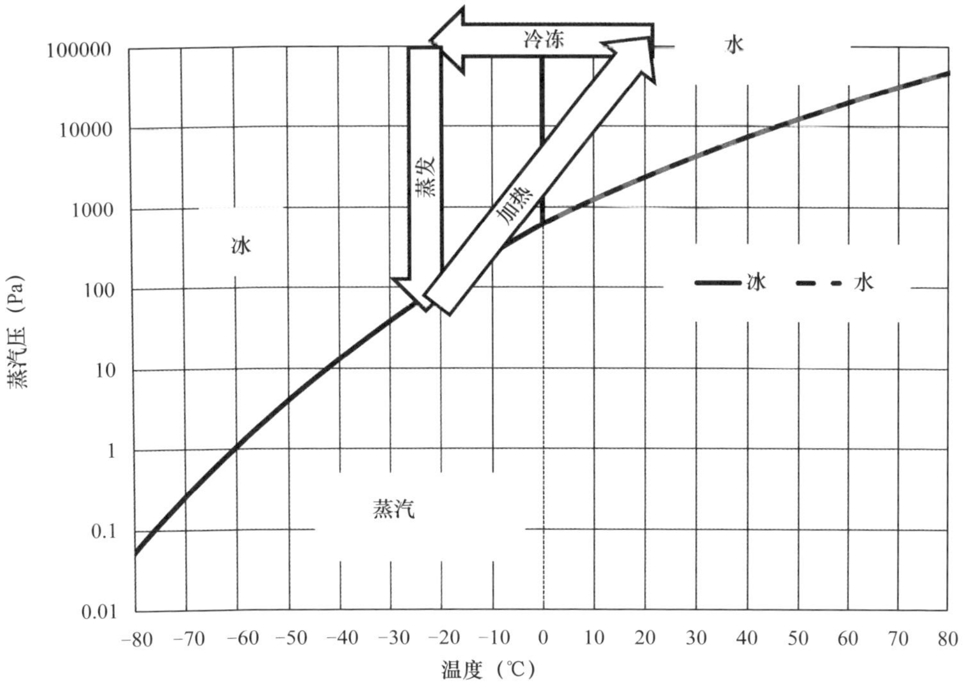

冷冻干燥与液相、固相和气相的关系。多孔结构（木材与凝固的聚乙二醇（PEG））中的水通过冷却由水变成冰。饱水的多孔结构周围分压降低，因此水通过升华由冰变为水汽。多孔结构中的水被除去，而不会产生具有破坏作用的毛细力。最后，真空释放，器物的温度升高到室温［冰表面的水蒸气压力数据来源于 Lide（1995）。100Pa=1mbar］

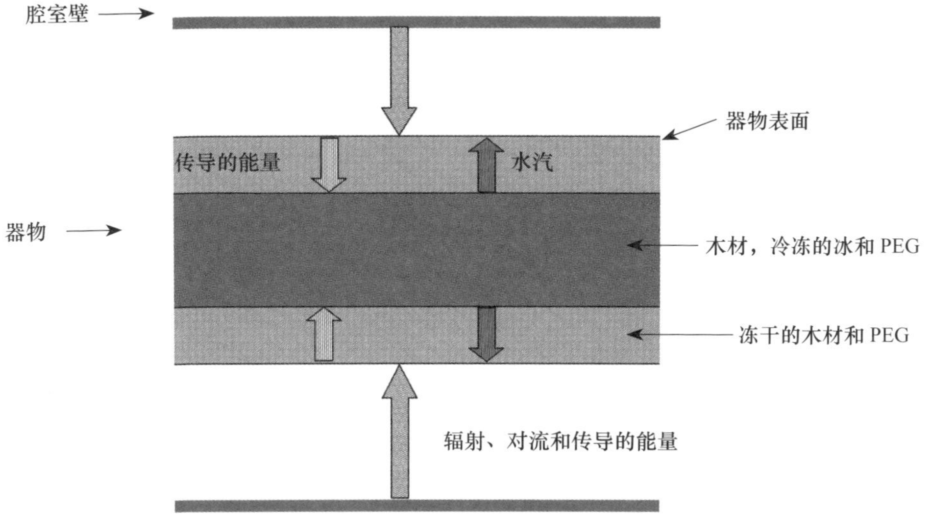

聚乙二醇（PEG）填充的器物在真空冷冻干燥过程中热质转换模型

温度下冰表面的水蒸气分压。如果将冻干的温度降低至崩解温度，则会因为降低了冰表面的水蒸气分压，使冻干过程变慢。

水相的填充溶液必须具有共晶温度和共晶组织，意味着木材原有的孔洞可以被固体填充剂填充，也形成多孔结构。木材干燥区域的可渗性反比于填充溶液的浓度，干燥时间正比于可渗性，因此干燥时间将随着填充溶液浓度的升高而延长。有一点很重要，如果溶液浓度高于共晶浓度，那么没有形成共晶组织那部分填充剂凝固的过程中不会形成孔，因而会妨碍水蒸气从冰的表层向界面转移。

因此，冻干过程是很多参数的折中，例如填充剂的种类和浓度，共晶温度和组织，过程温度等。如果不考虑这些参数，那么冷冻干燥过程可以分为三个部分：填充、真空或常压条件下冷冻和最终的干燥。由于不管是在减压还是在常压下，填充对于冻干都是一样的，因此将其作为一个单独的部分进行描述。

冻干之前水溶性填充剂的选择

饱水木材冻干过程中使用填充试剂的目的是保证能够得到理想的结果，使

直接冷冻干燥的含水木质器物，由于去除了细胞壁吸附水，出现了收缩，导致横裂纹产生。拍摄：丹麦国家博物馆保护部（Conservation Department，National Museum of Denmark）

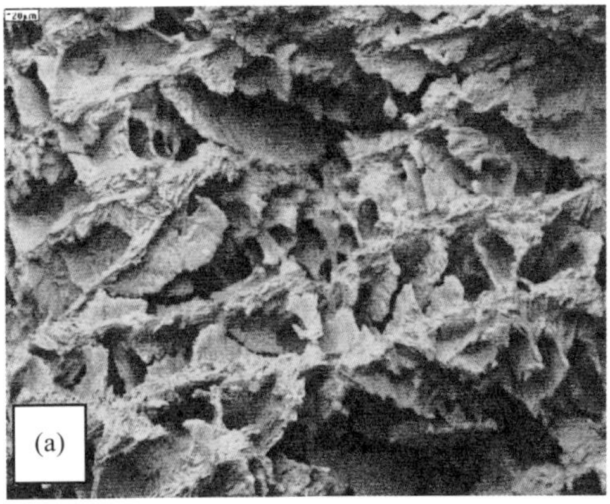

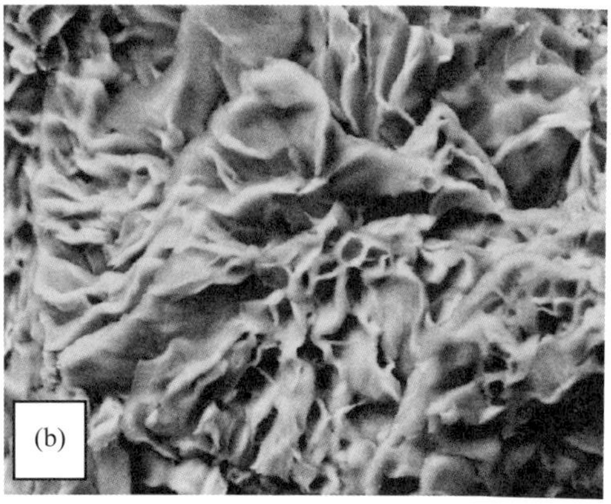

（a）聚乙二醇（PEG）2000 形成的低共晶结构（75×）；（b）相同的结构放大观察（500×）。拍摄：丹麦国家博物馆保护部（Conservation Department，National Museum of Denmark）

得干燥后的器物适于储藏、展示和科学研究。因此填充试剂必须能够减小收缩，增加器物的强度，减小水结冰过程中由于体积膨胀所造成的破坏，同时用作填充剂、稳定剂以及低温保护剂。同时，填充剂的凝固（共晶/崩解）温度不能太低，能够形成多孔的固体（共晶体）结构。最后，填充剂必须是水溶性的，能够以一个合理的速率扩散到饱水的木材结构中间。

这些对于加固剂的要求可能互相矛盾，所以我们测试了一些水溶性的填充剂，包括丙三醇、蔗糖、葡萄糖、甘露醇、山梨醇以及聚乙二醇等。

到目前为止，PEG是应用最多的填充剂。PEG的分子量可以从200到10万以上，都是水溶性的，可以渗入饱水的木质文物中，取代细胞壁中的结合水。它们的共晶温度不是很低，可以增强降解的木材。两个最为矛盾的要求是，如果要实现较快的填充，就要使用小分子量的PEG；如果要得到高的共晶温度，则需要用高分子量的PEG。下面的图表显示了PEG共晶温度与分子量之间的关系。一般来说，要选择分子量在1500以上的PEG，因为分子量更低的在室温状态下不是固态，而且共晶温度非常低，冻干很困难。同样，一般不会使用分子量4000以上的PEG，因为扩散速度太慢，对于保存较好的木材无法渗透。

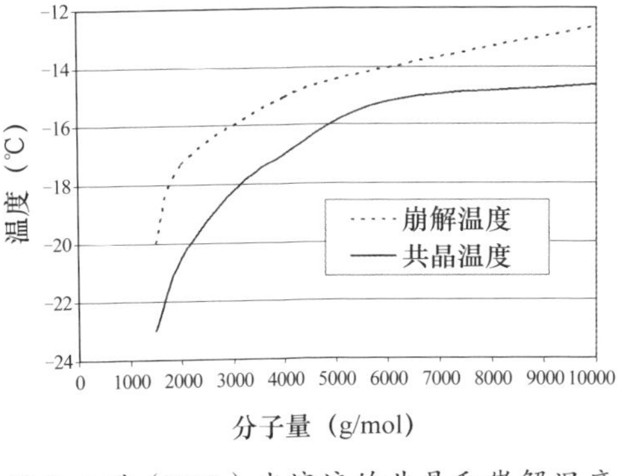

聚乙二醇（PEG）水溶液的共晶和崩解温度（Schnell与Jensen 2007）

8.2 冷冻干燥过程

除减压状态下的冻干外，在特殊情况下，也有可能在常压下进行冷冻干燥。当然，这两个过程都需要用稳定剂填充饱水木材。

填充过程

填充过程的目标是保证填充剂在器物中的浓度能够形成正确的、预期的分布。

如果采用PEG作为填充剂，应选择高分子量的PEG（1500～4000）作为主要的填充剂，处理液的最终浓度应达到30%～45%w/w。通过填充到细胞腔内，这一浓度的PEG可以使器物达到稳定状态，并将分离的木材“粘在一起”。木材的降解程度越轻微，就可以选择分子量越低的PEG。

对于保存状况非常好的器物，可以在溶液中添加浓度3%～10%的低分子量PEG（200～600），因为这些小分子渗透到细胞壁中的能力更强，可替换通过吸湿形成的结合水，进而防止收缩。

如果低分子量的PEG没有进入细胞壁或是高分子量PEG的共晶组织中，可能发生塌陷。木材外层通常是降解比较严重的部位，为减小木材外层低分子量PEG的浓度，可能需要采取两步法进行填充。

填充通常在室温条件下的浸泡槽中进行。初始浓度通常是10%，然后以5%或10%w/w的速率增长，直到达到最终浓度。填充时间从几个月到几年不等，取决于木材的种类、尺寸、降解程度以及PEG的分子量。可以根据经验和扩散模型确定填充的时间表。填充过程中，必须监控浸泡液的浓度。关于填充过程的更多信息见4.3节有关一步法和两步法的描述。

有可能发生微生物方面的问题，但是可以通过加热或加入杀菌剂抑制解决。关于控制微生物活动的更多内容见4.3节不来梅柯克船（*Bremen Cog*）项目部分。

饱水木材的真空冷冻干燥过程

真空冷冻干燥背后的原理是填充的木材在腔室中冷冻之后，所有空气从干燥的腔室中抽出，只留下压力极低的水蒸气。这种条件有利于发生快速的转移过程，水蒸气的流体从冰的最表层通过干燥区到达器物表面，然后到达冷凝器，干燥时间很短。然而，冻干过程的物理作用使得干燥厚的器物非常困难，干燥超过10cm厚的器物所需时间超过6个月。由于真空冷冻干燥对于器物的尺寸有所限制，所以必须将器物的形状和尺寸考虑在内。

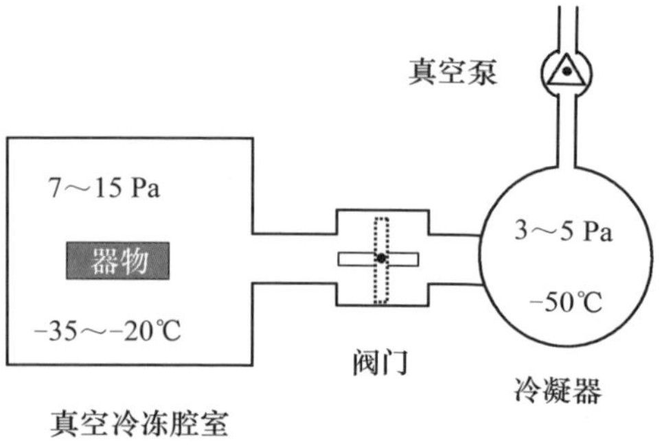

真空冷冻干燥设备，用于干燥聚乙二醇（PEG）预填充的饱水器物。100Pa=1mbar

真空冷冻干燥的专用设备

用于已经填充了PEG的饱水木质文物的真空冷冻干燥设备，通常包括一个四壁可以冷却的真空腔室；连接真空腔室和冷凝器的具阀连接装置；连接在真空泵上的冷凝器。腔室的温度必须能够调节至PEG水溶液共晶温度以下，以形成一种压力，使器物中的冰能够升华。冷凝器的温度必须足够低，可以使器物中升华的水蒸气冷凝，避免真空泵过载。

真空冷冻干燥设备必须安装温度传感器，用以测量腔室壁、冷凝器以及器物温度；必须安装压力表，以测量腔室中和真空泵的水蒸气压力；还需要天平，以跟踪干燥过程中器物质量减少的过程。

冷冻

用于饱水木材的真空冷冻干燥设备通常都具有可以降温的腔室壁，因此在升华之前，可以在腔室中对已经填充的器物进行冷冻。另外，器物也可以在冻干之前，放在普通的冷却器或冷冻室中进行预冷冻。器物在冷冻过程中，必须用不透气的薄膜或袋子覆盖，以防止水溶液在还处于液态时水分从表面蒸发，否则木材会发生塌陷和开裂。

真空冷冻干燥

冷冻干燥设备腔室壁的温度需降至共晶点温度以下，以保证器物中填充剂的水溶液全部凝固。当腔室中的真空度低于冰表面的饱和水蒸气分压（见 115 页的图），升华就开始了，已填充的器物也同时开始冻干。通过监测器物的温度、腔室的压力、腔室壁的温度、器物质量的变化以及冷阱中产生冰的量，可以控制冻干的过程。冷冻干燥过程理想的条件是保持腔室中压力尽量低，通过控制腔室壁的温度，使器物的温度刚好低于共晶/崩解温度。

根据器物密度、孔隙率以及厚度的不同，冷冻干燥需要 6 个月甚至更长的时间。

优点

由于冷冻干燥方法可以保存器物原有的尺寸和表面，因此这一方法可以说非常安全。一些器物，其保护目的是用于展示，或用于技术研究，例如雕刻、文字符号等，推荐采用冷冻干燥方法进行保护。如果变形的器物或是木板需要通过上夹具或模具矫形，那么只要知道器物原来的形状，便可以在木材已经填充完还处于饱水状态时进行。这样的程序也可用于分段干燥器物的情况，可以在木材还处于含水的柔韧状态下将复杂的结构装配起来。在冷冻前将形状和位置固定，并在整个冻干过程中保持固定状态，这样在最后布展的时候就只需要很小的调整了。

缺点

设备昂贵，相对复杂，运行成本高。如果器物在冻干前没有矫形，那么干燥后的器物必须加热加湿才能复形。而用于填充的 PEG 不一定能赋予所有器物足够的强度，因此可能需要合适的支撑体。同时，厚度超过 10cm 的器物很难干燥，需要很长时间。

常压下饱水木材的冷冻干燥过程

在常压下采用冷冻干燥法只有少数几个公开报道的案例，这项技术也没有发展到可以作为一个标准方法的水平。然而，无论对于大型的还是小型的器物来说，都可以将其作为一种较为经济的方法，替代真空冷冻干燥方法。

其原理是将填充后的器物冷冻，然后放置在相对湿度较低的冷冻腔室中，这样水蒸气可以从冰的最表层迁移到相对湿度低的区域。

通过对流去除器物表面水蒸气是一个快速的过程，但是由于器物内部为常压，水蒸气通过扩散从冰的最表层迁移到表面是相对慢的过程，因此常压冷冻干燥远远慢于真空冷冻干燥。

与真空冷冻干燥不同，如果想让器物在一个合理的时间内干燥，那么木材厚度不能超过2cm。但另一方面，由于可以使用具有一定相对湿度的大冷冻室，器物的大小不再是限定性因素。

常压冷冻干燥的专用设备

一般来说，用于冷冻干燥饱水木质文物的常压冷冻干燥设备由以下几个部分组成：可以制冷的腔室；能从空气中去除水分的除湿器；在一些情况下，风扇可以使器物表面产生合理的空气流速，有利于冰/水在除湿器中凝结。

带有制冷架的冷柜可以用于冷冻干燥。架子有两个作用：（i）冷却腔室；（ii）用于制冷的盘管比腔室内温度低，可以作为除湿器，相对湿度可以达到20%～80%。

也可以使用四壁上安装制冷管的冷冻设备，但是相对湿度一般会超过75%，使得干燥过程变慢。可以通过插入“指形冷冻器”沉积冰，以降低相对湿度。或者放入装载除湿剂的托盘。

较大的冷冻室和容器对于较大型的器物来说非常有用，除湿机的安装方式视冷冻室具体施工情况而定。

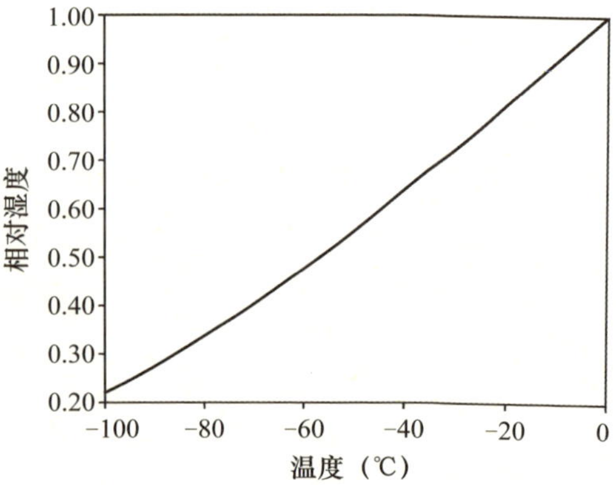

冰面上相对湿度与温度的关系

各种类型的冷冻干燥设备都必须配备测量腔室四壁温度的温度传感器、湿度传感器以及质量传感器，以监测器物干燥过程中质量的损失。

常压冷冻干燥

冷冻干燥设备中的温度要低于共晶温度，以保证填充试剂的水溶液完全凝固。当腔室中的相对湿度低于冰表面的相对湿度时，就会发生升华，进而填充的器物开始被冻干。冰表面的相对湿度与温度的关系如图所示。

通过监控器物的温度和质量变化、腔室内的相对湿度、托盘中凝结冰的量或除湿剂吸收的水分等参数来控制冷冻干燥过程。最理想的干燥过程，是通过调控相对湿度，使器物表面的相对湿度尽量低；通过控制腔室的温度，使器物的温度刚好低于共晶/崩解温度。

依据器物的密度、孔隙率和厚度、设备效率等条件的不同，冷冻干燥的过程需要 6 个月或更长时间。

优点

采用的设备容易获取，价格相对便宜，方法简单。针对厚度在 1.5cm 以下的器物，干燥过程会非常迅速。

缺点

这一方法没有非常完善的实验记录。对于厚度超过 2cm 的器物来说，因干燥时间太长，需要消耗较多的能源。

其他冷冻干燥过程

冻干饱水器物最安全的方式是在共晶 / 崩解温度以下操作，然而实际操作过程中，不一定能严格遵守这一规则。

使用低浓度 PEG

降温的时候，低浓度填充溶液中的水会首先从溶液中结冰析出。如果形成了足够的冰，产生连续紧凑的冰结构，就可以承受塌陷的压力。因此在冻干过程中，即使没有达到水和填充剂能够在某个温度下（共晶点）一起凝固的共晶溶液浓度，器物仍可以保持原有的水膨胀状态。如果填充溶液浓度非常低，例如 3%～5%w/w，或者在干燥过程中填充剂还没有凝固，被吸收到木材的细胞壁中，就可能发生上述情况。

这种方式的优点是，冻干可以在较高的温度下进行，速度加快；可以使用小分子量的填充剂，这样的填充剂共晶温度低，可以很好地穿过细胞壁，替代结合水。

两步法

两步法是指木材的外部区域填充分子量 2000 以上的 PEG，内部区域填充低分子量的 PEG。如果小心谨慎地应用这一方法，也可以很好地用于外层降解区域易于塌陷、内部保存较好没有塌陷的木材。外层区域在低于高分子量 PEG 共晶点的温度下冻干，内部区域则在室温下干燥。

保护后器物的展览和储存条件

只要温度（15～25℃）、相对湿度（30%～55%）及物理、化学、生物威胁等指标满足常规的博物馆 / 库房要求，所有以上提及的保护方法和填充试剂都是安全的。由于填充试剂不一定能赋予所保护的器物以强度，在展览和储存过程中一般还需要加以支撑。

8.3 真空腔室中的船体

下面通过一些案例，来说明在丹麦国家博物馆是如何将真空冷冻干燥技术成功应用于考古木船的保护。

船板搭接的船——罗斯基勒 6 号船（*Roskilde 6*）

罗斯基勒船（*Roskilde*）是 1996～

1997年在罗斯基勒被发掘的。这次发掘共揭露了9条船，时间跨度从1025年到1336年之间，其中8条是货船，而年代最古老的一条，罗斯基勒6号船（*Roskilde 6*）是一艘大约可以乘坐100人的战船。所有的船都是船板搭接的，但船的尺寸各不相同，建造时所使用木料的尺寸也不相同。现场提取信息之后所有船体都拆解了，再将船板提取并转运到水槽中。对每一块船板进行清洗和记录以后，将所有的木料都运送到保护部进行保护。绝大部分木料是橡木，其中一些仅仅是表面发生了降解，木材内部降解非常轻微，而其他一些看起来木材整体都发生了比较均匀的降解。尽管如此，木料全部都用PEG 2000浸泡，准备冷冻干燥。

2011年制定了这些船的保护方案：货船的保护以研究为目的，将不再重新组装。而较长的战船罗斯基勒6号船（*Roskilde 6*），则将做保护，并参加“维京时代”（Viking Age）展览的巡展。保护以后，船将被重新组装并放置在一个托架上，此时每一块船体构件都必须放回原位，这一点非常重要。最终目标也影响了整个冻干过程。在长期埋藏和持续几年的浸泡填充过程中，船体木料有可能变形。因此，重新构建了船体的原始形状，并据此制作了单独的构件、支撑体及模具，以便在干燥过程中使用。这一复原模型在建造用于展览的托架时也用到了。

尽管罗斯基勒6号船（*Roskilde 6*）只有25%被保存下来，但是使用我们长8m、直径2m的巨大的冷冻干燥设备，仍需要6个冷冻干燥周期来干燥所有构件。由于每个冷冻干燥周期持续大约5个月，那么总的干燥时间大约是3年。最先干燥的是龙骨，龙骨由5部分组成，夹持在铁架子上的叉架上。然后将肋骨和类似的木料固定在一个特制的框架上处理。最后是将每一块船板放在一个单独的支撑体上，分三批进行处理。

在干燥开始之前，我们选择性地将温度传感器放置在几个构件中，以便跟踪和控制真空腔室内的处理过程。温度是冻干过程中的一个控制参数。

在真空冷冻干燥应用于保护船板搭接的饱水木船之前，通常的保护方式是，用PEG完全取代木材中的水，再将木料在高温下放置几个小时，直到能够弯曲。采用这样的方法能够使保护后的船板弯曲至原有的形状。虽然PEG完全填充的考古木材变得具有柔性，可以通过蒸汽熏蒸之后使之弯曲，但是不推荐将这一方式用于真空冷冻干燥。当

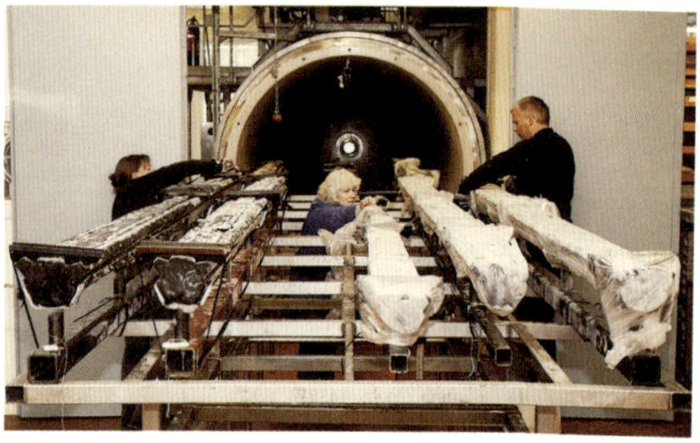

在冷冻干燥前，龙骨部分被固定在带有插架的铁架上。拍摄：丹麦国家博物馆保护部（Conservation Department，National Museum of Denmark）

冷冻干燥前，将肋骨固定在框架上。拍摄：丹麦国家博物馆保护部（Conservation Department，National Museum of Denmark）

木料填充了35%～40%的PEG 2000，如果在冷冻干燥之后使用蒸汽熏蒸已经降解的多孔表面，则有可能导致木材塌陷或收缩。绝大部分冷冻干燥的木材颜色较浅，工具痕保存状况较好，而蒸汽处理可能会导致这些特征消失。另外，脱水之后使用蒸汽会导致PEG降解。在高温下氧化降解过程被加速，导致PEG分子量降低，降解的PEG会生成甲醛，危害健康。在木材填充之后还处于含水状态、具有良好柔韧性的情况下对木材进行矫形，可以避免以上风险，也便于对保护后的木料进行拼装。

在每一个冻干过程之前，矫形、固定和安装模具都很耗费时间，而且需要知道船和木料最终的形状。用于船体真空冷冻干燥的腔室至少需要5～7m长。填充后仍旧含水的木材从浸泡液中拿出时的形状，是决定这一过程成败的关键。当将木料排列成正确形状的同时，要避免不可控的干燥；因此当给每一个单独的构件塑形的时候，要将塑料膜、浸透PEG溶液的织物以及盛有PEG水溶液的喷淋容器放在手边备用。

两艘独木舟——宾根（*Bingen*）和埃斯比约（*Ejsbøl*）

事实证明真空冷冻干燥法是保护独木舟的优异方法。独木舟以树干为原料，通常采用橡木、椴木或桤木。由于绝大部分心材已经从树干中去除了，所以独木舟往往含有相对大量的边材。独木舟典型的降解形式是侧面、端部和表面相对降解更重。直径较大的独木舟，一般木材中间降解较轻；尺寸较小的独木舟，通常整体都会有比较均一的降解。

1997年，在挪威东南部瑟吕姆（Sørum）发掘了宾根独木舟（*Bingen logboat*）。这艘独木舟差不多10m长、0.7m宽，大约是公元前170年的。船底部厚13～15cm。表面上原始的斧痕和铲痕等工具痕迹清晰可见。降解最严重部分木材的密度是365 kg/m^3，保护较好的部位是450 kg/m^3。作为挪威发现的最古老的船，宾根独木舟的成功保护非常重要。虽然这艘独木舟的厚度已经非常接近冷冻干燥方法能够应用的尺寸极限，但还是假定这种方法比完全填充更安全，可以得到更好的效果。由于在挪威找不到更大的真空冷冻干燥设备，所以决定在挪威进行填充，在丹麦进行真空冷冻干燥。保护人员制定了一个应用于真空冷冻干燥的填充方案。从 2001 年到 2004 年，船体连续用 PEG 200 和 4000 的水溶液填充。第一年，用 10% 的 PEG 200 溶液。然后加入浓度不断提高的 PEG 4000 溶液，直至浓度达到 40%。到 2004 年，将船体从浸泡液中取出，包在塑料膜中，放在冷冻容器中送往丹麦。由于船体比冷冻干燥的腔室长出 2m，因此决定在船体到达丹麦后进行切割。用锯切割了船体，不是沿直线切割，而是切成台阶形的，以使得干燥后两段船体可以较好地吻合。

操作一段 10m 长、木材重量达到 1500～2000 kg 的船体，需要一个良好的升降系统、大量的工具、捆扎带和训练有素的工作人员，且放置船体的房间需要很大的操作空间。干燥过程持续了 6 个月。然而，在真空冷冻干燥的前几个月里，由于木材的尺寸太大，能量交换和水蒸气出入冰核的过程停滞了，以至于不得不逐渐升高干燥腔室中的温度。升高干燥腔室中的温度这一方法只推荐在以下特定条件下使用：干燥过程达到一定程度，外部降解最严重的部分已经干燥，而器物的降解程度在出现塌陷的临界点之上。另外一个与常规保护不同的地方是，填充使用了高分子量和低分子量两种 PEG。之所以使用这种混合溶液，是因为用高分子量 PEG 填充厚的、几乎没怎么降解的橡木器物非常缓慢，几乎不可能实现。降解程度表明干燥过程中可能发生收缩，因此在使用 PEG 4000 填充之前，使用了 PEG 200 作为膨胀剂。由于在降解最严重的表面区域有足够高浓度的高分子量 PEG，干燥之后表面没有发生塌陷。干燥过程中发生了一些纵向的开裂，然而，由于填充过程只有三年半时间，裂缝还是少于预期的，仍然可以认为保护是成功的。

1998 年，在丹麦南部一个沼泽内发掘了埃斯比约独木舟（*Ejsbøl logboat*）。

宾根的独木舟（*Logboat from Bingen*）冻干之后。拍摄：丹麦国家博物馆保护部（Conservation Department，National Museum of Denmark）

埃斯比约独木舟（*Logboat form Ejsbøl*）冷冻干燥之后，最后清理表面之前。拍摄：丹麦国家博物馆保护部（Conservation Department，National Museum of Denmark）

这艘独木舟由橡木建造，底部和边厚2～10cm。船身长3.5m、宽0.75m，船体不完整，船身一侧的一部分和端头的一部分缺失了。独木舟降解得很严重，也很均匀。估计木材密度有200～250kg/m^3。这艘船的独特之处是：几条纵向的裂缝用韧皮纤维缝上了，缝线用木钉固定。当独木舟从泥炭中被提取的时候，裂缝再次开裂。因此，在填充和干燥过程中，一个挑战就是要保护已经破裂的部分，使得重新组装的时候各个部分都能准确地吻合。

在做过记录之后，船体所有的部分都用聚乙烯塑料薄膜包裹，直至放到装满PEG 2000的浸泡槽中。开始采用16%w/w的PEG 2000填充，当PEG 2000的浓度达到44%时结束，过程持续了8年。

填充之后，船体在仍含水的时候重新组装，这使得各个部分都能够吻合。制作了一个支撑体，用于干燥过程中支撑船舷和船身。组装之后，用塑料薄膜包裹，然后进行冷冻。当整个结构完全冷冻后，形状就固定了，将塑料薄膜移除，开始真空冷冻干燥过程。冻干进行了5个月，整个过程在-25℃下进行。

如果需要在冻干过程中升高温度，则可能发生塌陷，但是很幸运，实际并不需要，因为木材的厚度最大为8～10cm，而且降解严重。当木材中有更多孔隙的时候，水汽更容易由木材外层的冰中渗出。

冻干之后，去除了表面多余的PEG，船体各个部分用3M公司的Jet Melt 3792-Q胶粘接在一起。虽然这艘船保护的目的是研究，但还是制作了托架以防止船体在运输和储存过程中分离。

绳索

有些时候，在舟船的考古发掘中会发现绳索。它们可能是船体的一部分，例如帆索或锚索，或者是货物的一部分，或者是船上的绳子。饱水的绳索是非常脆弱的材料，冻干则是最好的保护方法。

考古发现的纤维材料最基本的问题是纤维降解、结构开放，以及材料本身非常不均匀。

用于制作绳索的主要材料是椴树皮的韧皮纤维。当将韧皮纤维作为一种考古材料时，最好这样描述它：按照某种特定顺序和位置相互连接的一束纤维。不像木材、骨头、皮制品等其他有机考古材料，绳索中的韧皮纤维不能负担其自身的饱水重量，也不能负担充盈其中的水分的重量。当绳索周围的水排干，原来圆形的绳索就会塌陷，器物会变平。幸运的是，当将其再次放入水中时，浮力又会使绳索恢复原来的形状，这种材料能够“储存”的“记忆”真是令人叹为观止。与其他有机材料制作的器物不同，绳索还有另外一种特性，即如果无约束地放在水里，绳索就会散开，即使是非常小的水流也会使之漂走。

在考古发掘中抢救绳索

绳索必须放置在一个稳定的支撑体

水中的绳索，在密封袋中冷冻。拍摄：丹麦国家博物馆保护部（Conservation Department，National Museum of Denmark）

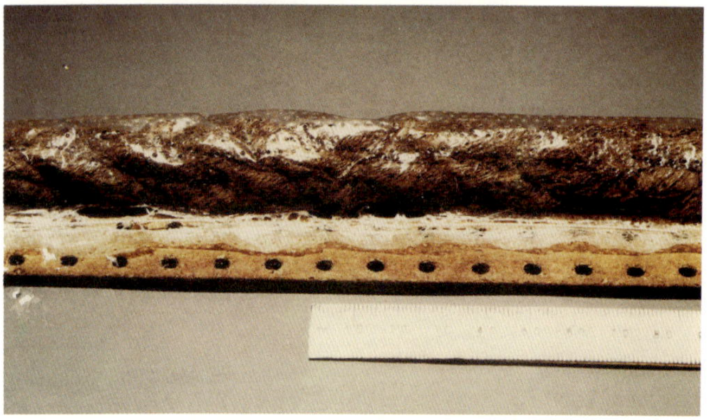

冻干之后的绳索，仍包在打孔的薄膜中。拍摄：丹麦国家博物馆保护部（Conservation Department，National Museum of Denmark）

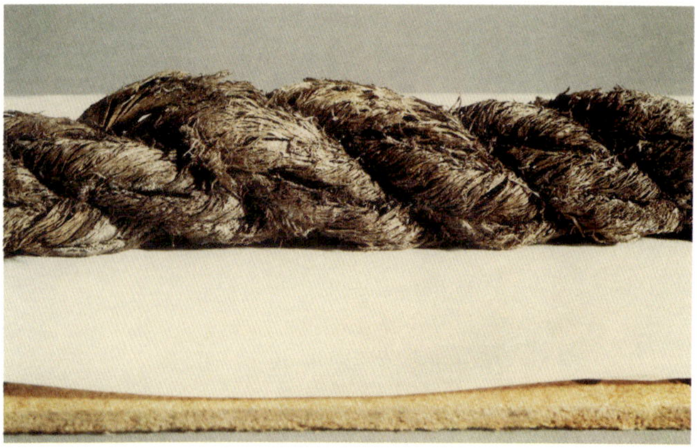

冻干后的绳索，放在支撑体上，打开了包裹物。拍摄：丹麦国家博物馆保护部（Conservation Department，National Museum of Denmark）

上，大的绳索必须整体提取。

清洗

必须使用非常小的、柔和的水流进行清洗。将绳索放在非常光滑的支撑体，例如玻璃上，会有助于清洗，可以在清洗绳索不同部位的时候向不同方向倾斜。

包裹

对于成功的保护来说，绝对有必要对绳索进行包裹。打孔的聚乙烯薄膜非常适合作为包裹材料：质轻、光滑、透明、稳定、惰性、尺寸稳定，可以透过水和填充剂，而且可以迅速、容易地包裹在器物四周。为了安全地处理器物，通常需要将包裹的器物固定在一个支撑体上。

填充

采用低浓度的高分子量和低分子量PEG混合物溶液进行填充，可以保证真空冷冻干燥方法的成功实施。

冷冻干燥

由于以上提到的一些特性，绳索必须浸没在水中，然后冷冻，以保证在冻干过程中保持原有形状。

托衬

干燥后的绳索应当放置在一个稳定的、可以进行操作的支撑体上，这是绳索保护必不可少的一部分。

第 8 章　附注

饱水木材冷冻干燥各方面问题的详细研究见 Andersen，1993，Jensen *et al.*，1993，Jensen *et al.*，2002，Jensen and Schnell，2004；Jensen and Jensen，2006；Schnell and Jensen，2007.

冷冻干燥设备样本的信息见 Jensen *et al.*，2007.

在模具中冷冻干燥船体构件的实际应用见 Strætkvern *et al.*，2009.

加拿大冬天在室外进行的冷冻干燥试验见 McCawley *et al.*，1981.

请勿将在罗斯基勒维京船博物馆（Roskilde Viking Ship Museum）港口发现的罗斯基勒船（*Roskilde ships*）与 1961 年在罗斯基勒峡湾发现的斯库勒莱乌维京船（*Skuldelev Viking Ships*）混淆。罗斯基勒船（*Roskilde ships*）的记录见 J. Bill *et al.*，2000.

宾根独木舟（*Bingen Logboat*）及其保护处理见 Arisholm and Nymoen，2005.

冷冻干燥法处理脆弱绳索的详细描述见 Bojesen-Koefoed *et al.*，1993.

意外的好运：大量可供使用的饱水木材，使得我们可以在均一的材料上进一步开展对比试验。
拍摄：佩尔·霍夫曼（Per Hoffmann）

9 在 PEG 法、蔗糖法、糖醇法和 Kauramin 法中选择“最优”方案

9.1 基于多因素的方法评价

在选择保护方法时，虽然稳定效果是最为重要的方面，但也仅是需要考虑的因素之一。

其他需要考虑的因素包括：处理方法的可信度；木材处理后的外观和色泽；木材处理后重量的变化及其他物理性质的变化；表面细节的呈现；技术装备的复杂性；控制和维护的要求；人员配备的类型和水平；持续的时间，以及总体的经费额度。可逆性或可再处理性被认为是考虑保护方法时必不可少的一个方面，然而，保护一艘舟船通常是价格昂贵、耗费时间而且压力巨大的项目，未来某一天某些人想要逆向进行这些艰苦工作的可能性微乎其微，但仍有必要考虑未来的再处理。

我们将实验室实验结果放大，应用到实际的船只保护处理上。而我的工作单位，在开展大型保护项目的同时，还要承担其他大量的日常工作。基于工作环境中积累的经验，以下我对上面提及的一些因素展开讨论。采用前面几章介绍的四种方法——PEG 法，蔗糖法，乳糖醇法以及 Kauramin 法，所有的材料都在同样降解的木材样品上进行测试，以对比这些方法的性能。决定用哪种方法保护一艘船，取决于这艘船自身的特殊情况，同时要对每种方法的可能性和局限性了然于胸。以下对于上述方法的讨论以它们的性能优劣为序。

稳定作用

非常幸运，我们有大量的三个不同树种的饱水考古木材，一个软木，两个硬木，这使得我有可能开展进一步的对比研究，以比较不同方法对于相同木料样品的稳定效果。样品的尺寸可以相对大一些，可以同时开展 10 个平行实验。

一定程度降解的（u_{max}=200%～315%）、来自下萨克森州坎帕沼泽（Camper Moor）新石器时代古道的松木块［参见加布里埃莱·霍夫曼（Gabriele Hoffmann）拍摄的照片］。在梅克伦堡州 12 世纪一个定居点的整个堡垒、栅栏以及高塔都翻倒在充满水的城壕里，采集了严重降解、裂成两半的榉木板（u_{max}=500%～800%），以及两种

梅克伦堡州罗迪格湖（Löddigsee）12世纪的定居点，由橡木和榉木建造的防御工事，800年前倾倒在充满水的沼泽中。拍摄：佩尔·霍夫曼（Per Hoffmann）

不同降解程度的橡木块（u_{max}=100%和590%）。试验样块沿着径向切成12cm×6cm×1.5cm的平板。这些橡木样品都包含一部分未降解的心材、一部分严重降解的边材。

样块的稳定处理采用如前几章所述、接近每种方法的理想条件下进行。样块在用每种方法处理前及处理完、在室温条件下干燥之后进行尺寸测量，以作为稳定效果的评估指标。计算每一样块弦向和径向收缩率的平均值，作为处理后和未处理样块的残余横纹收缩。结果见佩尔·霍夫曼和莱因霍尔德·布雷登（Per Hoffmann和Reinhold Breden）绘制的图表。翘曲、塌陷、颜色和表面特征通过肉眼检查进行评估。

对于未处理的轻度降解木材和重度降解木材来说，样块之间收缩率的差异可能非常显著，很大程度上由细胞结构的塌陷程度所决定。无论从塌陷发生的范围还是从塌陷位置的分布来说，塌陷都是无规的现象。从同一块木料上切割的样品降解程度也可能不同，因此塌陷程度不同。总的来说，所有这四种稳定处理方法都使得样品的收缩行为更趋向均一，塌陷发生的可能性被大大降低，甚至可以说对于所有木材来说都完全抑制住了塌陷。然而不同稳定方法之间稳

下萨克森州坎帕沼泽（Camper Moor）中新石器时期的古道。当几米厚的泥炭被取走作商业用途后，古道暴露出来，发现了大量降解的松木。5000 年前，繁盛的松树树桩依旧清晰可辨。拍摄：加布里埃莱·霍夫曼（Gabriele Hoffmann）

定效果存在差异。对各种方法的评价基于稳定处理后自然干燥的结果，而未进行冷冻干燥和加热干燥。

对于所有三个材种的木材，Kauramin 法的尺寸稳定效果最好。松木和降解的榉木非常完美地保持了原有形状，而未降解的橡木心材仅出现了些许塌陷和翘曲。

经 PEG 处理的所有这三个材种的木材，在尺寸和形状稳定性方面排第二。虽然横纹收缩的平均值大于乳糖醇法和蔗糖法处理的样块，但样块之间的差异更小。对于高度降解的榉木，PEG 3000 的稳定效果好于蔗糖和乳糖醇。

蔗糖法和乳糖醇法的弱点，是在应用于高度降解木材的稳定时，结果有好有坏，无法预料。对于降解的木材，蔗糖和乳糖醇处理可能导致明显的塌陷和翘曲。采用乳糖醇处理降解的木材有可能是危险的，因为组织内会发生大范围的结晶生长，有可能导致木材破裂。对于降解程度较轻的木材，不管是软木还是硬木，蔗糖法的稳定结果也不可预测。

相对于榉木和橡木等阔叶材，除 Kauramin 法以外，所有经过测试的方法对于针叶材，例如松木，效果都更好。这一现象众所周知，应与软木更为均一的细胞组织有关。

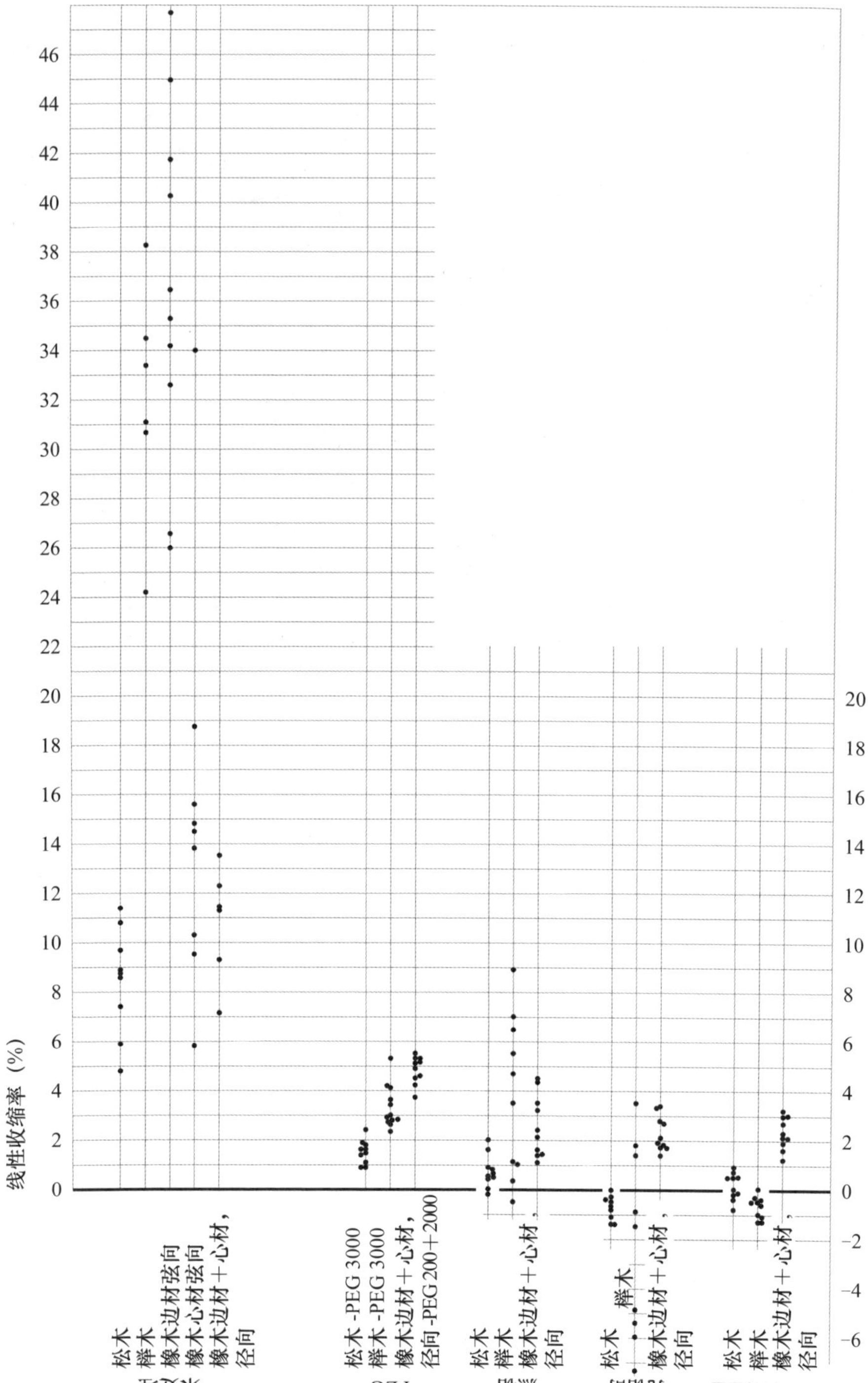

稳定性的进一步对比试验结果的概括。绘图：佩尔·霍夫曼（Per Hoffmann），赖因霍尔德·布雷登（Reinhold Breden），德国国家海事博物馆（DSM）

可信度

当选择一种保护处理方法的时候，效果的可信度是一个重要因素，这意味着有可能通过经验或文献报道预判结果。

PEG 方法的可信度最高。当 PEG 的分子量调整到与木材降解程度相适应时，这种方法的可信度非常高，收缩率保持在 1%～5% 的范围。PEG 处理唯一的风险是填充不足。但是如果有足够时间用于填充，就可以通过每隔一段时间对木材进行取样分析来加以控制，非常有希望得到好的稳定效果。

在应用乳糖醇方法的时候，即使非常严格地遵循发明人关于改进方法的指导，也不是在所有情况下都能阻止结晶生长和高度降解木材的破裂。这些木材发生翘曲的趋势也很高。对于那些没有非常直接经验的保护人员来说，至少对于严重降解的落叶材，乳糖醇方法看起来不是很可信的方法。

对于降解的和未降解的木材，似乎 Kauramin 方法的可信度也有差异。所有的降解木材都可以达到很好的稳定效果，但没有降解的橡木等硬木则不行。在我们的研究中，塌陷发生在所有橡木样品的心材部分，导致边缘部分表面沉

由左至右：饱水橡木、松木和榉木样品，没有稳定处理，自然干燥；所有木材样品都出现了收缩、塌陷和开裂。拍摄：佩尔·霍夫曼（Per Hoffmann）

与上图相同的样品，重新排列，由左至右：松木、榉木和橡木。拍摄：佩尔·霍夫曼（Per Hoffmann）

降。看起来似乎是由于氨基树脂预聚物的渗透性不足所造成的。在木材干燥的过程中，这一影响变得更为显著，此时采取任何补救措施都为时已晚，在木材的外部区域，树脂已经聚合，不可能再有进一步的填充。即便是非常小心地通过 pH 进行调控，Kauramin 方法也都存在过早聚合的风险。

蔗糖法用于舟船处理是不可信的。这一方法具有不可抵御的风险，处理溶液会感染空气、土壤中的细菌，降解蔗糖并破坏稳定过程。即使在溶液中使用大量的杀菌剂，这种感染也可能发生。稳定效果不够显著，木材会发生塌陷和翘曲。即使在实验室的无菌条件下，蔗糖法对于严重降解硬木的稳定效果也参差不齐，在轻微膨胀到大约 10% 的收缩之间漂移。

处理后木材的外观及颜色

只有在所有木材都被正确清洗的情况下，才能去比较处理完并自然干燥后木材的外观和颜色。特别要注意的是，PEG 处理后的木材经常不能被完全清理干净，因此看起来是油乎乎的、蜡状的，颜色呈棕黑色到黑色。如果木材含有高浓度的 PEG，往往就呈现这种令人不愉悦的外观。然而在我的排序中，考虑外观的话，PEG 处理的木材位列第三，排在蔗糖和乳糖醇处理的木材之后。

蔗糖和乳糖醇填充的木材看起来颜色、纹理以及表面细节绝对自然，处理后木材的外观通常是这一方法令人赞誉之处。

只用 PEG 200～400 处理的木材不需要清洗，干燥之后看起来干燥自然，有很精细的表面信息，虽然摸起来可能有点软。用 PEG 2000～4000 处理的木材，如果清洗得非常仔细彻底（最好是用在 10.1 节中描述的蒸汽喷枪），干燥后就会呈现很自然的观感。如果清理得不够深，那么颜色会更黑更强烈，且对比度很强。木材可以被处理到看起来

（由左至右）分别用 PEG 3000、蔗糖、乳糖醇＋海藻糖和 Kauramin 树脂加固的松木样品；颜色和表面透明度的差别很明显。请注意这些样品的尺寸不同。拍摄：佩尔·霍夫曼（Per Hoffmann）

（由左至右）分别采用 PEG 3000、蔗糖、乳糖醇＋海藻糖和 Kauramin 树脂加固的榉木样品。请注意这些样品的尺寸不同

两种降解程度不同的橡木样品（由左至右）：分别采用 PEG 3000、蔗糖、乳糖醇＋海藻糖和 Kauramin 加固。请注意这些样品的尺寸不同

松木、榉木和橡木样品分别采用聚 PEG 200 和 PEG 3000 加固；表面清理（左侧的样品）改变了木材的外观

好像用浅色的油处理过。清洗之后，木材看起来干燥而且所有的表面细节都能够辨识。在表面很薄的一层，其中的PEG完全被抽提去除，而或多或少填充了PEG的木材会处于这一薄层之下。

Kauramin处理的木材看起来非常干燥，颜色变浅，颜色可能是在灰色到奶油色之间。采用溶解在汽油中的棕色石蜡可以改善颜色，但是不容易实现木材自然的观感。Kaurinim填充的木材给人的印象是质量轻，也的确如此。填充到木材中的材料只有PEG、蔗糖或乳糖醇等处理方法的一半。后面几种处理方法使木材的重量与饱水状态的重量接近。Kauramin处理的木材重量只有湿重的三分之一至三分之二。

几种处理过程的技术要求和难度

就技术要求而言，PEG处理是最简单的。对于PEG 200～2000处理而言，可采用无加热的浸泡槽或任何种类的容器，在浸泡槽内部衬上承重塑料板就足够了。溶液的循环和过滤也可有可无。当使用高分子量PEG溶液时，浸泡槽必须加热到40～60℃，还需要有效的隔热和严丝合缝的顶盖，所有使用的材料都必须是耐热的。各种加热系统都可以用于浸泡槽内部或外面的槽壁上。对流可以形成均匀的温度和浓度分布，因此除非要混合补加PEG、杀菌剂，循环泵也不是必需的。如果为了节省建造大型浸泡槽以及大量充满浸泡槽的PEG溶液的费用，可以采用喷淋方法。喷淋可以采用标准的园艺喷水设施：泵、软管、喷嘴和喷头，甚至包括市场采购的、配有防水塑料地板的温室，用以回收利用处理溶液，这些设备都非常经济，用于船体保护有非常成功的经验。所有用于处理PEG溶液的泵都需要很大马力，并用耐腐蚀材料制作。泵有可能需要使用几年时间，如果损坏非常麻烦，也非常昂贵，备用泵永远值得投资。

对于乳糖醇＋海藻糖，可以使用与PEG处理一样的浸泡槽：针对软木和轻度降解的硬木，65%的乳糖醇＋海藻糖溶液就足够了，也不需要加热；当这一方法用于保护硬木，特别是重度降解的硬木时，需要使用浓度高达85%的溶液，这时需要用加热的浸泡槽。这一方法面临一个重要的挑战，即除了乳糖醇难以获得以外，目前还没有相关文献报道监控填充过程的实用方法。因此不容易确定填充终止的时间，最终可能由于填充不足导致失败。在室温条件下，填充后木材的干燥以及稳定晶体的形成是一个非常缓慢的过程。因此建议在50℃条件下干燥木材，这就需要安装和运行足够大、能够容纳船体的加热腔室。

对于Kauramin方法，需要配备加热腔室。树脂填充完毕后，在木材中开始聚合，固化需要在40～50℃下进行。腔室只需要工作几天，不必非常坚固。填充可以在室温条件下进行，在任何浸泡槽中都可以。这一方法的难点是要在很长时间内防止提前聚合。你需要理解并有足够经验运用pH值方法控制溶液中和木材中的化学反应。另一个问题是树脂溶液有严格的保质期，延长使用时间的方法有可能完全阻止树脂在木材中的最终固化。

蔗糖方法排在最后，因为其自身存在难点，特别是在应用于大型器物的时候，这一难点会凸显出来，因而抵消了其技术简单的优势。一旦蔗糖溶液因感染导致发酵，往往无法通过加入杀菌剂阻止，必须购买更多的蔗糖以替换溶液。因此，我们之前期望用该方法省下来的钱可能会花费殆尽。采用蔗糖法的另外一个难点是，蔗糖晶体可能在木材表面和内部生长。接近饱和的溶液将产生最好的保护效果，但是水分稍微蒸发或是温度稍有降低，就会引发不明显的结晶，而大的晶体非常难以去除。

管理、控制和维护

由于过程和技术设备简单，在浸泡槽中进行PEG处理需要的管理最少。需要控制溶液中水的蒸发，需要时常检查浸泡槽是否存在泄漏。如果有加热系统，则必须定期检查，但是不需遵循严格的时间表。而PEG喷淋系统需要更多的维护，应该每天检查。需要不时地清理堵塞的喷嘴以保证泵的性能，修理渗漏的管线，补加蒸发的水量，修理地面和集水器护板的渗漏。处理厚度超过10cm的木料，需要监控填充的过程。每年一至两次提取木材样芯，分析PEG的含量及分布，只有通过这种方式，才能决定填充结束的时间。

乳糖醇填充需要的管理与PEG浸泡法一样。由于存在蒸发，需要检查溶液的液面。如果填充时需要加热，就要每天检查加热系统的功能。温度降低，乳糖醇将开始结晶，即使温度升高到原来的温度，也不容易使之再次溶解。填充之后，要将更多的精力投放到木头上：必须在湿的表面撒上乳糖醇粉末，诱导木材中的填充溶液结晶。当结晶过程开始并稳定进行时，需要清理掉木材表面的乳糖醇晶体。与PEG处理一样，要监控填充过程和填充的终点，也可以采取样芯分析方法。

Kauramin方法需要更多的管理，填充过程中至少每周一次。必须监控树脂溶液pH值的变化，以及是否开始聚合。如果填充结束之前就开始聚合了，那么必须用新溶液替换。填充之后，必须仔细清理木材上黏附的树脂溶液，然后在固化之前用薄膜包裹。固化过程必须监控，固化结束之后，应当开始非常缓慢的干燥，并维持较长时间，可能要持续几个星期。

用蔗糖法处理大尺寸的船是非常不安全的。填充可能需要好几年，期间需要严密监控。如果溶液开始发酵，则必须立即行动，或者补加更多、更有效的杀菌剂，或者清除所有溶液，清洗并消毒木材，然后准备新的溶液。蔗糖法需要每个星期至少检查两次。

人员配备

开展PEG处理方法，只要几个具

备基本技能的人就够了。这个过程的绝大部分时间仅需要简单监控和维护，维护人员可以同时承担其他任务。提取并分析木材样芯，监控填充过程通常由一个训练有素的保护人员或化学家完成。

乳糖醇法填充过程对于人员和能力的要求相对较低。但是在乳糖醇结晶的诱导及干燥过程中，则必须每天监控。在结晶过程中，操作人员需要对这一方法有足够的经验，能够判断过度结晶生长导致的破坏。

蔗糖法需要更多的人和工时，以对填充过程进行控制。需要人员监控蔗糖溶液的状态，至少一周两次。如果溶液变质，则需要采取行动，必须能够在接到临时通知的情况下马上召集人手。建议在开始蔗糖法处理之前，与微生物实验室建立联系，可以通过蔗糖供应商牵线搭桥。只有在这些专家的建议和帮助下，才能有效地解决问题。

相较于其他方法，Kauramin 方法需要更多的化学知识以及实验室操作能力，而且需要更多时间进行监控和测试，以控制这一方法所经历的填充、聚合、固化和干燥过程。对于大型器物来说，如果要想得到令人满意的稳定结果，丰富的经验必不可少。

处理周期

处理周期取决于填充所必需的时间，随后的干燥时间，以及最后的表面处理时间。控制填充过程的主要因素是填充剂的分子尺寸。

采用 PEG 200 和 Kauramin 填充所需时间差不多。需要扩散进入木材物质的分子量分别是 200 和 140，木材中加固剂浓度分别要达到 30% 和 25%～45%。一艘采用 PEG 200 处理的船在干燥过程中不需要管理，不需要清理和表面处理，处理周期随着填充的结束而结束。采用 Kauramin 填充的船必须加热处理以使树脂固化，然后进入缓慢干燥和艰难的控制阶段。这往往需要几个月甚至几年的时间，具体时间取决于木料的厚度。

采用蔗糖填充以及乳糖醇＋海藻糖填充所需时间要比用 PEG 200 和 Kauramin 更长。这些化合物分子尺寸相当，分子量：蔗糖 342，乳糖醇 344，海藻糖 342，但是最后需要达到比较高的浓度，蔗糖大约是 70%，乳糖醇＋海藻糖是 65%～85%。在这两种情况下，木材都需要清洗。对于乳糖醇来说，采用晶体粉末处理需要额外的时间。如果需要可控加热干燥，则要延长时间。

采用高分子量的 PEG 2000～4000 填充需要的时间最长。大分子渗透进入木材的速度很慢，而且所需的最终浓度高达 75%～90%。然而，高分子量 PEG 只应用于降解的、具有良好渗透性的木材，这减少了填充时间。木材需要清洗得非常彻底，而最后的自然干燥不需要更多特殊的管理。

填充时间不仅由方法决定，还取决于木料的厚度、树种以及降解程度。木材降解得越严重，填充越容易。目前还没有通用的填充时间指导原则，但是有一些实例可以作为参考：

——弗里斯兰船（*Ship from Friesland*）的橡木船板厚9cm，中心轻度降解（u_{max}=130%），表层中度降解（u_{max}=250%），采用68%蔗糖溶液填充了25个月。我们原来期望能够将填充时间再延长4～6个月，但是溶液开始发酵了。如果采用PEG两步法处理这艘船则需要三年。第一步，采用30%～40%的PEG 200完全填充需要两年；第二步，采用80%的PEG 3000填充需要一年。因为只有表面很薄的一层降解层，需要用PEG稳定。

——不来梅附近托伊弗尔斯沼泽船（*Ship from Teufelsmoor*），用PEG 200填充了四年。最厚的橡木木截面为12cm×30cm。

——莱姆戈的两艘罗尔森平底船（*Barges from Rohrsen*），橡木只有轻度降解。最厚的木料是桅座，直径30cm。两艘平底船用PEG 200喷淋，经历了三年时间达到足够的填充程度。

——不来梅柯克船（*Bremen Cog*）的木料最大直径50cm。采用两步法，用分子量不同的PEG进行填充，以在最短时间内完成。因为项目经费所限，用了19年时间，但是如果有足够的钱购买PEG，那么船体估计能够在6～7年时间内达到满意的填充程度。

当计划用乳糖醇或Kauramin处理时，需要考虑干燥周期，因为这个阶段的所有操作都必须在器物可以展示给观众前完成。与之相反，PEG或蔗糖处理后的干燥过程可以在博物馆的展厅中进行，如果有可靠的环境控制系统能够使相对湿度保持稳定，那么即使船板厚度达到6cm，需要放置几年都没有关系。

最后的表面处理周期取决于所选择的处理方法，以及能够参与的工作人员数量。

经费

同一种方法在不同的地点和工作场所使用，可能会产生不同的费用：化学品的价格在不同国家之间有所差异；建造和安装设备的费用取决于设计以及获得材料的难易程度，还有租金、能耗及工资水平。

将费用分解为几个大类以比较不同的处理方法，可能会有所帮助：

——建造或租借工作场地；
——浸泡槽或喷淋设备；
——加热系统和填充过程中的加热过程；
——用于固化和/或干燥的加热腔室；
——用于加固、杀菌过程控制的化学品；
——废弃溶液和设备的处理；
——填充过程以及后续的人力；
——处理后器物在展馆或库房所需的环境控制。

前面几章介绍的案例均得到了各种

程度的友善支持：免费出租的工作场所，特价供应的材料，泵、起吊设备、建筑工程方面的人力援助，专家意见和建议，免费的水和电力。保护方法所需费用由低到高粗略排序如下：

（1）不加热的 PEG 处理，浸泡或喷淋是最便宜的方法。

（2）如果首次尝试就进展顺利，则蔗糖法的价格同样低廉。

（3）Kauramin 方法需要加热腔室以使木材中的树脂固化。

（4）乳糖醇方法需要大量昂贵的填充剂以及使填充后木材干燥的加热腔室。

（5）加热的 PEG 处理，无论是一步法还是两步法，都属于最昂贵的方法。其原因是需要更昂贵的浸泡槽，填充过程中还要消耗热能。

可逆性及可再处理性

采用 PEG、蔗糖和乳糖醇填充饱水木材，可以看作是可逆的，因为这些加固材料是水溶性的，通常认为它们不会与木材中的化学物质生成化学键。然而从成功填充了 PEG 200 的 6cm 厚的木板中去除 PEG 的实验表明，重复换水一年多以后，仍然有一部分 PEG 存在于木材中。这些残余的 PEG 看起来通过物理作用力被保留住了，不可能再从木材中析出。可以预期，在填充了蔗糖和乳糖醇的木材中也会发生类似的情况。然而，如果必须重新保护，去除大部分加固剂应该就足够了。在任何一种情况下，从木材中去除加固材料，都需要几年的时间。即使在加热条件下，固体的 PEG、蔗糖和乳糖醇的结晶都不易溶解，溶解的分子扩散出木材的缓慢程度与扩散进入木材是一样的。

Kauramin 方法是不可逆的。树脂在木材细胞壁中形成三维网状结构，无法溶解。然而，Kauramin 方法处理后的木材具有多孔性，可以允许将来进一步处理。

阶段性结论

对于蔗糖方法的评价表明，这一方法在四个最为重要的方面有致命的缺点：稳定效果、可信度、过程的难度以及可控程度，因而在评价结果中排在末位。然而，它在处理后木材的视觉效果方面排在第一，费用方面排在第二。但是如果过程失败，蔗糖溶液则需要更换为新溶液，那么费用加倍，你甚至有可能失去需要保护的器物。无法排除感染细菌的风险，虽然使用大量杀菌剂可以降低这一风险，但出于健康考虑，既无法容忍也不被允许。

近几年我应用蔗糖方法非常成功地处理了两艘船，另有一艘没有成功，而没有成功的这艘恰好具有非常重要的历史价值。我也知道另外两个采用蔗糖方法保护不成功的案例：一个在德国南部博登湖（Lake Constance）附近的康斯坦茨（Konstanz）；另外一个在波恩，用蔗糖法处理失去控制，必须终止。在后一个例子中，船体后来用 PEG 方法

框图 13

船只保护项目的稳定结果

船只	稳定处理	未处理的收缩率（%）	处理后的收缩率（%）	干燥时间（年）
伊维尔东平底船（*Barge II from Yverdon-les-Bains*）	80%PEG 4000	13～84	2～4	0.6
不来梅柯克船（*Bremen Cog*）	40%PEG 200/ 76%PEG 3000	6～29	0～3.1～5.4	6
卡尔号（*Karl*）	40%PEG 200/ 60%PEG 3000		4～6（船板） 10～15（肋骨）	3
奥博兰德船（*Oberländer*）	40%PEG 200/ 85%PEG 3000		0～2.9～5	5
托伊弗尔斯沼泽船（*Teufelsmoor*）	40%PEG 200		0.5～1.7	5
罗尔森平底船（*Rohrsen*）	40%PEG 200		0	3
瓦萨号（*Vasa*）	45%PEG 1500 + 600		6～8	30
贝克船（*Beck's ship*）	74% 蔗糖		0～0.8～2.5	4
弗里斯兰船（*Friesland*）	67% 蔗糖		1.5～4.9～7.5	2
奥伯斯蒂姆船（*Oberstimm*）	25%Kauramin		0.5～1	2

（由左至右）翘曲的橡木、榉木、榉木、橡木，分别采用聚乙二醇（PEG）、蔗糖、乳糖醇+海藻糖和Kauramin加固。结晶的乳糖醇使得严重降解的榉木样品劈开并出现裂纹（右侧第二个）。拍摄：佩尔·霍夫曼（Per Hoffmann）

处理成功了。我不推荐将蔗糖方法用于大型器物的保护项目，下一节的讨论中我将不再涉及这一方法。

显而易见，绝大多数船体上都无法切下有代表性的样品，以确定未处理木材的收缩。通过实验室样块得到了一些未处理的考古木材收缩的数值，见佩尔·霍夫曼（Per Hoffmann）和赖因霍尔德·布雷登（Reinhold Breden）所绘制的图表，在本部分的前面，见132页，更多资料可以从文献中检索到。

9.2 如何选择最合适的方法

对于大型饱水木质文物保护处理而言，对所涉及的各种因素的讨论和评价表明，在“哪种方法最好”这一视角下，简单地对比各种保护方法是不现实的。问题只能以这样的方式提出：“在特定条件下，哪种方法对我和所要处理的文物是最佳的选择？”对于每一个项目，不同因素的权重是不一样的。尽管如此，基于我们现有的知识，可以给出一些原则性建议。以下的概要可能不够全面，将来也可能进行修订，然而，它可以增强认识，在面临决策的时候有所助益。

基于木材本身的考量

——如果你的器物由软木，也就是针叶材构成，那么无论降解程度如何，所有方法都可以使用，成功的把握都在可接受范围内。由于软木仅需要较低程度的PEG填充就可以得到较好的稳定性，即使用PEG 2000在室温下处理也可以考虑。

——如果你的器物由硬木构成，也就是阔叶材，整体来说仅仅有轻度降解，那么采用低分子量PEG 200处理是合适的。可以采用浸泡法或喷淋法处理。乳糖醇方法也可以考虑。

——如果你的器物由硬木构成，整体重度降解，那么Kauramin方法可以实现最好的稳定效果，其次是PEG 3000或PEG 4000在加热的浸泡槽中处理。

——如果你的器物由硬木构成，既有大量轻度降解的部分又有大量重度降解的部分，那么建议采用PEG两步法，采用PEG 200和PEG 3000或PEG 4000。Kauramin处理也可以得到较好的效果，但是在轻度降解和重度降解交界的部位可能发生开裂。

基于器物精美程度、独特性和重要性的考量

——如果你的器物简单粗糙，或者数量很多，例如船货中的原木、木筏或码头的木料、粗糙原木建造的古道，重要性不是非常高，那么即使预期的稳定效果不是最好的，也可以选择比较经济的方法。然而需要指出的是，重要性的评估要依据当地或区域的准则。一种器物类型在德国很普通，但是在其他地区可能非常稀有。新石器时期的古道可能非常简单粗糙，但是非常脆弱，如果想要使他们的保存状态与他们的价值相当，就的确应当受到最好的保护处理。可以使用不加热的PEG 2000处理，这是应用PEG法最为简单的方式。对于既没有设备又没有钱，还想保护文物的人来说，这一方法可能是万不得已的选择。但他必须承受严重降解木材的稳定效果不十分理想的风险，当然木料在处理后看起来比完全不做任何处理要好得多。

——另一方面，如果你的器物价值非常高，结构复杂和/或精美，那么必须选择可能实现的最优保护方法。这一方法应当可以实现最佳的尺寸稳定性，且最可靠。如何选择取决于树种和木材的降解程度，要在Kauramin方法和PEG一步法或两步法之中选择。

基于费用、人力和人员能力的考量

——如果你仅有少量经费，又没有称职的工作人员，那么不加热的PEG方法值得考虑，可以采用PEG 200～2000。

——如果你有足够的经费但是没有称职的工作人员，那么所有的PEG方法都可以考虑。PEG方法在安装、运行和监控方面非常简单，而且，你可以花钱雇佣一些称职的人员，甚至雇佣一些咨询服务人员。

——如果你有少量经费，但是有称职的工作人员，那么所有的方法都可以考虑。方法的选择主要依据经费的估算。

——如果你既有足够的经费又有称职的工作人员，那你可真幸运！Kauramin 方法和所有的 PEG 方法都值得考虑，你可以根据你的偏好，并在全面评估项目各种影响因素的基础上做出选择。

§9.1 附注

这里总结的实验部分详见 P. Hoffmann，2007.

保护向展示转变的过程开始于处理槽的移除。对于不来梅柯克船（*Bremen Cog*）来说，这是附近一个造船厂钢铁工人们的工作。钢铁构件和采用等离子体火焰熔融的钢水液滴都不能掉落到木头上。拍摄：佩尔·霍夫曼（Per Hoffmann）

10　从保护到展示

10.1　清洗和表面处理

填充处理结束后，船体要从浸泡槽中抬出来，或者更常见的是，将处理液从浸泡槽中抽出，然后将浸泡槽解体。在这两种情况下，一些含有加固剂的溶液，可能还有原来漂浮在浸泡液上层的污垢、黏液或者真菌膜，都会沉积到木材上。这些东西看起来很脏，而且还会导致精细的表面细节、工具痕、焦油和油漆痕、典型的磨损或损坏的痕迹变得模糊不清，所以必须对木材进行清洗。

清洗

当船体从浸泡液中露出来的时候，必须尽快清洗，要在黏附的溶液干燥之前、污垢和加固剂凝固之前就进行清洗，否则溶解和去除这些物质会变得很困难、花费时间。在 Kauramin 方法处理的过程中，于树脂固化之前，必须不断清洗表面。一旦固化，Kauramin 树脂就完全不能溶解。需要冷冻干燥的木材也必须在冷冻和冻干之前清洗。如果冻干的木材再次浸水，水会重新浸入细胞腔和细胞壁，产生的毛细力将会导致塌陷和翘曲，冻干处理所起到的防塌陷作用也就完全失效了。

清洗时需要避免擦拭。仍然处于含水、潮湿状态的表面是木材降解最为严

清理大型的、覆盖了聚乙二醇（PEG）的船体时，蒸汽喷枪必不可少。拍摄：佩尔·霍夫曼（Per Hoffmann）

重的部分，很软且极度脆弱。边缘、角落、精致的细节，非常容易被擦除或变模糊。而木料的表面作为历史记录的载体，能够告诉我们很多关于这条船的故事，因此需要尽可能地保护其表面信息。如果小心谨慎地操作，那么手持式蒸汽喷枪是清理船体的最好工具。当表面刚好被清理干净，但又没有从表面以下去除很多加固剂，便说明蒸汽清洗的强度是合适的。这需要一些试验和实践。

蒸汽清洗之后，加固剂可能富集在边缘、裂缝、钻孔、接缝等部位，几天以后就会显现，或在木材上出现粉化。如果采用蔗糖或者乳糖醇法，则必须用海绵蘸一点热水轻轻擦除；如果使用了高分子量 PEG，且还没有被木材吸收的话，那么热融喷枪能够溶解 / 熔融沉积物，然后可以轻轻擦除。

对于 PEG 处理的木材，可以通过控制清洗，在一定程度上赋予或改善木材的视觉效果：外观自然干燥，看起来完全不含有加固剂；或者是油状、蜡状的外观，看起来颜色更深，更具光泽。如果 PEG 处理的木材表面清洗过度，在干燥过程中形成不令人满意的外观，则可以通过调节热融喷枪的温度，使之刚好可以熔融一部分木材次表面层中的 PEG，这部分 PEG 会被过度干燥的表面吸收。这样，表面层灰白色的外观会有一定改善，看起来更好一些。

海绵必不可少。拍摄：佩尔·霍夫曼（Per Hoffmann）

裂缝深处白色的聚乙二醇（PEG）是最难清理的。拍摄：佩尔·霍夫曼（Per Hoffmann）

表面处理

表面处理可以达到多种目的：增强和保护表面；使表面变得光滑，例行除尘更加容易；或者改善视觉效果。对于

用了两周时间清洗完不来梅柯克船（*Bremen Cog*）。拍摄：埃格伯特·拉斯卡（Egbert Laska），德国国家海事博物馆（DSM）

在木材干燥过程中，白色粉末状的聚乙二醇（PEG）沿着木材的裂纹和边缘开始生长。拍摄：科莱恩股份有限公司（Clariant AG）

采用热空气和湿海绵，可以使聚乙二醇（PEG）粉末熔融/溶解，然后擦除。拍摄：佩尔·霍夫曼（Per Hoffmann）

考古发现的舟船来说，巨大的重量和精细的表面共存是一个与生俱来的问题。不仅仅在升降、运输以及保护处理的过程中，木料表面容易被破坏或者磨损，

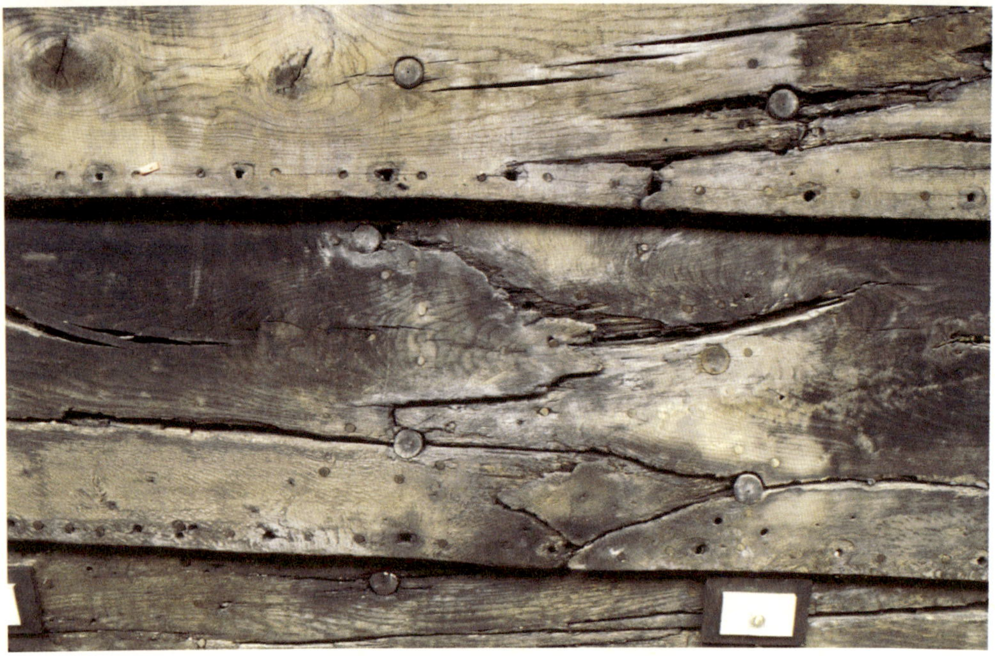

经过最后的自然干燥，不来梅柯克船（*Bremen Cog*）的表面看上去非常完美：干燥，颜色自然，每个细节都清晰呈现。拍摄：佩尔·霍夫曼（Per Hoffmann）

在长时间的博物馆展示过程中也会发生这样的情况。由于重新布展或者建筑维护的需求，船体有可能在展厅中移动。因为船体通常不会放在展柜中展示，观众往往喜欢触摸他们，刻上他们的名字，或者折下一小片作为纪念品。作为一个选项，可以对已经稳定处理的船体表面进行增强，以尽可能地保护它，使船体保持美观。

在选择表面增强介质的时候，材料的耐久性、化学稳定性以及光稳定性非常重要，而且也要考虑表面处理的可逆性。丙烯酸溶液、高分子量的PEG溶液、硬化油，或者石蜡分散液都可以实现这一目标。在任何展厅中，一艘独立的船都会在短时间内聚集大量灰尘。在埋藏的岁月中，木材已经丧失了绝大部分原始的棕色，灰色的色调会有损其外观。当木材看起来暗沉沉的，船就会因不够引人入胜而被人忽视，所以必须开展除尘工作，可能需要每年进行一次。除尘工作，年复一年，周而复始，不经意间就会给木材带来磨损。如果依据木材的状况，给予其表面一些保护性的增强，同时使表面变得光滑，会是好的选择，也会使除尘更加容易。

单纯为了美学原因进行的表面处理是品位问题，因人而异。有些博物馆奉行纯粹主义的观点，木材清理后就不再进行表面处理。另一些则想要在木材稳定并清理后增强视觉效果，使之呈现更深的棕色和更强的光泽。如果需要的话，可以使用添加颜料的油或蜡，以及高分子量的PEG。一些博物馆希望在木材表面涂上涂层，使其外观看起来像斯德哥尔摩的瓦萨号（*Vasa*）。瓦萨号（*Vasa*）使用溶解的PEG 6000糊状物涂刷到木材表面，然后干燥，再用热熔喷枪熔化PEG形成有光泽的涂层。

任何表面处理都必须在比较隐蔽的地方进行试验，观察木材的反应，再决定处理过程是否需要调整。当使用热熔喷枪的时候，会有将木材表面烤焦的风险，或者令PEG过热，产生黑色的降解产物。使用工业热熔喷枪的时候必须要多加小心。

通常表面处理都与未来想要进行的展览与展示相关——当最终呈现给观众的时候，船体的观感如何？

10.2 修复与展示

修复是保护项目必不可少的组成部分。修复要采取所有必要的手段，保障船体结构的完整，使之能够保存到遥远的未来。典型的修复手段包括：修补木料的劈裂和裂缝；残片组装；替换松动或缺失的木钉和销钉；替换锈蚀的钉子和铆钉；翘曲和变形木料的整形；固定和支撑松动的端头；移位木料的复位；与船体其他部分失去连接的木料复位。修复理念的核心是尽量减小木船单体构件和整个结构的机械应力，以减小将来任何可能的、由于重力导致的变形和破坏，使得文物能够长期展示。

修复工作最好在木船完全干燥之前进行，这时木材还有一定的柔性，干燥之后则脆性增强。无论哪种方法加固后的考古木材，修复时都可以使用造船工具。然而修复蔗糖填充的木材时，则需要时不时清洗工具。木材内部的蔗糖完全凝固要花上几年时间，在此之前，与其接触的任何物品和任何人都会沾上糖。

将翘曲和变形的木料复形也是修复的一部分。PEG 处理的木料加热之后非常柔韧，可以在加热状态下复形。然而冷冻干燥处理的木材和 Kauramin 方法处理的木材整形很受限制，这两种加固方法都会增加木材的脆性。最好的方式是将木材在未处理之前或者至少在填充之后、干燥之前就恢复到原有的形状，然后在干燥过程中将形状固定下来。

修复是实现良好展示效果的先决条件，它们无法分割，相互依存，相互影响。修复与展示是保护项目的最后步骤，保护人员必须参与到方案的制订与执行中。保护人员可能需要与造船工匠、工程师、展览设计师、考古学家或者博物馆管理人员一起工作，但是保护人员才是最了解器物的人，了解考古木材及其性质，知道负载、环境、震动以及移动过程所产生的影响，什么是木材能够承受的，什么是它们不能承受的，等等。保护人员可以根据材料的相容性、使用寿命、副作用、可移除性等决定使用的材料，他需要知道采取何种手段以保障木材和船体的安全，船体的材料可以承受多少干扰。在修复过程中，如果需要决定在哪些位置增加附加物，在哪些位置将负载加到船体和支撑结构上，那么保护人员就必须参与到讨论和计划中去。只有保护人员和展览设计人员之间达成共识，才能实现成功的修复和展示。

展示的概念是多种多样的。有纯学术性的展示概念，仅仅将船骸按照考古发掘时的状态重建；也有用现代材料对原始遗存进行补充、完善从而完全重建，布置一种装置展示，令人产生一种印象，仿佛船还漂浮在水面上、还在使用中。展示思路不同，所能实现的目标也不同。将考古发现的船作为一个独特的航行工具，或作为某一时期某类船的代表进行展示，这是一种历史工程学的思路；如果凸显船只曾经存在的背景，以及它如何使用、由谁使用，则是一种文化历史的思路。

无论展示概念如何，对于保护人员和展陈设计师的专业要求都是如此：所有采用的手段都必须可逆，且不妨碍考古文物的完整性。

如何满足要求

下面讨论的一些案例，体现了采用不同概念展示船只的时候，如何去满足其可逆性的要求。

德国石勒苏益格的尼德姆船（*Nydam Boat*）是 4 世纪的一艘可以航海的大型手划桨船，同挪威奥斯陆的奥斯伯格号维京船（*Oseberg viking ship*）和科克斯塔德号维京船（*Gokstad viking ship*）一样，在 20 世纪早期用现代木材重新修复，用木馏油处理表面，使之看起来像原来的木材。现在大部分学者和博物馆管理者倾向于不要用新材料修补原始的考古发现，如果出于力学、安全或阐释方面的原因必须使用，也要将增加的部分限定在最小的体量，且必须能够清楚地辨识出来。莱茵河上加洛林王朝河船的残骸，尼德默米特平底船（*barge from Niedermörmter*），大约残存原船的三分之二，位于波恩的莱茵州立博物馆（Rheinisches Landesmuseum in Bonn）想要完整地呈现这艘狭长的运输工具，就像当初撑着蒿航行在河里那样，装载着各种货物，从建筑用的砂岩石块到酒桶，从牲畜到农作物，从行人、牛车到骑士和马背上的淑女。因此保护人员阿克塞尔·佩斯（Axel Peiss）用看上去全新的、并且很容易拆下来的木料补全了这艘船。

在展示和阐释五艘从丹麦的罗斯基勒峡湾发现的维京船（斯库勒莱乌维京船（*Skuldelev Viking Ships*））时，海军建筑师奥立·克拉姆林-佩德森（Ole Crumlin Pedersen）开创了现代的概念。通过对船体木料的分析，他重构了船体的轮廓线，用精细的黄铜条制作了轮廓线，再将原有的木料归位，用托架支撑和固定住，沿着轻巧、简洁的轮廓线将原有木料重新装配。尽管只有五分之一到四分之三的船体保留了下来，但是博物馆的观众看到了五艘美丽的船。这种美学的体验令人惊叹，凸显了这类船的特征。

他对原始材料做的修复很少。仅限于用熔融的PEG将几百片破碎的船板、肋骨粘在一起，用牙签作销钉，以及在将修补好的船板放入支撑的托架之前修整了胶结缝。重叠的搭接船板没有相互固定，而是分别放置在由船头延伸至船尾的L形黄铜条的凸缘。支架放在地面上，边缘装有立柱，就好像是船被支撑在海滩上。在不显眼的位置，用文字和图片对船的建造、航行性能、历史和社会背景等信息进行了说明。

不来梅港加洛林王朝的河运平底船卡尔号（*Karl*），经历了不成功的稳定处理，这点已经在4.3部分介绍过了。不充分的PEG填充导致将搭接的船板和半边肋骨固定在一起的木钉严重收缩，全部脱落，最后木船解体，变成了一块块船板。但是我们博物馆的馆长希望能够将这艘船进行展示，作为很稀有的中世纪早期大型船只的范例，因此我们开始了修复工作。

在干燥过程中，沉重的船底和侧板（大约长10m、宽30cm、厚4～5cm）不但发生了横向收缩，而且发生了变形翘曲。在重新组装之前，必须进行整形。将船板捆扎在作为地热装置的电热垫上，加热到80℃，过夜，以融化木材中的PEG，软化木质素，使木料变得有柔性。然后将船板放在地板上，在冷却过程中用沙袋压平。PEG再次凝固，木质素恢复了脆性，船板保持了平整状态。一些开裂的船板用直径10～12mm的长木钉修理，用柔性聚氨酯密封胶作为强力胶粘接了PEG填充的木材。在将侧板相互搭接在一起并与底板连接后，用新的橡木钉插入原来的孔，令船

卡尔号（*Karl*）的船底板放置在一块沉重的胶合板基座上，胶合板的曲率与船底板一致。通过加热和加压，使翘曲的船板重新变平。船舷侧板放置在原位，用新木钉钉在原来的钉孔中固定。拍摄：埃格伯特·拉斯卡（Egbert Laska），德国国家海事博物馆（DSM）与佩尔·霍夫曼（Per Hoffmann）

舷呈现原有的弧线。

保存下来的半边肋骨大部分都在弯角的部位折断了，需要将钢质的肋骨插入船体，以把底部和残留下来的半边船体固定在一起。由于收缩，两侧残留下来的肋骨角度相差很大。为了重建，我确定了船舷和底部之间的角度，使其对榫卯连接的接缝产生的应力最小，这个位置会比较接近船体的原始形状。由于只有一侧船舷的上缘完整保留下来，而另一侧船舷的绝大部分都不见了，我们只能努力复原缺失的右舷，用几根钢质肋骨和很薄的金属条连接，指示出船舷上缘的位置。这显著地改善了船的外观。现在，这艘船由之前的一具残骸变成了一个大型的载重运输工具。

船底板坐在一整块坚固的胶合板基座上。因此，不会随着时间的推移，出现单根支撑体之间船底板下陷的状况；钢质的肋骨用螺栓固定在基座上，基座放在一个立在地面上的钢架上。所有螺栓都穿过底板和半边肋骨上原有的木钉孔，没有重新在底板和侧板上钻孔。利用原有钉孔，将钢质的肋骨放在原来的位置，原来肋骨的残片沿着钢质肋骨摆放。在所有钢质构件与原来的木材相接触的部位都放置了减震的毛毡。毛毡是一种优良的材料，性能广为人知，在过去的几个世纪里被证明有很好的耐用性，现代聚合物材料的使用寿命无法与之相比。12m 长的展品自带支撑体，可以不时地在展厅中任意移动。

当钢质的支架制作完成并安装在基座上，精确的木质框架模板托住了侧板，因而没有对船底板产生任何压力。通过原有的钉孔将船侧板固定在钢质的框架上。拍摄：佩尔·霍夫曼（Per Hoffmann）与埃格伯特·拉斯卡（Egbert Laska），德国国家海事博物馆（DSM）

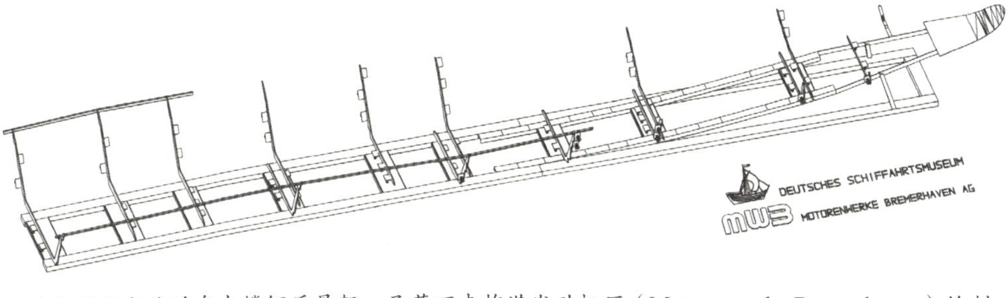

从内部撑住船体的自支撑钢质骨架。承蒙不来梅港发动机厂（Motorenwerke Bremerhaven）绘制

即便是对较厚、较宽的变形木料，整形也是可行的。奥博兰德船（*Oberländer*）是一艘从莱茵河发掘的奇怪的小型河船，时代是公元10世纪，由一些厚重的木料组成，大约厚8cm、宽60cm。在我们博物馆用PEG 200和PEG 3000进行了稳定处理。当我和我的一个同事尝试重新组装的时候，

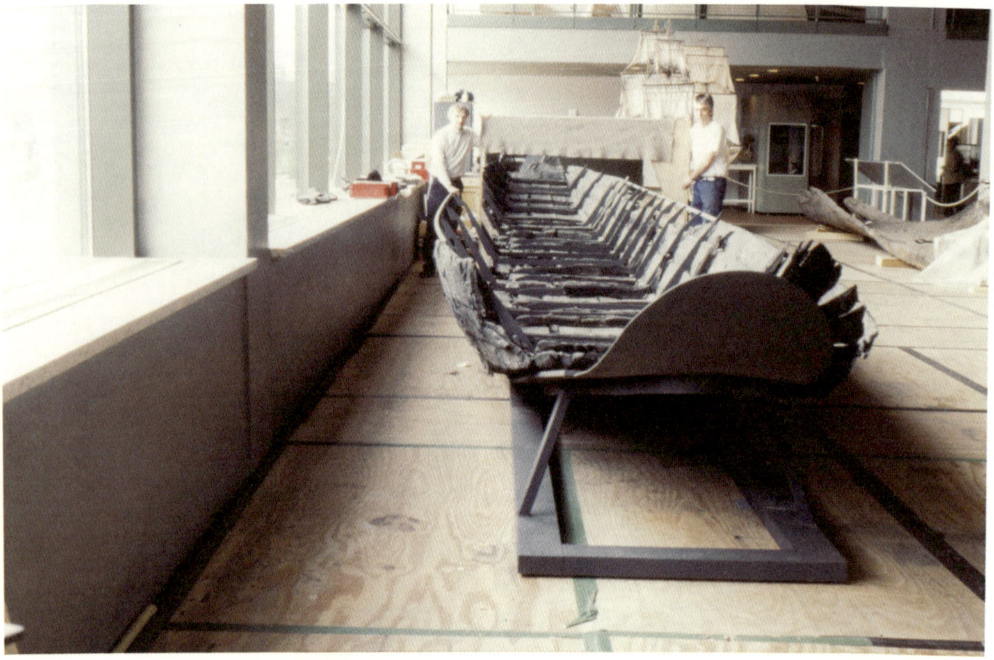

镜子试验表明船体是原始的长度。拍摄：佩尔·霍夫曼（Per Hoffmann）

我们发现这条船两块宽阔的中空侧板是由同一根橡木树干劈开而成的，直径大约是100cm，经过13个月热的PEG 3000溶液浸泡，两块侧板发生了明显的翘曲和扭曲。猜测是由于在树干螺旋生长过程中累积的生长应力被释放而导致变形。我们将木料反复加热，然后施以较大的力去弯曲，直到从一端到另一端挖空的内表面轮廓一致，两块侧板又可以相互匹配了。在从上向下往支撑物上施加压力的时候，可以通过控制放在木料下面支撑体的位置来调整施加力的方向。重载的千斤顶，上面顶住大厅的屋顶，可以产生很大的力。目前已经利用原来的木钉孔，将船体的木料固定在钢质的肋骨和纵梁骨架的外面，这个复合体放置在安装有钢架承托的基座上。考虑到展览要在我们博物馆内移动的需求，我们还在钢架下安装了滚轮。

奥博兰德船（*Oberländer*）的木料是一根一根从莱茵河的一处回流地带提取的。然而，为了有助于船体重建，我们寻找到一些线索：船体木料本身；将沉没的木料系在提升绳索上的潜水员的报告；我们博物馆的造船工兼不来梅柯克船（*Bremen Cog*）重建负责人维尔纳·拉恩（Werner Lahn）所绘制的考古图；以及船业考古学家兼博物馆馆长德特勒夫·埃尔默斯（Detlev Eillmers）的报告。我们还通过一根肋骨，了解到从船底到船舷上缘的内部轮

根据当时潜入水下，从充满水的沙坑中打捞这些船板的潜水员的建议，对奥伯兰德船（*Oberländer*）的船板进行第一次拼装。拍摄：德国国家海事博物馆（DSM）

可能由于木材生长应力的释放，在加热填充的过程中，奥伯兰德船（*Oberländer*）一侧的船壳严重翘曲。拍摄：佩尔·霍夫曼（Per Hoffmann）

两艘中等尺寸的奥伯兰德船（*Oberländer*）航行在莱茵河上。选自安东·文森（Anton Woensam）⑦作品的局部，描绘了科隆的宏伟景象。安东·文森1531年作品，现藏于科隆市立博物馆。图片：市立博物馆，科隆（Stadtmuseum，Köln）

廓线。此外，还有一份考古报告，是关于瓦尔河（Waal）上在迈纳斯韦克（Meinerswijk）发现的船，它详细地描述了一艘与奥博兰德（*Oberländer*）非常相似的船。还有一些当时的资料：1531年一幅描述莱茵河科隆段的木刻全景画；科布伦茨圣卡斯托教堂（Saint Kastor's church in Koblenz）穹顶上的一幅1499年的浮雕；以及一幅19世纪的弗兰芒油画，由此可以很好地了解船体的形状。我们重建的船体形状与原始形状非常接近。

在另一个案例中，一艘名为塞纳河畔努瓦扬平底船（*Barge from Noyen-*

⑦ 安东·文森（Anton Woensam）（1493～1541），德国画家，专长于木刻，主要生活在科隆（译注）。

奥伯兰德船（*Oberländer*）的侧板经加热后，用重载千斤顶压回到原形。拍摄：佩尔·霍夫曼（Per Hoffmann）

将沉重的木料安装到临时模板上时，一台可移动的吊车必不可少。拍摄：佩尔·霍夫曼（Per Hoffmann）

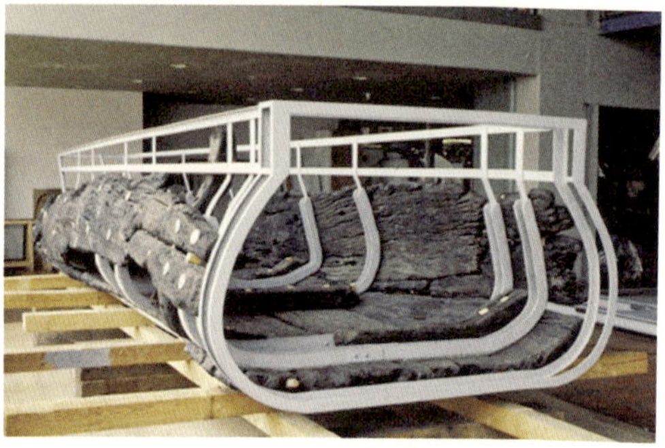

根据剩余船体构件的形状，定制了钢质骨架。拍摄：佩尔·霍夫曼（Per Hoffmann）

木料和钢质骨架在船体排列的细节。拍摄：佩尔·霍夫曼（Per Hoffmann）

准备展示的奥伯兰德船（*Oberländer*）。钢质骨架设计得很厚实，以配合船身坚实的特征；钢架涂刷成木材本身的颜色，颜色稍暗，使之不那么突兀。如果允许观众靠近，他们会很乐于倚靠在船舷上！拍摄：埃格伯特·拉斯卡（Egbert Laska），德国国家海事博物馆（DSM）

sur-Seine）的独木舟，体量很大，有12m长，几乎可以肯定是加洛林王朝时期（9世纪）的。船底在用加热的PEG处理的过程中变形了，导致船舷向外倾斜，整个船体的特征都发生了变化。根据我们对不来梅港经验的讨论，格勒诺布尔（Grenoble）Nucléart研究与保护工作室（Atelier de Recherche et de Conservation-ARC-Nucléart）的陈国越（Quoc Khâi Tran）和他的同事用热的PEG重新处理了这艘船，然后把它放在一个钢质的基座上，用一排千斤顶把底部压平。这样，船舷又立起来，木船也恢复了独木舟的狭长形状。

理论的局限性

不来梅柯克船（*Bremen Cog*）的概念是利用单根打捞的饱水木料重新构建一艘大船，用PEG进行稳定处理，然后将其独立地放置在展厅内，没有外加立柱和支撑体干扰这艘船的独特外观。我们曾经计划用钢杆从屋顶悬吊这艘船，从而使龙骨立在地面上。船体重量的三分之二将被屋顶分担，三分之一落在地面上。当决定将其进行展出后，不来梅柯克船（*Bremen Cog*）从一个简单的、具有科学和学术文献价值的器物，变为博物馆的一件展品。此时，规则就

干燥的中世纪晚期的高脚杯，以及压坏的、变形的碗，可以通过蒸煮、复形再填充饱水木材的方式恢复其原有的精美形状。拍摄：佩尔·霍夫曼（Per Hoffmann）与埃格伯特·拉斯卡（Egbert Laska），德国国家海事博物馆（DSM）

发生了改变：展品必须要力学稳定；特点必须突出，能够表达展览所要表达的内容；同时对于博物馆的观众也必须是安全的。不对原始材料进行干扰的理论走到了终点，如果不对考古木材进行一些轻微的干扰，就不可能实现柯克船的展示。

重新组装40吨的湿木材意味着不但要解决2000片碎片的难题，还要找到方法修补湿的、被破坏的船板和木料，然后将木料相互连接。博物馆的造船工匠找到了一个连接破坏船板的方法，即在木材的背面，沿着破裂的边缘刻上凹槽，再将健康材木条粘接到凹壁上。凹槽的木材表面用红外加热器烤干，在达到某种干燥程度后，使得苯酚树脂胶恰好能在湿木材和插入物之间形成强力的耐水连接。饱水的木材很重，很多船板和木料重达几百公斤，只能利用移动的吊车操作。木料之间需要很强

成功保护后美丽的不来梅柯克船（*Bremen Cog*）。拍摄：佩尔·霍夫曼（Per Hoffmann）

从船艉观察右舷。拍摄：科莱恩股份公司（Clariant AG）

的连接，测试了各种螺丝和钢栓系统，最后证明，中世纪造船工使用的木钉就是最好的选择。

我们用圆锥形的橡木钉代替了原来斜面的橡木钉，将船板固定在底板、肋骨和龙骨上，并连接其他沉重的木料，木钉长度不超过 100cm。原来的钉孔修整到同样的锥形，这样长木钉就可以完全敲进去，不会提前卡住。一旦干燥的木钉被紧紧钉入湿的木头中，就开始膨胀了，再也不会被拔出来。在固定搭接板的铁钉全部锈蚀的部位，采用上千根小的榉木钉，钉在新的孔洞中来组装船壳板搭接的船板。虽然经过二十多年的溶液浸泡，先是船体重建时的喷水，然后是稳定时的 PEG 溶液，这些木钉都存留了下来。

船体从浸泡槽中取出来几年之后，悬吊船体的概念证明是行不通的。这种方式可能只对有一定刚性和强度的船有效，然而，柯克船（*Cog*）是由船板搭接的船，建造的目的是使船体具有一定柔性。另外，剩下的部分是非对称的：左舷部分缺失了，横梁无法固定住两侧。因此船壳板开始塌陷，必须安装新的支撑结构。我召集了一些专家：我们博物馆的馆长德特勒夫·埃尔默斯（Detlev Ellmers）；造船师兼考古发掘船只展示设计专家奥立·克拉姆林-佩德森（Ole Crumlin-Pedersen）和托基尔·托马森（Thorkild Thomasen）。我们讨论了稳定船体结构的可能方法。最后设计了一个内部自支撑钢结构，由底板、肋骨、横梁和纵梁组成。支撑结构将被小心地装在内外层船板之间，钢质肋骨的走向将与原始的木质肋骨方向一致。这一钢质托架将放置在矮支架上，一些穿过船底，一些支撑船头和船尾。部分船体的木料将被固定在刚性的托架上，用钢栓穿过原有的钉孔，钢栓头部做成像原来锻造的铁钉头一样。龙骨仍将立于地面，柯克船（*Cog*）的姿态仿佛是高高地立于干燥的滩涂上，就像是中世纪装货和卸货时的样子。

最小干预以稳定考古船只船体结构为目的，而为了体现展示的概念，需要对原来的材料实施很多干预，超出了最小干预的范围。可问题是：什么是可以接受的，什么不可以？设计不来梅柯克船（*Bremen Cog*）的新支撑体，大约要从船壳板上穿 20 个 10cm×10cm 的孔，以使支架的腿可以通过。另一种方法是不穿孔，做一个外部的支撑系统，但这样会严重干扰船体可能呈现的最佳视觉效果，船壳线型的美感也将会被船板接缝削弱。选择开孔方案的理由是认为，如果为了实现一个展示和装置所要表达的意图，有时有必要对原始材料做轻微的干扰。

通过与一个工厂合作，我们开发了制作复杂的、单独固定的钢质肋骨技

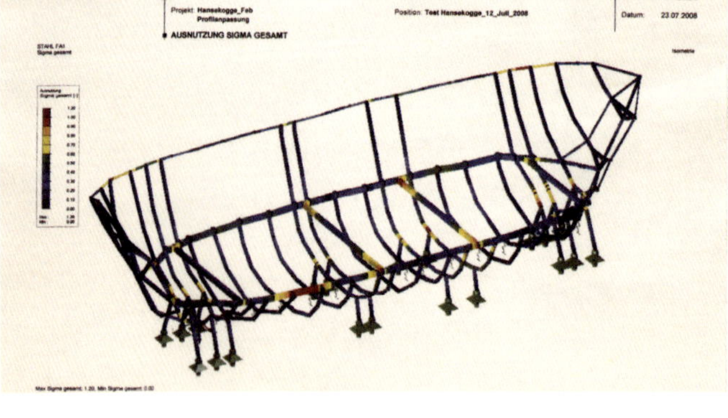

工程师汉斯-于尔根·迈耶（Hans-Jürgen Meyer）设计了自支撑的钢质骨架，将要安装在不来梅柯克船（*Bremen Cog*）上。钢质骨架将立在船体下面的 20 条短立柱上。KSF Feld& Partner 公司，不来梅港（©KSF Feld& Partner, Bremerhaven）

术，模型试验证明方案是成功的。然而在我写这本书的时候，项目停滞了。三个为不来梅柯克船（*Bremen Cog*）倾注了多年心血的关键人物，博物馆馆长、保护人员和技术工作室的负责人都退休了。衷心希望提名的继任者能继续开展这一项目。

展览装置中的船

不来梅的贝克船（*Beck's Ship*）是一艘中等尺寸的平底船，大约建造于1489年。由于没有任何其他更多的部分保留下来，则没有对短的船头部分进行重建。经蔗糖法处理之后，所有能够做的就是固定船底脱落的端头和侧板，加强脆弱和松脱的结构。用螺丝拧上了金属带，钻了穿木钉和栓的孔，船板断裂的端头用锯子、刀和刨子进行了修理。没有其他细节和其他遗物有助于阐释这条船。船头现在在不来梅州立博物馆进行展览，旁边是一辆宝沃公司（Borgward）20世纪50年代生产的伊莎贝拉（*Isabella*）汽车，都代表在不来梅设计和建造的工业产品的典范。船完全脱离了历史背景、社会背景和技术背景，选择这艘船纯粹是因为其美学和象征意义的原因。

19世纪末期的托伊弗尔斯沼泽船（*Ship from the Teufelsmoor*），被发掘的时候，船舵已丢失，一半的甲板和船舷的上缘烂掉了。然而这一区域的老人们仍然记得这艘巨大的泥炭运输船，知道它从前在航道上行驶的样子。因此当地博物馆让造船工人重建了他们认为是缺失的部分，并安装在剩下的半边船上。现在这艘船将考古实物与根据可能的原状完全重建的部分结合起来。人们想要看到这艘船像他们祖父所知的并在上面工作的样子，他们对自己当地的历史非常骄傲，向这个展览捐赠了老照片、文件和个人物品。

当一艘30m长的平底船残骸在柏林附近的哈弗尔（Havel）发现的时候，它被确认是一艘*Kaffenkahn*，是19世纪到20世纪曾经航行在航道上，无数的平底船队中唯一保存下来的代表。这些平底船为迅速扩张的城市运输建筑材料、日用品和食品。在一个现代的平底船上，保护人员福尔克尔·克斯林（Volker Koesling）对船体残骸用PEG 600和PEG 1450进行喷淋，并转移到柏林的德国技术博物馆（Deutsches Technimuseum）。他们决定按照这类船的特征重建缺失的部分：船头长而翘，这样舵手的目光能够穿越高高堆放的沙子、砖或其他货物望见船头，将其作为掌舵的标志；尖尖的船尾，巨大的船舵；高高的桅杆挂着斜杠帆。那时从远处眺望，可以看到这些帆在平坦开阔地带形成一道独特的风景线。安装了薄的木板条，标识出缺失的顶部列板的轮廓线。通过这些增补的部分，支离破碎的残骸呈现了美学上的完整性，展现了它令人印象深刻的尺寸、体积和载货量。然而这些增补的部分，没有直接与船体相连，他们被有意地与原来的部分保持可见的距离，只是通过观众的观察，与

用一根木质的模型展示将要建造的钢质结构的尺寸。拍摄：佩尔·霍夫曼（Per Hoffmann）

用锻铁复制的钉子插入原有的钉孔中，使得船体看上去就像是原始的状态，就像在当时描绘柯克船（*Cog*）的插图中所强调的那样。拍摄：佩尔·霍夫曼（Per Hoffmann）

经过保护之后，重叠的搭接船板的缝隙露出了原有的钉孔，原有的大钉帽留下了圆形的痕迹，还露出了在船板重新组装的过程中，用于代替铁钉的小木钉。拍摄：佩尔·霍夫曼（Per Hoffmann）

船身形成一个整体。

桅杆上升起了原来的帆，相当比例当时的船货——大约 4 万块瓷砖堆在货舱中。在一组玻璃陈列柜中展示了用开敞甲板的驳船运输货物的相关信息。基于老照片和人们的描述，甚至重建了船上的小舱，小舱里用原来的或是按照那个时代特征重新制作的家具进行装饰。我们决定不把小舱建造在船上，只是把它放置在旁边，这样现在观众可以爬进去，体验一下那时候的人们在船上过着怎样一种狭窄局促和艰难的生活。可以

维勒哈尔姆（Willehalm）夺取船上的指挥权⑧。特林的乌尔里希（Ulrich von dem Türlin），埃申巴赫的沃尔弗拉姆（Wolfram von Eschenbach），图尔海姆的乌尔里希（Ulrich von Türheim）. 1334年。收藏于卡塞尔市大学图书馆 / 区图书馆 / 莫哈德图书馆，编号：2°Ms.poet.et.roman. 1, fol. 32 rb（Universitats bibliothek，Landesbibliothek und Murhardsche Bibliothek der Stadt Kassel）P154

通过耳机聆听讲解，了解船上生活的详细信息和船本身的详细信息。

这种类型的装置展示尽最大可能利用了考古遗存，展示了船体残骸，以及船的旧貌，而且也展示了当时的经济背景。除实物以外，当时工作生活在上面的人们也被放置在整个展示装置的中心。

⑧《维勒哈尔姆》(Willehalm)，德国中世纪骑士文学代表作之一，描写骑士维勒哈尔姆的冒险经历。德国中世纪著名诗人埃申巴赫的沃尔弗拉姆（Wolfram von Eschenbach）创作于1220～1230年代，未完成。1240～1250年左右，图尔海姆的乌尔里希（Ulrich von Türheim）撰写了续编。特林的乌尔里希（Ulrich von dem Türlin）在约1260年代撰写了前传（译注）。

10.3 展望未来

向观众开放船的展厅，并在展览中展示一艘经稳定处理并重建的船，并非像所有参与者期望的那样，是保护项目的终点！认为考古发掘舟船的保护有一天能够彻底结束的想法纯粹是幻想。承载船的博物馆的环境并不稳定，一些参数会随时间而改变，变化的条件可能对船体产生不利影响。考古木材本身也不是稳定的材料。

重量对于船体来说是恒久的负担，PEG 处理后的考古木材具有黏弹性，也就是说蠕变的能力（在恒定的负荷下会产生屈服），导致单体木料变形，以

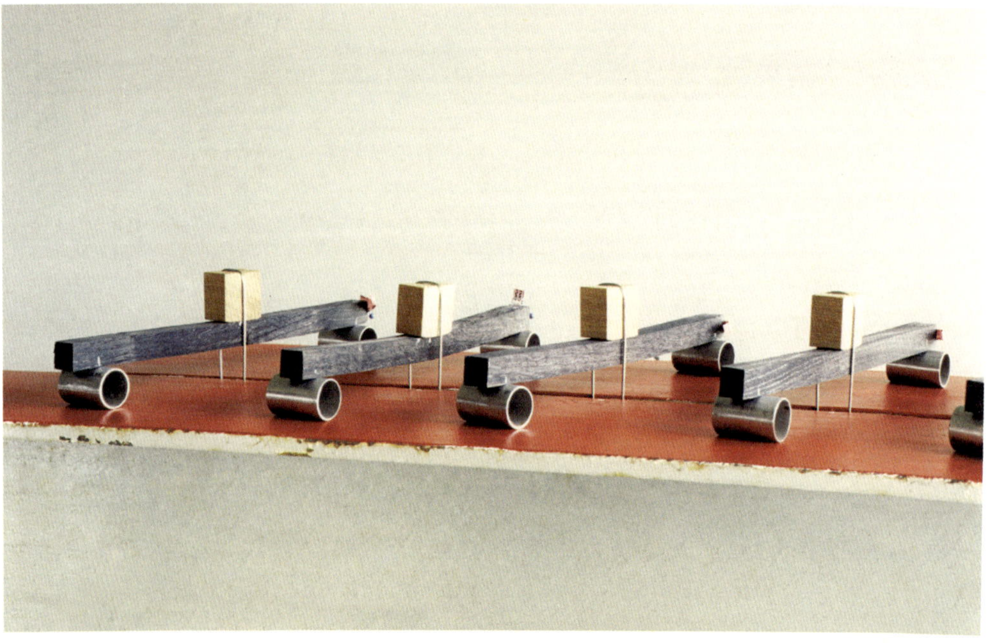

聚乙二醇（PEG）填充后，将不来梅柯克船（*Bremen Cog*）船板锯成截面 2cm×2cm 的细长木板，开展长期的抗弯试验。每块板条承重 30kg。拍摄：佩尔·霍夫曼（Per Hoffmann）

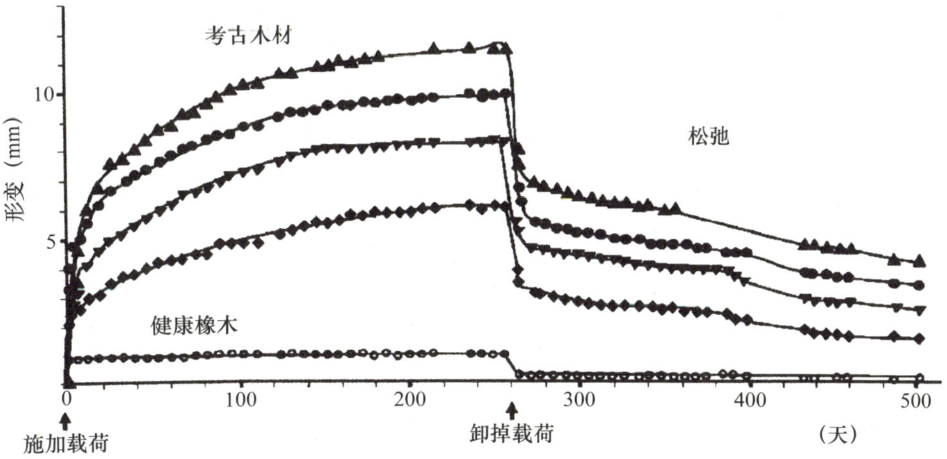

聚乙二醇（PEG）处理的考古橡木的四块板条以及一块新鲜橡木的承重测试结果。载荷导致瞬时的弹性形变，随后是蠕变导致的缓慢的进一步形变。卸掉载荷，弹性形变立即释放，而蠕变导致的形变只能缓慢减小。即使经过长期的恢复，仍有可能存在永久形变。绘图：西尔维娅·魏德纳（Silvia Weidner），德国国家海事博物馆（DSM）

由于木材抗压强度的降低，瓦萨号（*Vasa*）的重量（1300吨）导致支撑她的龙骨墩（左侧和右侧）在龙骨上留下深深的印痕。拍摄：瑞典国家海事博物馆

在不来梅柯克船（*Bremen Cog*）上进行真空吸尘并非易事。拍摄：汉斯-于尔根·达里森（Hans-Jürgen Darlison）

及整个结构变形。

船体修复以及支撑中所用的材料，可能最后证明是不适当的。现代材料具有令人信服的性能，但是使用寿命的相关信息仍旧依据不足。根据目前的经验，仅限于几年的时间，但是博物馆期望这些材料能够有更长的使用寿命。

日光，特别是其中的紫外组分，会对木材产生不断的能量冲击，会发生能量诱导反应，木质素和棕色的可抽提物会逐渐降解，木材的颜色会变浅。

观众对展览中器物的影响体现在几个方面：他们带来尘土，或者通过鞋与地板摩擦产生灰尘，然后灰尘会落到船体上；观众会将湿气带进博物馆，他们呼出潮湿的空气，衣服可能是湿的——不是每一个环境控制单元都可以应对雨天里几辆巴士的观众；观众甚至可能触摸和刮擦船体，或是将他们的名字刻在船上，随着时间的流逝，他们的触摸将会使接触到的部位磨光。

空气相对湿度的变化会影响木材中水蒸气、细胞壁物质上的结合水，以及细胞壁内的液态毛细水之间的平衡。改变液态水的量会改变木材中矿物溶解和结晶之间的平衡。例如，如果出现硫酸铁晶体，那么它们会反复地再结晶、生长，最后破坏木材组织。这一现象经常在铁钉或铆钉孔附近出现，那里的考古木材富集了含铁的盐。水含量的变化，以及与之相关的木材中溶解的矿物和其他化学物质浓度的变化，也会促进木材中化学组分的反应。其中一些反应会导致纤维素分子降解，从长期来说，可能导致木材机械强度的降低。展馆内温度的波动会影响空气的相对湿度，影响木材中所发生化学反应的动力学：高温会促进化学反应的进行。博物馆管理人员也可能是危险的，因为他们可能想要布置一个新的展览，而且可能要四处移动船体，那么机械破坏是无法避免的。

经过稳定处理后的木材可能需要很多年才能自然干燥。填充了高分子量PEG的沉重木料，可能需要超过5年时间才能与博物馆环境达到平衡状态。这段时间内处理后的木材仍然会发生收缩，出现令人不乐观的结果：平整的表面会变成碟状、翘曲、发生开裂、木钉松脱，使得船看起来会有一点破旧，船体结构的连接强度也会减弱。

所有这些过程的结果，不但影响船体的外观，还影响其形状和机械稳定性，并影响稳定后考古木材的整体性。作为保护项目必不可少的一部分，需要预见这些未来可能发生的、对于船体的威胁，并采取一些手段去避免，或者尽可能地减小各种影响和威胁。

有必要全面考虑船上的重量、负载和机械力的分布，以设计支撑系统，防止未来由于重力作用导致的变形。从一开始，舟船的龙骨就需要放置在连续的基座上。如果把船放置在龙骨墩上，就像在造船厂的干船坞里经常做的那样，则会导致基座压印进龙骨的木料中，船体会在龙骨墩之间出现沉降。即使一艘小艇放置在两个支架上，如果两个支架之间的距离太大，那么中间部位也会下沉；如果离得太近，则船体的端头会下垂，使用一条跟龙骨一样长的支撑体是唯一安全的方案。支撑系统需要以容易拆解的方式建造，以防有一天需要改造或替换，使用螺丝或螺栓比使用电焊好。

当我们计划为不来梅柯克船（*Bremen Cog*）建造一个新支撑体的时候，我们调研了一系列材料：铝和高强度铝，碳钢和不锈钢，玻璃纤维和碳纤维增强的树脂，甚至是厚重的玻璃板。最后，根据我们所熟知的性能选择了材料，包括明确的可加工性、已经证明的使用寿命、化学稳定性和低反应性。将预制的不锈钢构件用螺栓连接在船上，以羊毛毡放在木头和钢材之间作为减震材料，在不锈钢表面涂刷环氧树脂，使其不显得那么突兀。

在展厅中，船体和支架必须从各个方位都是可及的。因为需要定期除尘、清理糖果包装纸和口香糖，需要留有在船上或是支撑体上工作的通道。当支撑体固定在地面上，则必须留出足够的空间作为通道。是否将船放在托架上并安装滚轮，这一问题值得讨论。一方面，这样船可以移动，不会有很大的应力、冲击，震动也是最小的。另一方面，这种安排也可能诱使工作人员利用这种便利，在操作的时候变得不够谨慎。

观众的脚会一直与地板摩擦，只有在这个过程中不产生新的灰尘的条件下，空气循环系统中的过滤器才可以有效地减少灰尘。铺陈织物地毯非常不利于减少灰尘。当然，必须禁止观众触摸船体。在禁入区域放置可以发出噪声的粗糙的砾石或绊网比较有用，不必在船体周围使用高的栅栏。与很多艺术品比起来，舟船的残骸看起来更加粗糙和坚固，但是考古木材本身的有机特性，使得它十分敏感脆弱。通过严格控制环境，可以在某种程度上延迟上面提到的物理和化学过程：必须排除直接的日光和紫外照射，以防止木材漂白；空气的相对湿度应该尽可能低，低于65%，以减少木材中的水，也就是发生化学反应的介质的含量；温度也应当较低，以减慢化学反应。必须抑制温度和相对湿度的波动，以避免木材内部物理化学平衡的变化，这些变化是化学反应的驱动器。即使观众在规律的时间间隔、以规律的人数进入博物馆，想要控制环境，使之仅在一个很小的范围内波动，所需环境控制系统的安装和运行也都是非常昂贵的。但是如果没有环境控制系统，船体木材的破坏就不可避免。冷且干燥的条件对木材有利，但不受观众欢迎，这是一个两难的困境。对于每一个具体案例都必须达成妥协，与博物馆的经济状况形成平衡。不管怎样，也不能将船置于危险的境地。

预见未来也意味着定期对船体进行检查，包括船体的形状和木材的状况，这需要一个考古木材保护方面的专业人员。如果博物馆缺少这样的永久雇员，那么强烈建议与合适的机构签订长期合作协议。

无论在何种条件下展示一条船，第一次展示5～8年之后，都有必要进行第二轮修复和表面处理，这将会使船的外观产生良好的效果。然而，这不会是最后一次对船体进行仔细的再处理，考古发掘舟船的保护是永无终结的项目。

10.4 长期维护方案

由英国约克的保护咨询专家詹姆斯·A. 斯普里格斯（Jams A. Spriggs）撰写。

“保护”这个词经常被认为是应对变化的过程。即使是经过长期的保护处理，有机材料例如木材，通常仍然会对环境和物理构造的变化作出反应。涉及的变化可能是短期的，也可能是长期的，很多变化的影响可能是有害的。预防性保护是文物实现长期保护并存留下来的重要因素之一,一个精心设计、严格执行的维护方案代表着有责任对藏品进行管理的人对于“最佳实践”（Best Practice）所做出的保证。这样的维护方案对于库房的文物固然非常重要，但对那些公开展示的文物更为重要。因为公开展示带来了更大范围的影响因素和风险，可能对文物产生有害的影响。对于任何藏品或重要的文物来说，一旦其未来具有某种确定性，就需要制订一个周密的维护方案。

理想的维护方案有几个主要组成部

疏忽了风险评估：亚历山大国王[9]测试他以及动物和油灯能够在玻璃的潜水钟中待多久，他的妻子和妻子的情人割断了系着潜水钟的绳索。《好国王亚历山大的真实故事》(*La Vraye Histoire du Bon Roy Alexandre*)，大英图书馆许可复制，编号 Royal 20 B. XX. Fol. 77 v

分，如下所示：

文物状况的评估

文物物理状态的描述，要给出文物的基本信息，包括强度、脆弱程度、表面状况，在温度、相对湿度、pH 以及存在铁 / 硫等条件变化时的化学稳定性等。评估也要列出与器物有关的档案内容，包括之前的评估、分析和保护报告。

可能的风险和威胁评估

风险评估要建立在文物的物理化学状态基础上，建立在将要展示或储存文物所处环境条件的基础上。尘土的影响、污染以及与人无意或是有意的接触也应包括在内，同时还要评估展示方式所带来的潜在风险。

安全储存和展示的标准

基于风险的评估（上文所示），可以建立一个标准，列出所需最低的、切实可行的条件，包括温度、相对湿度、光照度、针对物理破坏和降尘、污染所采取的保护措施。需要建立指导原则，规定在检查和清洁时接近文

⑨ 指马其顿国王亚历山大三世（公元前 356～前 323 年）（译注）。

物的安全通道。

变化的监控程序

这里要求确认对于文物如何检查、间隔多长时间检查，以及各种需要检查和监控的风险因素。还有需要什么样的资源，包括人员的工作时间、设备、外来的聘用专家等，都需要在这里做出规定。还要包括详细的检查规程和报告程序。

为降低变化的影响所需采取的行动

提出建议采取怎样的行动，阻止破坏和腐蚀，或是将其减弱至一个可以接受的水准：例如严格的环境控制、更好的物理保护、专业人员的干涉等。要建立清洁和其他必要维护的程序。列出补救措施，如果发生某种可能的风险，则应该采取哪些合适的补救措施，在什么情况下需要寻求外部专家的建议。

应急程序

每个博物馆都需要有一个灾难处置方案，详细列出在火灾、洪水、停电等情况下需要遵循的规程。在维护方案中，还有一个问题必须提前决定并作出规定，就是如果博物馆的建筑需要被腾空，是否可能移出藏品和某些特殊的文物。如果可能，那么如何最好地完成。必须建立制度并加以记录，万一发生紧急情况，要与外部聘用的专业人员联系以寻求帮助。

员工培训的需求

实施维护方案过程中所需要的、对于员工的任何专业培训都要确定并记录下来。

评估和维护方案的更新

关于文物状态和风险的评估，以及储存或展览条件的评估，都需要不断更新；随着时间的流逝和经验的积累，维护方案也需要修订。展示或储存设施的重要变化、人员变化或是其他资源获取方式的变化都将会触发相关修订。

积极有效地应用维护方案代表最佳的实践（Best Practice），但是维护方案的成功实施可能非常容易受到外部因素的影响，例如可获取的资源：人员、经费、时间表、工作的优先顺序、博物馆内部的重大变化，等等。任何影响因素的可能性都应当预见到，如果可能，列在“可能的风险和威胁评估”中。保存维护方案和相关的记录，即档案，有助于建立文物的保护历史，可以据此衡量原有保护处理和维护方案的成功之处。博物馆工作人员必须将有效实施维护方案作为主要职责。如果随着时间流逝，没有修订维护方案，那就说明这样的维护方案没有被认真执行。

§10.2　附注

16 世纪的捕鲸船冻干后弯曲船板的修复

方法见 C.Moore，2002.

K.Strætkvern 和她的同事在 2009 年开发了另一种方法，以在冻干前整形变形船板和木料。

斯库勒莱乌维京船（*Skuldelev Viking Ships*）展示技术和修复之后船体的照片见 O. Crumlin-Pedersen，2002.

卡尔号（*Karl*）重建的完整报告见 Hoffmann，2005.

塞纳河上努瓦扬大型独木舟（*Noyen-sur-Seine*）成功整形的复杂技术见 Q.-K. Tran *et al.*，1998.

将 *Kaffenkahn* 放在一个有关它背景的装置中进行展示，关于这一概念的讨论见 V. Koesling，2011.

饱水木船保护人员和考古学家乘坐不来梅柯克船（*Bremen Cog*）的复制品乌比娜（*Ubena*）号航行。拍摄：加布里埃莱·霍夫曼（Gabriele Hoffmann）

11 付出是否终有回报？

考古发现的舟船是珍贵的遗存，因此，往往在它刚刚被发现，发现者和公众还不充分了解所需要付出的资金和努力的时候，就立即表现出强烈的保护意愿。一艘船，即使是一艘小舟，对于考古学家和普通人也都具有同等的诱惑力。

看着一艘考古发现的船，人们会对驾驶它的人产生思索和想象——他们是谁？他们怎样建造这艘船？怎样使用？用来运输什么？船从哪儿来？到哪儿去？他们如何在船上生活？作为遗物的船本身也需要被诠释，开展科学和社会学的调查研究，去了解那些由其引发的问题。一艘考古发现的船可以激发对于相似遗存和相关文件的研究，这些研究可能集合在一起，描绘一幅有关这类航行工具出现的地理位置、航行时代及其自身重要意义的宏大图景。

在威悉河不来梅段升起的巨大船体第一次证明了这种在中世纪被称为柯克（*Cog*）的船是真实存在的。保护效果良好的不来梅柯克船（*Bremen Cog*）项目，为在新国家海事博物馆展览的、传奇的汉萨柯克船（*Hanseatic Cog*）创造了一个真实范例，也引发了对于这类船的起源和发展的研究。在对于船体一丝不苟精心记录和研究的基础上，不但重构了中世纪造船的过程，还使得来自荷兰、瑞典到爱沙尼亚等其他大约 20 艘保存状况不是很好的船可以被认定为柯克船（*Cog*）。精准的复制品多年以来

圣尼古拉（Saint Nicholas）向一群乘坐柯克船（*Cog*）出行的朝圣者赐福。荷尔斯泰因莫尔恩大教堂壁画（Cathedral of Mölln，Holstein），拍摄：赫尔曼·汉德勒（Hermann Handler）

的航行，证明了柯克船（*Cog*）在航海方面的价值，同时也展示了在强风骇浪中操纵巨大的方形单帆是如何困难，以及必须要有多少人手。广受游客和沿途停靠港口公众欢迎的夏季巡航，验证了中世纪在贸易港口之间航行所需要的时间，对于估算贸易量和贸易额有很大帮助。对于彩色稿本中图画以及教堂中壁画的研究表明，柯克船（*Cog*）是当时最负盛名的船：国王、王后、武士、贵族、主教、朝圣者和商人都曾经乘着柯克船（*Cog*）出行。

在专门建造的博物馆中，重建了从罗斯基勒峡湾发现的几条斯库勒莱乌维京船（*Skuldelev Viking Ships*）。伴随着这些船的保护和展示，在关于维京船建造、航海、殖民和战争、社会和军队的组织形式、日常生活等诸多方面开展了深入研究。博物馆中的船作为活生生的例证，加之不断发表的研究结果和报告，以及媒体关于正在进行的复制项目的报道，唤起了公众的觉醒，想要去

三艘柯克船（*Cog*）乘着微风在威悉河上航行，左起：汉斯号（*Hansekogge*），不来梅的罗兰号（*Roland von Bremen*），乌比娜号（*Ubena*）。拍摄：沃尔夫哈德·舍尔（Wolfhard Scheer）

了解那一历史时期丹麦和斯堪的纳维亚的真实状况。在此之前，那个历史时期在很大程度上都被神话和传说的迷雾所笼罩和遮蔽。

在考古发掘船只这种遗存对于学者和公众意识所产生的影响方面，不来梅柯克船（*Bremen Cog*）和斯库勒莱乌维京船（*Skuldelev Viking Ships*）是两个极致的案例。但是，当在一个小村子的磨房水池发现一艘独木舟的时候，类似的情况也会发生。当地民众想要了解有关这艘船的一切：多早建造的船，船怎样进入池塘，为了什么目的建造，等等。他们想要保留这艘船，放在当地的博物馆里，或者放在镇政府的大厅里。

在博物馆里，一艘考古发掘的舟船是理想的核心展品。它的尺寸足以博取观众的眼球，可以作为各种不同类型展览主题的核心内容：技术知识和认知、技巧和解决问题的概念、美学方面的、贸易和运输以及社会组织形式等。一艘船不但代表技术的里程碑，而且可以讲述许多关于那个时代人们的故事。

保护考古发现的舟船在经济上永远都是无利可图的，门票收入与经费支出无法相抵。但尽管如此，如果有机会开始一项舟船的保护项目，我唯有建议保护人员去抓住这一令人兴奋的机会。付出终有回报！

参考文献

Agyropoulos, V., J.-J. Rameau, F. Dalard, and C. Degrigny, 1999: Testing Hostacor IT as a corrosion inhibitor for iron in polyethylene glycol solutions. Studies in Conservation 44, 40-57.

Almkvist, G. and I. Persson, 2006: Extraction of iron compounds from wood from the VASA, Holzforschung 60, 678-684.

Almkvist, G. and I. Persson, 2009: Iron catalysed degradation processes in the VASA. In: Proc. 10th ICOM Group on Wet Organic Archaeological Materials Conference, K. Straetkvern and D. J. Huisman (eds.), Amersfoort, 499-506.

Andersen, L. M., 1993: Frysetørring af arkæologisk træ. Konservatorskolen, Det Kongelige Danske Kunstakademi.

Arisholm, T. and Nymoen, P., 2005: Stokkebåter. Skrift nr. 49. Norsk sjøfartsmuseum, Oslo.

Bill, J., Gøthche, M. and Myrhøj, H. M., 2000: Roskildeskibene. In: Civitas Roscald, Andersen, M., Christensen, T. (eds.), Roskilde, 211-260.

Björdahl, C. G., 2000: Waterlogged archaeological wood-biodegradation and its implications for conservation. Acta Universitatis Agriculturae Sueciae, Silvestria 142. Swedish University of Agricultural Sciences, Uppsala.

Bockius, R. and Böhler, W., 2002: Die römerzeitlichen Schiffsfunde von Oberstimm in Bayern. Monographien des Römisch-Germanischen Zentral Museums 50, Mainz, 160 p.

Bojesen-Koefoed, I. M., Meyer, I, Strætkvern, K., and Jensen, P., 1993: Conservation of wet archaeological rope. In: Preprints of the 10th ICOM Committee for Conservation Triennial Meeting Washington, DC, USA, Volume I, J. Bridgeland et al. (eds.), 262-265.

Bouix, D., H. Bernard-Maugiron, G. Chaumat, and A. Gelas, 2005: Conclusion and definition of the 'Atomisation' treatment by PEG saturation used for a 12 metre long Greek shipwreck found in Marseilles. In: Proc. 9th ICOM Group on Wet Organic Archaeological Material Conference, P. Hoffmann, K. Straetkvern, J. A. Spriggs, and D. Gregory (eds.), Bremerhaven, 355-364.

Brorson Christensen, B., 1970: The conservation of waterlogged wood in the National Museum of Denmark. Studies in museum technology no.1, The National Museum of Denmark, Copenhagen, 118 p.

Centerwall, B. and R. Morén, 1960: The Use of Polyglycols in the Stabilisation and Preservation of Wood. Meddelanden från Lunds Universitets Historiska Museum, Lund.

Cohen, O., 1990: The recovery of the Kinneret Boat. In: Proc, 4th ICOM Group on Wet Organic Archaeological Materials Conference, P. Hoffmann (ed.), Bremerhaven, 9-16.

Crawshaw, A., 1994: A simple method for PEG analysis. In: Proc. 5th ICOM Group on Wet Organic Archaeological Materials Conference, P. Hoffmann, T. Daley, and T. Grant (eds.), Bremerhaven, 143-166.

Crumlin-Pedersen, O., 2002: The Skuldelev Ships I. Topography, Archaeology, History, Conservation and Display. Ships of the North Vol. 4.1, O. Crumlin-Pedersen and O. Olsen (eds.), Roskilde, 360p.

Fox, L. A., 1989: The acetone/rosin method for treating waterlogged hardwoods at the Historic Resource Conservation Branch, Ottawa. In: Proc of the ICOM Groups on Wet Organic Archaeological Materials and Metals Conference, I. D. MacLeod (ed.), Fremantle, 73-94.

Ginier-Gillet, A., M.-D. Parchas, R. Ramière, Q.-K. Tran, 1984: Méthodes de conservation développées au Centre d'Etude et de Traitement des Bois Gorgés d'Eau (Grenoble-France): impregnation par une résine radio-durcissable et lyophilisation. In: Waterlogged Wood - Study and Conservation. Proc 2nd ICOM Waterlogged Wood Working Group Conference, CETBGE (ed.), Grenoble, 125-138.

Gregory, D., Jensen, P., Matthiesen, H. and Straetkvern, K., 2007: The correlation between bulk density and shock resistance of waterlogged archaeological wood using the Pilodyn. Studies in Conservation, 52, 289-298.

Hoffmann, G., 2001: Schätze unter Wasser. Abenteuer Archäologie. Hamburg-Wien, 382 p.

Hoffmann, G., 2005: Kostbare Koggen: Seltene Bilder aus illuminierten Manuskripten und gotischen Kirchen. Deutsches Schiffahrtsarchiv 27, 2004, Convent Verlag, Hamburg, 7-33.

Hoffmann, G. and Hoffmann, P., 2009: Sailing the Bremen Cog. International Journal of Nautical Archaeology, 38.2, 281-296.

Hoffmann, G. and U. Schnall (eds.), 2003: Die Kogge - Sternstunde der deutschen Schiffsarchäologie. Schriften des Deutschen Schiffahrtsmuseums Bd. 60 (Die Kogge von Bremen Bd. 2), Hamburg, 287 p.

Hoffmann, P., 1983: A rapid method for the detection of polyethylene glycols in wood. Studies in Conservation 28, 189-193.

Hoffmann, P., 1984: On the stabilisation of waterlogged oak wood with PEG. Molecular size versus degree of degradation. In: Waterlogged wood-Study and Conservation. Proc. 2nd ICOM Waterlogged Wood Working Group Conference, CETBGE (ed.), Grenoble, 95-115.

Hoffmann, P., 1986: On the stabilisation of waterlogged oak wood with PEG. II. Designing a two-step treatment for multiquality timbers. Studies in Conservation 31, 103-113.

Hoffmann, P., 1988: On the stabilisation of waterlogged oak wood with PEG. III. Testing the oligomers. Holzforschung 42, 5, 289-294.

Hoffmann, P., 1989: HPLC for the analysis of

polyethylene glycols (PEG) in wood. In: Proc. of the ICOM Groups on Wet Organic Archaeological Materials and Metals Conference, I. D. MacLeod (ed.), Fremantle, 41-60.

Hoffmann, P., 1990: On the stabilisation of waterlogged softwoods with polyethylene glycol (PEG). Four species from China and Korea. Holzforschung 44, 87-93.

Hoffmann, P., 1998: Das Frachtschiff aus dem Teufelsmoor. Arbeitsblätter für Restauratoren 31, 2, 270-276.

Hoffmann, P., 2005: Conservation and reconstruction of the Carolingian river barge KARL von Bremen of 808 AD. In: Proc. 9th ICOM Group on Wet Organic Archaeological Materials Conference, P. Hoff mann, K. Straetkvern, J. A. Spriggs, D. Gregory (eds.), Bremerhaven, 377-388.

Hoffmann, P., K.-N. Choi, and Y.-H. Kim, 1991: The 14th century Shinan Ship-Progress in conservation. IJNA 20, 1, 59-64.

Hoffmann, P. and H. J. Kühn, 1999: The Candy Ship from Friesland. In: Proc. 7th ICOM Group on Wet Organic Archaeological Materials Conference, C. Bonnot-Diconne, X. Hiron, Q.-K. Tran, and P. Hoffmann (eds.), Grenoble, 196-202.

Hoffmann, P. and J. Pätzold, 2002: The stabilisation of wet sediment cores by means of a polyethylene glycol freeze-drying treatment for display and permanent storage. Geo-Mar Lett 21, 4, 245-252.

Hoffmann, P., C. Pérez de Andrés, J. L. Sierra Mendez, R. Ramière, Q.-K. Tran, and U. Weber, 1994: European inter-laboratory study on the conservation of waterlogged wood with sucrose. In: Proc. 5th ICOM Group on Wet Organic Archaeological Materials Conference, P. Hoffmann, T. Daley, and T. Grant (eds.), Bremerhaven, 309-338.

Håfors, B., 2001: Conservation of the Swedish warship Vasa from 1628. The Vasa Museum, Stockholm, 185 p.

Imazu, S. and A. Morgos, 1997: Conservation of waterlogged wood using sugar alcohol and comparison of the effectiveness of lactitol, sucrose, and PEG 4000 treatment. In: Proc. 6th ICOM Group on Wet Organic Archaeological Materials Conference, P. Hoffmann, T. Grant, J. A. Spriggs, and T. Daley (eds.), Bremerhaven, 235-255.

Imazu, S. and A. Morgos, 1999: Lactitol conservation of a 6 m long waterlogged timber coffin. In: Proc. 7th ICOM Group on Wet Organic Archaeological Materials Conference, C. Bonnot-Diconne, X. Hiron, Q.-K. Tran, P. Hoffmann (eds.), Grenoble, 210-216.

Imazu, S. and A. Morgos, 1999: Lactitol conservation in an open-air environment of large wood elements of a 6th century AD. dugout pipeline. In: Preprints 12th triennial meeting of the ICOM Committee for Conservation, Lyon, Vol. II, London, 614-618.

Imazu, S. and A. Morgos, 2001: An improvement on the lactitol conservation method used for the conservation of archaeological waterlogged wood (The conservation method using a lactitol and trehalose mixture). In: Proc. 8th ICOM Group on Wet Organic Archaeological Materials Conference, P. Hoffmann, J. A. Spriggs, T. Grant, C. Cook, and A. Recht (eds.), Bremerhaven, 413-428.

Iversen, T., E. L. Lindfors, and M. Lindström, 2000: Polysaccharide degradation in Vasa oak wood. In: Proc. 10th ICOM Group on Wet Organic Archaeological Materials Conference, K. Straetkvern and D. J. Huisman (eds.), Amersfoort, 493-498.

Jensen, P., Bojesen-Koefoed, I., Meyer, I., and Strætkvern, K., 1993: Freeze-drying from water. In: Proc. of the 5th ICOM Group on Wet Organic Archeaological Conference. P. Hoffmann, T. Daley, and T. Grant (eds.), Bremerhaven, 253-285.

Jensen, P., Salomonsen, E. and Straetkvern, K., 1996: From a waterlogged site to the archaeologist's desk - new packing methods with minimum handling. Preprints of Contributions to the Copenhagen Congress, 26-30 August 1996, Archaeological Conservation and its Consequences. Ashok Roy and Perry Smith (eds.), London, 89-93.

Jensen, P., Jørgensen, G., and Schnell, U., 2002: Dynamic LV-SEM analysis of freeze drying processes for waterlogged wood. In: Proc. of the 8th ICOM Group on Wet Organic Archaeological Materials Conference. P. Hoffmann, J. A. Spriggs, T. Grant, C. Cook, and A. Recht (eds.), Bremerhaven, 319-331.

Jensen, P. and Schnell, U., 2004: The implication of using low molecular weight PEG in impregnation of waterlogged archaeological wood prior to freeze-drying. In: Proc. of the 9th ICOM Group on Wet Organic Arc-haeological Materials Conference. P. Hoffmann, K. Straetkvern, J. A. Spriggs, and D. Gregory (eds.),Bremerhaven, 279-307.

Jensen, P. and Gregory, D. J., 2006: Selected physical parameters to characterize the state of preservation of waterlogged archaeological wood: A practical guide for their determination. Journal of Archaeological Science, 33, 551-559.

Jensen, P. and Jensen, J. B., 2006: Dynamic model for vacuum freeze-drying of waterlogged archaeological wooden artefacts. Journal of Cultural Heritage 7, 156-165.

Jensen, P., Strætkvern, K., Schnell, U., and Jensen, J. B., 2007: Technical specifications for equipment for vacuum freeze-drying of PEG impregnated waterlogged organic materials. In : Proc. of the 10th ICOM Group on Wet Organic Archaeological Materials Conference. K. Straetkvern and D. J. Huisman (eds.), Amersfoort, 417-437.

Jensen, L. R., J. van Lanschot, K. Botfeldt, and J. B. Jensen, 2009: On treatments for swelling dried-up waterlogged archaeological wood. In: Proc. 10th ICOM Group on Wet Organic Archaeological Materials Conference, K. Straetkvern and D. J. Huisman (eds.), Amersfoort, 639-652.

Jensen, P., Helms, A. C. and Christensen, M., 2010: Evaluating long-term stability of waterlogged archaeological wooden objects through determination of moisture sorption isotherms and conductance in conserved objects and impregnation agents. In: Proceedings of the 11th ICOM-CC Working Group Wet Organic Archaeological Materials Conference 2010. Greenville, USA.

Jones, M. (ed.), 2003: For future generations-Conservation of a Tudor Maritime Collection. The archaeology of the MARY ROSE Vol. 5, Portsmouth, 145 p.

Kaenel, G., 1994: PEG conservation of a gallo-roman barge from Yverdon-les-Bains (Canton of Vaud, Switzerland). In: Proc. 5th ICOM Group on Wet Organic Archaeological Materials Conference, P. Hoffmann, T. Daley, and T. Grant (eds.), Bremerhaven, 143-166.

Kataoka, T., Y. Kurimoto, T. Koezuka, and Y. Kohdzuma, 2009: Conservation of archaeological waterlogged wood by lignophenol. In: Proc. 10th ICOM Group on Wet Organic Archaeological Materials Conference, K. Straetkvern and D. J. Huisman (eds.), Amersfoort, 315-322.

Koesling, V., 2011: Komplettieren, inszenieren oder was? Ein Kaffenkahn in Berlin. Deutsches Technikmuseum Berlin, no.2, 20-23, ISSN: 1869-1358.

Kollmann, F. F. P. and W. A. Côté, 1968: Principles of wood science and technology I. Solid wood. Berlin - Heidelberg - New York, 592 p.

Lide, D. R., 1995: CRC Handbook of Chemistry and Physics, CRC Press Inc., New York.

Lüpkes, V.(ed.), 2001: Im Fluss, Bergung, Konservierung und Präsentation der historischen Weserschiffe, Tübingen/Berlin, 72 p.

McCawley, J. C., Grattan, D.W. and Cook, C., 1981: Some experiments in freeze drying and testing non-vacuum freeze dryers. In: D. W. Grattan (Ed.). Proc. of the ICOM waterlogged wood working group conference. Ottawa, 253-262.

Mikolaychuk, E., 1996: Some Physical Properties for Archaeological Woods from Novgorod. In Proceedings of the 6th ICOM Group on Wet Organic Archaeological Materials Conference. P. Hoffmann, T. Grant, J. A. Spriggs and T. Daley (eds.), York, 583-586.

Moore, C., 2002: Reassembly of the 16th century Basque Chalupa recovered from Red Bay, Canada. In: Proc. 8th ICOM Group on Wet Organic Archaeological Materials Conference, P. Hoffmann, J. A. Spriggs, T. Grant, C. Cook, and A. Recht (eds.), Bremerhaven, 117-135.

Morgos, A., 1994: A bibliography on the conservation of waterlogged wood using sugars. In: Proc, 5th ICOM Group on Wet Organic Archaeological Materials Conference, P. Hoffmann, T. Daley, and T. Grant (eds.), Bremerhaven, 301-308.

Obladen-Kauder, J., 2008: Spuren römischer Lastschiffahrt am unteren Niederrhein. In: M.Müller, H.-J. Schalles, N. Zieling (eds.), Colonia Ulpia Traiana. Xanten und sein Umland in römischer Zeit. Darmstadt, 507-523.

Parrent, J., 1985: The conservation of waterlogged wood using sucrose. Studies in Conservation 30, 63-72.

Schaudy, R., E. Slais, and H. Knoll, 1988: Conservation of archaeological finds consisting of organic fibrous material using radiation-curable impregnants. Bericht des Österreichischen Forschungszentrums Seibersdorf, Seibersdorf, Austria, 13 p.

Schnell, U. and Jensen, P., 2007: Determination of maximum freeze drying temperature for PEG-impregnated archaeological wood. Studies in Conservation, 50-58.

Strætkvern, K., Petersen, A. H., Sørensen, J. N., and Jørgensen, E., 2009: Succesful shaping or destructive devices? Freeze-drying of ship timbers in moulds and frames. In: Proc. 10th ICOM Group on Wet Organic Archaeological Materials Conference. K. Strætkvern and D. J. Huisman (eds.), Amersfoort, 439-453.

Tjelldén, A. K., K. B. Botfeldt, and K. P. Simonsen, 2009: Impregnation depth of

PEG in wood from the Roskilde ships, Denmark. In: Proc. 10th ICOM Group on Wet Organic Archaeological Materials Conference, K. Straetkvern and D. J. Huisman (eds.), Amersfoort, 301-314.

Tran, Q.-K., A. Gelas, D. Mordant, 1998: Remise en forme de la pirogue Carolingienne de Noyen-sur- Seine après son traitement au PEG à saturation. In: Proc 7th ICOM Group on Wet Organic Archaeological Materials Conference, ARC-Nucléart (ed.), Grenoble, 188-195.

de Wiltte, E., A. Terfve, and J. Vynkier, 1984: La consolidation du bois gorge d'eau des bateaux gallo-romains de Pommeroeul. In:Waterlogged Wood - Study and Conservation. Proc. 2nd ICOM Waterlogged Wood Working Group Conference, CETBGE (ed.), Grenoble, 339-346.

Wittköpper, M., Current development in the conservation of archaeological wet wood with melamine amino resins at the Römisch-Germanisches Zentralmuseum. www2.rgzm.de/Navis/Home/ NoFrames.htm; last reviewed 5.5.2011. Under Navis I search the Navis HTLM Navigator under conservation, melamine.

Zwick, D., 2010: Neues vom, Beluga-Schiff '. Ein Bremer Klinkerwrack aus dem 15. Jahrhundert. NAU 16, 62-71.

索　　引

声　　明

经本书作者及译者的多方努力，未能联系到本书的以下几位图片作者，包括埃尔温·迪夫（12 页）、安娜·苏霍多尔斯基（12 页）、R. 詹姆斯·巴伯和 L. 利尼（37 页）、克劳斯·斯蒂登罗德（43 页）、KSF Feld&Partner 公司的 H.- J. 梅耶博士（162 页）、赫尔曼·汉德勒（175 页）和沃尔夫哈德·舍尔（176 页）。如果以上作者看到本书，请联系科学出版社，商讨版权事宜。在此致歉。

Declaration

Regarding a few images, we were not able to contact with the copyright holders including Erwin Duve (P.12), Anna. Suchodolski (P.12), R. J. Barbour & L.Leney (P.37), K. Stiedenrod (P.43), Dr. H.-J. Meyer from KSF Feld & Partner (P.162), H. Handler (P.175) and W. Scheer (P.176). Should these persons happen to see this book, please contact with China Science Publishing & Media Ltd. (Science Press) to claim their copyrights. We apologize.

译　后　记

回头看这本译著的出版过程，如果说能用一波三折来形容，那就真是太令人欣慰了。

2013 年在土耳其伊斯坦布尔参加 WOAM 的会议，詹姆斯·A. 斯普里格斯（Jamas A. Spriggs）先生就推介了佩尔·霍夫曼（Per Hoffmann）教授的 *Conservation Of Archaeological Ships and Boats—Personal Experience*。当时这本书正在出版之中。会议结束后，我一直关注着这本书的出版，并在第一时间购买。阅后觉得受益颇深，非常希望能够译介给国内的同行和有兴趣的普通读者。

翻译工作从 2014 年就开始了，中间断断续续，终于能够在 2017 年拿出译稿，由中国文化遗产研究院资助出版。然而出版的过程颇为周折，历经了与原书出版社的艰难沟通、与书中所有图片作者洽谈购买版权，甚至在图片的传送过程中还经历了新冠肺炎疫情。在与版权机构的沟通、与所有图片版权人的沟通期间，耗费了大量的时间和精力，我的勇气被消磨殆尽，几乎丧失了继续下去的信心。然而“*Every cloud has a silver lining*”，情况总是在我绝望的时候出现转机。我终于能够将本书的译本呈现给读者。

在阅读和翻译的过程中，我深深为佩尔·霍夫曼教授的勇气所折服。令我深深敬佩的，不仅是教授勇于承担高难度保护项目的决心，更重要的是他能够在功成身退之后，将自己成功和失败的经历和盘托出的勇气。在我看来，成功固然令人欣慰，但失败的经验尤为宝贵，能够为后来的保护工作者提供借鉴，让后来者少走弯路。

本书的原文朴实而不失风趣。在翻译和一次次的校稿过程中，读一个个有趣的案例，常常感同身受，不时发出会心的微笑；有一个句子久久无法理解的沮丧，也有灵光乍现时刻的喜悦。我希望能够用尽量通俗的语言，表达专业的内容，使这本书不仅能够成为专业人员的参考用书，也能够成为关于木船保护的科普读物。

阅读本书，还有一个深刻的感受：中国乃至亚洲饱水木质文物保护与欧洲同行的交流相对较少。欧洲同行对于中国饱水木质文物保护的状况和技术发展水平知之有限。这中间有语言的问题，有文化认同的问题，也有文物保护理论体系的问题。相信伴随着不断推进的国际交流与合作，这种境况逐渐会有所改观。

这本书可以说是文物保护自身的一个缩影，所涉及的专业领域广泛，涵盖木材学、化学、物理学、生物学、工程技术、造船等各个方面，翻译的过程中我深感自己学识浅陋。各个学科专业词汇的翻译，虽然参考了一些书籍，可能仍有不周之处。本人水平有限，错漏在所难免，欢迎同行和读者予以指正。

本书中所涉及人名、地名的翻译参考了《世界地名翻译大辞典》（周定国主编，中国对外翻译出版公司，2008）以及《世界地名译名手册》（萧德荣主编，知识出版社，1988），《世界人名翻译大辞典》（新华通讯社译名室主编，中国对外翻译出版公司，2007）。

非常感谢中国文化遗产研究院为本书的出版提供资助，以及我院原科研与综合业务处丁燕处长、党志刚副处长等在本书出版的过程中给予的支持和帮助。

本书承蒙福建泉州海外交通史博物馆李国清研究员、中国国家博物馆潘路研究员审阅，在此致以诚挚的谢意。

科学出版社的编辑雷英女士与我共同经历了本书出版过程中的跌宕起伏，非常感谢她和她的同事在这本书的出版过程中付出的心血。

非常感谢原书作者，以及书中所有图片的作者，他们慷慨地同意了我提出的图片版权使用价格，很多人甚至允许在中文版中无偿使用他们的图片。

特别感谢我先生和我父亲，他们以完全外行人的身份为我修订了全书的文字。让外行人能够通读和理解，也令我自己深感欣慰。

现在展示于不来梅港德国国家海事博物馆（DSM）的不来梅柯克船（*Bremen Cog*）可以说是倾注了佩尔·霍夫曼教授半生的心血，2015 年我曾到德国国家海事博物馆参观交流。正如本书所述，这艘船历经十年的处理，船体的保护非常成功，但后来由于展示设计的原因出现了严重的问题。这一事例也给我们以启示：文物保护永远没有终结。对于文物保护人员来说，没有一劳永逸的保护，唯有鼓起勇气不断直面挑战。

沈大娲

二〇二〇年二月

新冠肺炎疫情期间于家中